教育部人文社会科学研究规划基金项目"清代—民国江西地区田宅契约研究"（15YJC770023）最终成果

江西科技师范大学 2022 年度著作出版资助项目

清代民国江西地区田宅契约研究

A Study of Land and Real Estate Contracts in Jiangxi Province from the Qing Dynasty to the Republic of China

彭志才 ○ 著

中国社会科学出版社

图书在版编目（CIP）数据

清代民国江西地区田宅契约研究／彭志才著．—北京：中国社会科学出版社，2023.12
ISBN 978-7-5227-3010-3

Ⅰ.①清… Ⅱ.①彭… Ⅲ.①契约—文书—研究—江西—清代—民国 Ⅳ.①D927.560.364

中国国家版本馆 CIP 数据核字(2024)第 034966 号

出 版 人	赵剑英
责任编辑	宋燕鹏
责任校对	李　硕
责任印制	李寡寡

出　　版	中国社会科学出版社
社　　址	北京鼓楼西大街甲 158 号
邮　　编	100720
网　　址	http://www.csspw.cn
发 行 部	010-84083685
门 市 部	010-84029450
经　　销	新华书店及其他书店
印　　刷	北京明恒达印务有限公司
装　　订	廊坊市广阳区广增装订厂
版　　次	2023 年 12 月第 1 版
印　　次	2023 年 12 月第 1 次印刷
开　　本	710×1000　1/16
印　　张	19.5
字　　数	291 千字
定　　价	98.00 元

凡购买中国社会科学出版社图书，如有质量问题请与本社营销中心联系调换
电话：010-84083683
版权所有　侵权必究

序 一

契约文书是记录民间社会人们生产生活的重要文献，是传统典籍记载之外珍贵的"民间实录"，真实而鲜活地反映了民间各类经济活动、社会治理与社会交往、民俗生活等方方面面的实况与变迁。历史学者历来十分重视开展对遗存于民间各地的契约文书进行搜集与整理工作。最近二三十年来大量的契约文书资料陆续得到整理并刊发，从而为学术界提供了更加丰富的研究素材与探索空间。

彭志才于2011年考入河北大学宋史研究中心，由我指导攻读博士学位。此前，他已由云南大学获得硕士学位并入职江西省博物馆，工作期间接触到了江西省博物馆于1953年从江西省土改展览会征集收藏的自清代雍正元年以来二百四十年间总计1443件（套）的民间契约文书实物。由于这一批文书是当时所见批量最大的江西省内契约，而学者涉猎较少，绝大部分内容尚未研究发表，其丰富内涵与价值有待于深入挖掘。故入学后，彭志才就与我商量，想在整理这批馆藏契约文书的基础上，对清代以来江西省社会经济的发展情况进行研究。我感觉彭志才的这个议题很好，他既掌握了第一手材料，又可以将自己的学术追求与博物馆工作有效结合，以他刻苦钻研孜孜以求的精神和毅力，一定能写出有学术价值的博士学位论文。但我自己也有较大的压力，因自己不做清代经济史方面的研究，能否在彭志才撰写论文期间给予有效的指导，我心里是很忐忑的。好在当时宋史研究中心为提高博士生的培养质量，已提倡采用双导师培养制度。中心的博士生导师刘秋根教授不仅在中国经济史研究领域有丰硕的成果，亦有整理出版民间契约文书的丰富经验，于是我邀请刘老师担任了彭志才的第二导师,共同予以指导把关。彭志才作为在职攻读博士学位者,在学校完成博士生课业期间,就已经对这批契约文书完成了誊录归类整理工作,他在开题报告《清代以来江西地区社会经济研究——以江西省博物馆藏契约文书为中心的考察》顺利通过后便返回江西省博物馆,一边工作,一边撰写学位论文,日常则利用电子邮件,及时向我汇报学位论文的进展与修改情况。2014 年 6 月,彭志才顺利通过学位论文答辩,获得博士学位。毕业后,他以"清代—民国江西地区田宅契约研究"为题申请了教育部人文社会科学规划项目,对博士学位论文做进一步地修改完善,遂成定稿。

彭志才对江西省博物馆藏契约文书的整理与研究,不仅为学者们的深入研究提供了新的资料依据,亦真实、细致地展现了江西省社会经济从清代到民国时期发展进程及特点的丰富图景,对江西地方经济史、社会史的研究具有重要的推进作用。

依我个人浅见,彭志才书稿研究的内容相比博士学位论文至少有了以下两点改进:一是讨论的契约文书类别更为集中,主题更为鲜明,即对江西省博物馆藏契约文书中最为重要也是保存数量最多的两类契约——农业土地交易契约和城乡房产店铺契约——进行了集中解读与剖析;二是切入的视角更为丰富,从第一章至第六章对不同时期田宅契约文书展现出的时代特点分别进行了系统性的梳理和个案分析,特别是在第三章对广昌县乡村地主张殿酬长期的土地交易活动进行个案分析后,又增加了第四章《大家族的财产:上饶方氏家族的土地交易》内容,对契约文书中以家族名义如方锡福堂、方锡寿堂、方璧祝祀、方和甘祀、方达生祀等出现的购买产业现象进行了剖析,认为这是宗族祭祀组织参与交易活动的体现,是区别于个人或个体家庭的乡村宗族共有财产的交易状况,从而加深了我们对中国古代宗法制社会中宗族或大家族参与农村土地交易活动特点的认识。

当然,彭志才书稿中也还有需要继续深入研究或完善的地方。例如,他在博士学位论文中讨论了九江水事合约内容,其中民国叁拾年农历六月的《熊、杨、张等姓买田开沟管水合约》极具代表性,是我们了解中国小农经济时代如何由众多个体农户共同参与农田交易并合理分配使用水利资源的重要资料。遗憾的是，可能限于此类契约文书数量太少，不足以展开讨论，书稿未予收入。

史学研究中总是不可避免地存在这样那样的缺憾和不足，这也促成了学者们不懈探究历史真相的动力。我相信，假以时日，借助契约文书的日渐积累与研究工作的持续进展，彭志才定会奉献出更为丰硕的学术成果。

王菱菱

2023 年 3 月 13 日

序　　二

彭志才博士《清代民国江西地区田宅契约研究》一书即将出版，嘱我作序，"序"不敢言，仅写写此书的前前后后，聊点此书的方法论特色，谓之读后感更为贴切。

彭志才博士是河北大学宋史研究中心 2011 级博士生，导师是王菱菱教授，我则担任二导。2014 年毕业获得博士学位之后，来到江西科技师范大学工作，繁忙的教学及科研工作，还有生儿育女、成家立业、孝敬父母等一大摊事，彭志才都很好地完成了。在教学及兼任单位某些杂务的同时，以博士学位论文为基础申请了教育部课题。经过几年的努力，在较好地完成课题的同时，博士学位论文得到了增补、修改、提高，有了"专著"模样，还发表不少学术论文，这是我要为之点赞的。彭志才同学接触并进入契约文书研究其实是相当早的，在云南大学读硕士研究生时，就随导师吴晓亮老师整理、录入云南契约文书，具备了契约文书的扎实基础。我大致也在 2011—2012 年左右进入晋商契约文书的阅读、整理阶段。当时承山西省人民银行的刘建民先生青眼，我比较全面接触到了他搜集到晋商契约文书，进入商人契约文书及与之有关的晋商及明清商业金融、华北社会经济史等领域的研究。很高兴，彭志才同学是差不多与我同时进入契约文书研究的。

彭志才同学在攻读博士学位前期，曾与我谈起博士阶段选题，我曾建议和我一起做晋商契约文书相关的问题，因为看上去，他进入研究状态还是比较快的。我曾安排他以两份诉讼呈文为主体材料，对乾隆嘉庆年间晋商典商在山东一些地方经营、与官府及地方社会的矛盾斗争作些解读与研究。没想到他很快就参考不少其他类型资料，写成了属于经济史却颇有社会史、法制史特色的论文。这在当时晋商及华北区域社会经济研究中是很少见、很有新意的。作为中国典当史研究的成果，它还启发了河北大学晋商契约文书及晋商、明清商业金融史团队对典当业的重视。

但因为彭志才同学在攻博之前已经在江西省博物馆工作两年多，恰馆中有一批20世纪50年代收集、用于土改展览的契约文书资料，总数有近两千来份，因为毕业后可能还要回到江西去工作，所以最终选定以此份资料为主体，完成了博士学位论文。在此基础上，他申报了教育部课题，对博士学位论文进行了修改和深化，最后的成果就是我们目前所看到的这个专著稿——《清代民国江西地区田宅契约研究》。

一开始，我对这些资料是否能支撑一篇博士学位论文是有点怀疑的，毕竟从契约文书研究为主的课题来看，两千多份以土地买卖为主的契约，在当时的江西各地，虽然算是有一定的数量，但从整体状况看，要想做一篇博士毕业论文，还是有点嫌少的。但随着阅读的深入，这一看法改变了，彭志才同学最终以这份资料为主体完成了博士学位论文，为此专著的完成打下了良好的基础。

这份资料虽然数量不是太大，但是它有以下两个方面特点：第一，其"归户"性相当好。因为是要用于展览用的，故而它所有契约文书，均有明确的地点及人名特点，而且一些属于一家、一个合会、一个神庙、一个教堂的契约文书均未打乱。其次，其内容是相当丰富的，是很值得研究的。从时空分布看，时间上跨越了从清雍正元年（1723）至公元1964年的241年；空间上反映了江西许多地区的情况，尤以南昌、赣州、抚州、上饶、吉安和宜春等地最为集中；这些文书主体众多，有个人、家族、宗族、神庙、会社、教学等；其内容涉及土地关系与财产、赋役、商业、宗族、会社和社会关系等诸多方面。

本书除《绪论》介绍这份契约文书的整体情况、概述了江西区域契约文书研究的历史与现状外，共分六章。第一章《程序与习俗：民间法视野下的江西田宅交易》；第二章《身份与权利：契约文书文书中的宗族与社会》;第三章《致力农耕:广昌县乡村地主张殿酬的个案研究》;第四章《大家族的财产:上饶方氏家族的土地交易》;第五章《乡村的崩溃:店宅房契与城乡经济》;第六章《会社与信仰:民间信仰背景下的田宅交易》。其中前两章是以土地买卖、典当、活卖、租佃、吐退等契约类型为主。

本书的主要方法论角度有三:一是法制史角度。考察、挖掘契约文书中所记载、所反映的权利、权力的特征,将微观、个案置于宏观、普遍的权利、权力的系统之中,由个案上升到省一级甚至上升到全国,从而既是江西地方研究,也能为认识全国性的问题提供借鉴。这种考察、挖掘尤其集中表现在第一章。在其他章节中对土地上各类权力的分析,也贯彻了这种方法。二是经济史角度。有时是家庭家族的,如广昌县张殿酬家族的家族经济生活、上饶方氏的财富变迁;有时是行业性的,如由城市房产交易反映的南昌、赣州城市工商业,其中赣州店宅契约更为具体,由几个街区店宅交易契约所反映的赣州米铺米市、药铺药市、糖房糖业、牙行堆栈业等作了细致的考察,并提供了这些城市各行各业的大背景。作者还对江西几个县城市工商业经济诸多侧面作了考察。第三,社会史角度。如第二章仍然运用了法制史的方法,但考察的角度却是社会史性质的,即田宅交易中的权力研究置于宗族与社会互动的视野下考虑,对契约文书中的宗族参与、立契人身份变化与社会变迁、家族与地方社会的互动等问题进行了考察。作者尤其关注了契约签订的主体问题、立契人身份变化,如"户丁"与个人立契自由问题,女性作为立契的主体问题。对冶城彭氏宗族在土地交易中的权力及干预则是进行微观论证。所有这些,既是对中国社会微观研究的有新意的探讨,也从宗族在基层社会经济中的强势,证明了即使到了民国年代,中国社会还是处在共同体束缚中的社会,还不是个人主体权力的时代。本书还运用了各类会社(经济类会社、公益类会社、宗族类会社、宗族类会社)、神庙、教堂的土地买卖契约文书,显示了会社、神庙、教堂在社会上生存、兴衰变迁,及由此角度探讨了民间信仰背景下的田宅交易走向近代的问题。

序 二

近年来，江西区域尤其是赣南地区契约文书有批量的搜集出版，故而这一领域还有大量问题可做，我相信这一领域将会大有所为，而彭志才博士此稿为此领域的深化研究做出了贡献。

做学问有谨守一个朝代，为断代史；有谨守一个专题，或一个领域，为长时段专门史的；当然也有宏观着眼，写大题目，通古今之变的。但做契约文书研究，或者只是利用契约文书探讨土地赋税、商业金融、区域社会经济甚至思想文化，似乎与这三种"规范"都有点不搭，它可能是必须综合运用各种学科方法，如经济学、社会学、货币银行学、会计学、历史人类学等，还得搜集其他各种类型史料，如正史、方志、文史资料、近现代报刊文章、调查报告等等，并且最好是集体学习研究，才有可能有所得的研究领域。但正因为如此，由民间契约文书资料的大量刊布而触发的诸多领域都很有创新，取得了丰硕的成果。

但不论哪种情况，有一个东西是共同的，那就是无论做什么课题都要从基本材料出发，研究者都要掌握一定的学科领域的基本理论，这就是所谓基本理论、基本材料，当然在此基础上还须对本领目前基本问题也有比较全面的学习与了解。此外还得有较好的文字表达能力，能比较流畅地表达自己的思想，善于逻辑思维能力，有较敏锐的感知能力。最后这种能力稍微有点玄乎，也就是说，它是一种综合以上各种能力，并在相关研究领域有较长时的实践之后所养成的提出问题的能力。这种能力带有一定的直觉意味，它指在面对两个、三个甚至更多的原来互不关联的历史事实时，一瞬间将它们联系起来，形成新的问题，或者提出新的观点的思维力。它要求我们既要深入现有发现的材料、深入理论思考、深入对现有成果的了解，又在能跳出现有的一切，站到更高处。

近年来喜欢与人切磋方法，读了彭志才博士的书稿，忍不住又从方法论方面说了那么多，而对此书稿具体优缺点却评价甚少，这与我对这类契约文书接触不少，研究却很少有关，故只得藏拙。最后我想说的是：就掌握基本理论，甚至运用多学科方法，博搜多种类型材料，从契约文书材料本身的解读中提出问题等方面而言，彭志才博士无疑是很好地作到了。在江西这片民间契约文书蕴藏丰厚的红土地上，我们可以期待，彭志才博士能够做出更多的、学术水准达到一流的成果。

刘秋根

2023 年 2 月 21 日于迎宾宅

目　录

绪　论 ·· (1)

第一章　程序与习俗：民间法视野下的江西田宅交易 ············· (20)
 第一节　土地交易对象 ··· (20)
  一　粮田、赋税及其附属权利 ··· (20)
  二　水塘与用水权、捕鱼权的分离 ·································· (27)
  三　山地及坟地 ··· (29)
 第二节　江西地区土地交易的程序 ····································· (31)
  一　田产交易前的准备事项 ·· (33)
  二　现场踏看与起草契文 ·· (34)
  三　签订议字与预付定金 ·· (37)
  四　立契与付款 ··· (39)
  五　买主管业与过割纳税 ·· (41)
 第三节　交易的种类与地权变动 ·· (43)
  一　土地的租佃 ··· (44)
  二　土地的买卖 ··· (47)
  三　土地的典、押 ··· (53)
  四　土地与借贷、债务准折 ·· (57)
  五　土地的兑换与逊让 ··· (59)
 第四节　"收除同票"与赋税推收 ·· (61)
  一　民间田产交易中的漏税与丢粮 ·································· (62)

· 1 ·

二　官方"收除同票"的推行……………………………(65)
　　三　民间"私除同字"的广泛使用…………………………(69)
　　四　官方对赋税推收管理的强化…………………………(71)
第五节　清代以来江西田宅文书制度的演变…………………(75)
　　一　清初契约文书制度的恢复……………………………(76)
　　二　雍正至乾隆年间契约文书的形制变更………………(77)
　　三　清末契约文书样式的变革……………………………(82)
　　四　民国时期的江西契约文书……………………………(87)

第二章　身份与权利：契约文书中的宗族与社会………………(91)
　第一节　契约文书中的宗族参与……………………………(91)
　　一　社会学中的宗族"参与"………………………………(91)
　　二　宗族参与的表现形式…………………………………(92)
　　三　宗族参与契约文书的意义……………………………(99)
　第二节　立契人身份变化与社会变迁………………………(101)
　　一　"户丁"与个人独立立契的自由………………………(101)
　　二　女性成为立契人的独立主体…………………………(103)
　　三　宗族对众存产业管理的弱化…………………………(105)
　第三节　冶城彭氏收租票所见清末民初家族与地方
　　　　　社会的互动………………………………………(106)
　　一　冶城彭氏及彭氏祠堂收租票概况……………………(107)
　　二　冶城彭氏的族田管理…………………………………(111)
　　三　冶城彭氏与地方社会的互动…………………………(115)

第三章　致力农耕：广昌县乡村地主张殿酬的个案研究………(118)
　第一节　张殿酬所处的时代与区域环境……………………(118)
　　一　江西省广昌县基本情况………………………………(118)
　　二　清代中期的广昌县社会经济…………………………(120)
　　三　张殿酬的生活环境……………………………………(122)

目录

  第二节 张殿酬田宅交易的范围与方式 …………………………（123）
    一 张殿酬契约概述 ………………………………………（123）
    二 张殿酬契约的交易范围 ………………………………（127）
    三 张殿酬契约的交易方式 ………………………………（132）
  第三节 清代中期乡村地主的样板 ……………………………（147）
    一 张殿酬契约的特点 ……………………………………（147）
    二 张殿酬文书的标本意义 ………………………………（149）

第四章 大家族的财产：上饶方氏家族的土地交易 ………………（152）
  第一节 上饶方氏家族契约概述 ………………………………（152）
    一 上饶方氏家族及其契约文书概况 ……………………（152）
    二 契约文书所见方氏家族概况 …………………………（153）
    三 方氏家族所在地的社会经济概况 ……………………（155）
  第二节 方氏家族的生计 ………………………………………（159）
    一 跨地区、专人专项管理的家族土地交易模式 ………（159）
    二 上饶方氏家族的田宅交易时段 ………………………（161）
    三 上饶方氏家族田宅交易的范围 ………………………（164）
  第三节 宗族契约文书中的"祀" …………………………………（165）
    一 上饶方氏宗族契约文书中的"祀" ……………………（166）
    二 民间立祀的传统与方氏祀产的来源 …………………（167）
    三 契约文书中"祀"的多重含义 …………………………（170）
    四 宗族祀产的其他作用 …………………………………（177）

第五章 乡村的崩溃：店宅房契与城乡经济 ………………………（179）
  第一节 房产交易契约概述 …………………………………（179）
    一 城乡商品经济与房产交易的背景 ……………………（179）
    二 店房契约的数量与分布 ………………………………（182）
  第二节 乡村房产交易 …………………………………………（184）
    一 乡村房产出售内容与特点 ……………………………（184）

二　乡村房产出售的买主与价格、交易模式 …………………（188）
　第三节　城镇店宅房契交易 ……………………………………（192）
　　一　南昌县的店铺交易与市镇经济 ……………………………（193）
　　二　赣州房契与城市经济 ………………………………………（199）
　　三　南昌家族房产契约与城市经济 ……………………………（221）

第六章　会社与信仰：民间信仰背景下的田宅交易 ……………（235）
　第一节　江西契约文书中的会社组织 …………………………（235）
　　一　经济类会社 …………………………………………………（236）
　　二　公益类会社 …………………………………………………（240）
　　三　宗教类会社 …………………………………………………（242）
　　四　宗族类会社 …………………………………………………（244）
　第二节　上饶葛仙庙与民间信仰组织 …………………………（248）
　　一　葛仙与上饶地区的葛仙信仰 ………………………………（248）
　　二　葛仙庙的土地交易与社会互动 ……………………………（254）
　第三节　天主教堂房产契约研究 ………………………………（261）
　　一　清末传教士在南昌的活动 …………………………………（262）
　　二　南昌天主教堂房产契约的简要统计 ………………………（263）
　　三　南昌天主教堂房产契约的社会经济史分析 ………………（266）
　　四　政府对天主教置业的应对 …………………………………（274）

结　语 ………………………………………………………………（278）

参考文献 ……………………………………………………………（283）

后　记 ………………………………………………………………（296）

绪　　论

民间契约文书泛指一切民间民事交往、经济交易中各式契约（契、约、字、书、单、合同等）。历史时期的民间契约文书是先民处理物权和债权的记录，也是反映民间社会生活的重要文献。本书整理、研究的材料和研究主题范围是契约文书。

关于江西地区历代契约文书的研究，目前只有少数几篇论文对其部分文书进行介绍与就个别问题进行研究[①]，还没有与此相关的深入研究成果出现。这种现象出现的原因，一是江西民间契约文书的研究起步较晚，至今为止，仍然没有能够代表全省契约文书概貌的资料专集出版。二是目前的研究成果中，缺少以契约文书为主体材料的专题性研究。三是现有对江西地区契约文书的研究不成体系，许多相关的问题论述还有待深入，大量馆藏契约文书丰富的历史价值、文献价值未能得到充分发掘。

笔者收集整理的契约文书具有存世数量较大、文书种类齐全、内涵丰富、地域特色明显等特点，能够真实、细致地体现江西的地域特色和历史特征，是研究江西地区社会经济发展史的学术资源宝库，具有重要的研究价值。对此进行深入研究，将对江西地方史、经济史、社会史的研究产生重要的推进作用，具有重要的学术价值。

---

① 高劲松、张琼、彭志才：《近三十年来江西地区契约文书研究综述》，《地方文化研究》2017年第5期。

一　江西地区田宅契约文书研究述评

20世纪30年代以来，一些研究学者开始使用民间遗存的契约文书研究明清社会经济史，取得令人信服的重要学术成果，引起学术界的广泛关注。在此背景下，民间契约文书与殷墟甲骨、秦汉简牍帛书、敦煌文书、明清档案文献一样，成为研究中国史尤其是基层社会史的重要资料来源，日益受到国内外学术界的重视，民间契约文书研究逐渐发展成为一门学术界共同关注的、独立的中国契约学。

（一）契约文书研究的总体情况

几十年来，中国学者在契约文书这个新兴学术领域做了许多富有成效的工作，编辑出版了一批内容丰富的契约原件资料汇编，也涌现出许多值得关注的成果。①

契约文书是研究中国经济史、法制史、社会史、契约史的弥足珍贵的实物材料。傅衣凌先生1939年在福建永安县发现了百余件明清土地契约文书，并于20世纪40年代对其进行了整理研究，撰写了《福建佃农经济史丛考》，开创了经济史研究的一条新路子。其开创之功，永为后人铭记。②

在明清契约文书的整理与研究方面③，张传玺的《中国历代契约会

---

① 关于明清契约文书搜集整理和研究的成果，参见：吴丽平《明清契约文书的搜集和整理综述》，《青岛大学师范学院学报》2011年第3期；刘洋《近三十年清代契约文书的刊布与研究综述》，《中国史研究动态》2012年第4期；周小莉《21世纪以来中国古代契约文书整理述要》，《兰台世界》2017年第12期；吴佩林、李增增《六十年来的明清契约文书整理与研究》，《地方档案与文献研究（第二辑）》，社会科学文献出版社2016年版；杨潇《晚清至民国时期（1840—1949）契约文书研究述评》，《法律史评论》2020年第2卷；杨国桢《〈明清土地契约文书研究〉第三版序》，《中国史研究动态》2020年第1期。

② 傅衣凌：《福建佃农经济史丛考》，福建协和大学中国文化研究会，1944年；傅衣凌：《明清农村社会经济》，生活·读书·新知三联书店1961年版；傅衣凌：《明清社会经济史论文集》，人民出版社1982年版；傅衣凌：《明清封建所有制纲》，上海人民出版社1992年版。参见林爱玲《傅衣凌学派的学术成就与理路拓展》，载王日根、张侃、毛蕾主编《厦大史学》第3辑，厦门大学出版社2010年版，第9—34页。

③ 吴丽平《明清契约文书的搜集和整理综述》（《青岛师范大学学报》2011年第3期）和刘洋《近三十年清代契约文书的刊布与研究综述》（《中国史研究动态》2012年第4期）都有较好的综述。

编考释》①和田涛的《田藏契约文书粹编》②是全国各地契约文书的大全集，内容丰富，影响巨大。契约文书的研究价值及其对明清史研究的重要价值与意义，在最负盛名的徽州文书③上表现得尤为突出，"正是由于徽州文书的学术价值被发现，才出现了以徽州文书研究为中心、综合研究社会实态、探寻中国古代社会后期发展变化规律的新学科——徽学。徽学研究将给宋代以后的中国古代史特别是明清史研究带来革命性的变化"。④重要的地域性的契约文书整理出版者，还有福建文书⑤和清水江文书⑥，都对学术界的研究起到了极大的推动作用。此外，浙江地区的契约文书⑦以及《云南省博物馆馆藏契约文书整理汇编》⑧、《保定商会档案》⑨和《保定房地契资料全编》⑩都值得关注。杨国桢先生在《〈明清土地契约文书研究〉第三版序》⑪中对2010年至2019年，学术界对中国契约文书的发现、整理与研究的状况加以评述，认为"这十年，可说是契约文书纳入中国社会科学知识体系以来的黄金时代"。

随着各地契约文书的不断发现、公布和出版，学术界也对明清契

---

① 张传玺：《中国历代契约会编考释》，北京大学出版社1995年版。
② 田涛：《田藏契约文书粹编》，中华书局2001年版。
③ 参见阿风《徽州文书研究十年回顾》，《中国史研究动态》1998年第2期；李琳琦、孟颖佼《20世纪80年代以来徽学研究的回顾与思考——以国家社会科学基金立项项目为中心》，《安徽师范大学学报》2017年第2期。
④ 周绍泉：《徽州文书与徽学》，《历史研究》2000年第1期。
⑤ 卢增荣：《福建民间契约文书的最新搜集和论说》，博士学位论文，厦门大学，2000年3月；杨国桢：《〈明清土地契约文书研究〉第三版序》，《中国史研究动态》2020年第1期。
⑥ 唐立、杨有赓、[日]武内房司主编：《贵州苗族林业契约文书汇编（1736—1950）》（一至三卷），日本：东京外国语大学出版社2001—2003年版；张应强、王宗勋主编：《清水江文书》（第一至三辑），广西师范大学出版社2007至2011年版；陈金全、杜万华主编：《贵州文斗寨苗族契约法律文书汇编——姜元泽家藏契约文书》，人民出版社2008年版；孙兆霞主编：《吉昌契约文书汇编》，社会科学文献出版社2010年版。
⑦ 浙江的契约文书整理与研究主要有石仓契约、宁波契约文书、黄岩诉讼档案、龙泉司法文书。浙江民间文书。倪毅：《浙江明清契约文书研究综述》，《历史档案》2014年第1期。
⑧ 吴晓亮、徐政芸主编：《云南省博物馆馆藏契约文书整理汇编》，人民出版社2012年版。
⑨ 姜锡东等编著：《保定商会档案》（20册），河北大学出版社2012年版。
⑩ 刘秋根、张冰水编著：《保定房地契资料全编》（1—10册），河北人民出版社2012年版。
⑪ 杨国桢：《〈明清土地契约文书研究〉第三版序》，《中国史研究动态》2020年第1期。

约文书研究的意义、方法进行了深入的探讨。张传玺较早从事契约文书的整理与研究，提出了"中国契约学"的概念，认为"中国契约学的任务首先是要研究中国契约自身发展的历史及其规律"①。2005年，《史学月刊》编辑部组织了《明清契约文书与历史研究笔谈》，发表了陈支平、栾成显、陈学文、岸本美绪和王振忠的五篇文章，涉及了契约文书研究的问题与困境、方法、价值和日本学者对契约文书研究的情况。拓宽了研究视野，开拓了研究领域，引领学术界深化研究内容。近十年来，一批学者在深入田野调查，直接进村入户搜集民间文书的反复实践中，提出了文书归户与归群的新方法，即"围绕文献保有者设立文书群""按照文书收藏者的原有分类"，整理编纂时全部归户到村、镇，按时间先后顺序排列。这种经验和做法，丰富了契约学研究的内容。②但近年来，大陆利用民间契约文书进行史学研究似乎遇到了一个瓶颈，即新发掘的契约文书不断问世，但是有分量的研究成果，却是屈指可数。究其原因，一是民间契约文书大多雷同；二是观察视野和研究方法的单一化。因此，陈支平建议要用多学科的视野考察民间契约文书的丰富内涵、把社会调查等研究方法与契约文书搜集整理研究工作紧密结合起来、开展民间契约文书研究的比较分析。③

在漫长、艰难的契约文书研究道路上，经过几代人的不懈奋斗，中国文书学研究从无到有，从小到大，从零星到系统、全面，从无序到有组织、有规划，研究保护相得益彰，取得了令世人瞩目、赞叹的成就。他们对契约文书的整理为后世学人提供了宝贵的资料；他们探求出来的研究方法与规律，为今后的研究提供参考和借鉴；他们对中国文书学研究面临哪些任务、存在什么问题、应该从哪些方面突破等问题的思考，

---

① 张传玺：《论中国历代契约资料的蕴藏及其史料价值》，《北京大学学报》1991年第3期。
② 杨国桢：《〈明清土地契约文书研究〉第三版序》，《中国史研究动态》2020年第1期。
③ 陈支平：《中国大陆开展民间契约文书研究的回顾与展望》，载《史学水龙头集》，福建人民出版社2016年版，第488—492页。

无疑都是后来者值得重视的宝贵财富。①

(二) 江西地区田宅契约文书的整理与研究

江西地区的契约文书研究力量,主要集中在南昌大学、江西师范大学、赣南师范大学、上海交通大学等单位,其研究成果主要集中在契约文书的收集整理与社会经济史研究、契约文书与法制史研究,以及将契约文书和其他民间材料结合进行的区域社会经济史研究。②

1. 江西地区契约文书的收集、整理与出版情况

有不少学者致力于江西地区契约文书的收集、整理,并在此基础上积极开展契约形制、明清农村土地制度和土地关系研究。近十年,可谓是江西契约文书研究的爆发期。

黄志繁、邵鸿等整理的《清至民国婺源县村落契约文书辑录》③ 收集清至民国民间文书3600多份(套)9000余张,以契约为主;另外,纳税凭证、状词和账本也有一定存量。研究者可通过文献的属地性,结合其他已经公开的徽州文献,复原徽州文书的系统性。④ 从史学意义上来说,学界一般将其归结为徽州文书和徽学研究成果。

目前在学术界影响最大的江西地区田宅契约文书,当属鄱阳湖区文书。《鄱阳湖区文书》是一批从江西省鄱阳湖区的渔村发掘出来的契约及诉讼文书,收录契约、收领犯字、纳税执照、渔课册和诉讼文书等各类文书一千五百余页,共十册,填补了目前湖区文书类文献的空白,而

---

① 张新民、朱荫贵、阿风、冯祖贻:《共同推动古文书学与乡土文献学的发展——清水江文书整理与研究四人谈》,《贵州大学学报》2012年第3期;唐力行:《从碎片、拼图到整体:徽州乡村社会研究路径的回顾与思考》,《安徽史学》2014年第2期;刘永华:《排日账与19世纪徽州乡村社会研究——兼谈明清社会史研究的方法与史料》,《学术研究》2018年第5期;仲伟民、王正华:《契约文书对中国历史研究的重要意义——从契约文书看中国文化的统一性与多样性》,《学术研究》2018年第5期;陈支平、赵庆华:《中国历史与文化研究中民间文献使用问题反思》,《云南师范大学学报》2018年第4期。

② 李锦伟:《十年来明清江西地区经济史研究综述》,《萍乡高等专科学校学报》2006年第5期;戴天放:《三十年来江西明清商品经济史研究述评》,《三明学院学报》2008年第1期;高劲松、张琼、彭志才:《近三十年来江西地区契约文书研究综述》,《地方文化研究》2017年第5期。

③ 黄志繁、邵鸿等编:《清至民国婺源县村落契约文书辑录》,商务印书馆2014年版。

④ 黄志繁、邵鸿等编:《清至民国婺源县村落契约文书辑录》,商务印书馆2014年版。

且与其他土地类文书形成有价值的比较,从而丰富我们对明清时期中国水上社会的基本认识。①

江西赣州作为客家三州之一,2019年出版的《客家珍稀文书丛刊(第一辑)》也收录了不少江西客家契约文书,其内容涵盖江西赣州的赣县、广昌、雩都、会昌、寻乌、南康、兴国、石城、宁都、瑞金、安远、崇义、上犹、兴国和吉安的遂川、吉水、万安等县(区),该书最大的特色是将这批文书放入客家的社会视野中来考察,开创性地提出了文书归户与归群的新方法,为民间散乱文书的整理提供了新的规范和方向。②此外,学术界还揭示了江西畲族文书整理的一些现状,如在《中国少数民族古籍总目提要·畲族卷》就有江西畲族契约文书59份。③

据公开报道,江西省第一次可移动文物普查的数据显示,现存35个文物大类中档案文书类共计11402件(套),票据类10702件(套)。④江西师范大学"区域社会研究资料中心"存有谱牒原件二十余种,复印本三十余种;收集明清契约文书近五百份,另外还有分家阄书、风水指南、砧基簿、袖珍账本等以及幻灯片四百余张。

2. 契约文书与江西区域经济史研究

江西省博物馆是江西契约文书收藏的主要机构之一。许智范、刘禄山对江西省博物馆藏契约文书进行了整理研究,在《"历史碎片"啄探——江西民间契约文书考察》⑤一文中介绍了江西民间契约文书的收藏、整理情况,归纳了江西民间契约文书的特点,分析了江西民间契约文书的学术价值,是数十年来对馆藏江西地区契约文书进行全面、系统介绍的第一篇文章。在《清代、民国江西民间利用吐退字约"漏税丢

---

① 曹树基编:《鄱阳湖区文书》,上海交通大学出版社2018年版。
② 曹树基、陈支平:《客家珍稀文书丛刊(第一辑)》,广东人民出版社2019年版。
③ 朱忠飞:《畲族契约文书现存状况及其研究路径》,《贵州民族研究》2015年第8期。
④ 高劲松、张琼、彭志才:《近三十年来江西地区契约文书研究综述》,《地方文化研究》2017年第5期。
⑤ 许智范、刘禄山:《"历史碎片"啄探——江西民间契约文书考察》,《南方文物》2006年第1期。

粮"之俗习考》①一文中,作者以清代江西建昌府广昌县的民间吐(退)契约和上饶方氏家族契约中的民国时期的退约为例进行分析,认为清代赣南、赣东地区民间利用吐退字约"漏税丢粮"的行为是民间偷逃田房交易税赋的一种方式,其行为的主要目的是"丢粮",利用吐退字约"漏税丢粮",并非都是阶级斗争的表现。此外,刘禄山通过对1941年至1946年间5份景德镇瓷业厂房典卖字据的分析,认为其再现了当时瓷都的末路映象,这5份典卖字据是当时景德镇千百家业主衰败的缩影。②

安徽大学卞利教授一直从事民间契约文书的搜集与研究,发表了关于江西地区契约文书的系列文章。他的《清代江西串票的发现与初步研究》③和《清代江西安远县土地买卖契约文书的发现与研究》④都是利用新资料进行的研究,有利于进一步探讨和研究清代江西地区社会经济的发展情况。他的《清代前期江西赣南地区的押租制研究》⑤则探讨了清代前期江西赣南地区押租制迅速发展的原因,认为押租制对赣南地区的社会经济,特别是商品经济的发展有一定的积极作用。他在《清代江西赣南地区的退契研究》⑥中提出,赣南退契既是一种田皮权买卖文书,又是一种租佃权有偿转让的凭据,兼具田皮买卖和佃权转让的双重性质。

与契约文书的发现、整理密切相关的是对租税、租佃关系、小农的生活状态等经济史问题的讨论。施由民通过对清代赣南租佃制的研究,解剖了清代江西农村社会的土地关系,指出清代赣南的租佃制是江西具

---

① 刘禄山、许智范:《清代、民国江西民间利用吐退字约"漏税丢粮"之俗习考》,《中国农史》2007年第1期。
② 刘禄山:《从邵氏置业契约看抗战时期景德镇瓷业的衰落》,《近代中国与文物》2006年第2期。
③ 卞利:《清代江西串票的发现与初步研究》,《中国农史》1998年第1期。
④ 卞利:《清代江西安远县土地买卖契约文书的发现与研究》,《农业考古》2004年第3期。
⑤ 卞利:《清代前期江西赣南地区的押租制研究》,《中国农史》1998年第3期。
⑥ 卞利:《清代江西赣南地区的退契研究》,《中国史研究》1999年第2期。

有典型意义的农村土地占有形态。① 黄志繁、邵鸿利用新发现的 5 本婺源县排日账，分析了晚清至民国徽州小农的闲暇时间安排、副业生产在家庭经济结构中的地位、徽州小农生产劳作内容、小农外出活动频率及其与集市的联系，对深入研究近代徽州地区的农村和小农状况极有裨益。② 其他如温锐以 20 世纪初期赣闽边农村为个案，从民间传统借贷的状况、借贷双方的经济选择与运作、民间借贷与农村社会经济发展的关系、民间借贷的负面影响与社会政策问题等四方面提出新的见解。③ 刘经富介绍了清嘉庆年间陈宝箴家族分家文书的产生、内容和影响。④ 王安春对清代前期江西佃农抗租斗争原因⑤的分析，陈雪娇以瑞金大柏地隘前村横岗蔡姓人家明万历至清嘉庆年间的 21 件契约文书的分析等成果，也都值得关注。⑥

2. 契约文书与江西地方社会变迁的研究

契约文书是研究地方社会史的重要史料。龚汝富一直致力于挖掘江西历史文献题材，寻找在财经史研究与法律史研究之间契合点，并以诉讼为切入点探讨国家与地方的关系、区域社会变迁等重大问题。龚汝富以财经讼案为研究主线，内容涉及土地产权、赋税征管、军役分派、商旅安全、漕粮津贴、义图制等各个领域，他的论文集《清代江西财经讼案研究》就是这一努力的集中体现。⑦

更多的学者选择地方纠纷与地方社会变迁的视角，来表现自己对区域社会的观察。谢宏维以中国第一历史档案馆所藏档案为依据，分析了

---

① 施由民：《清代赣南的租佃制初探》，《赣南师范学院学报》1995 年第 5 期。
② 黄志繁、邵鸿：《晚清至民国徽州小农的生产与生活——对 5 本婺源县排日账的分析》，《近代史研究》2008 年第 2 期。
③ 温锐：《民间传统借贷与农村社会经济——以 20 世纪初期（1900—1930）赣闽边区为例》，《近代史研究》2004 年第 3 期。
④ 刘经富：《陈宝箴家族分家文书解析》，《中国社会经济史研究》2012 年第 1 期。
⑤ 王安春：《浅谈清代前期江西佃农抗租斗争的原因》，《江西教育学院学报》2001 年第 2 期。
⑥ 陈雪娇、严帆：《一批契约文书的发现——解读明清时期瑞金县平地隘乡间的社会形态》，《炎黄地理》2021 年第 3 期。
⑦ 龚汝富：《清代江西财经讼案研究》，江西人民出版社 2005 年版。

清中期发生在江西省万载县的一起长达45年的土棚学额纷争案,认为此案展现了这一时期棚民、土著与国家政权三者之间复杂而微妙的互动关系,并显示了清王朝调控地方能力的强弱变化。① 梁洪生通过江西师范大学区域社会研究资料中心近年获赠的一批江西星子县渔民的历史文书,分析了历史时期的渔业资源争夺问题。认为通过梳理"私业"、"官河"与"习惯"捕捞区之间的关系,不仅获得关于湖区水面产权问题的新认识,提出由于"水无硬界"的特性和渔民生产的流动性,使他们和以土地为生的农民,在生存规则与性格特征方面多有不同,研究中国的"水面问题"时,应该和以往研究"土地问题"的思路及关注有所不同。② 陈丽娟的系列文章则通过全南县雅溪村陈氏家族契约文书,揭示财产交易与赣南客家乡村社会、同宗过房与异姓过继等问题。③ 高劲松通过以江西省博物馆藏数十件天主教会购买南昌地区土地的契约文书为载体,勾勒出清末民初天主教会在南昌的发展脉络。④ 曾伟通过对萍乡煤矿产业契约的初步分析,展示萍乡煤矿从租山顶井,到产权归并的发展历程,认为在矿山产权交易过程中,企业的发展始终受制于地方社会权利关系的束缚。⑤

3. 契约文书与江西宗族个案研究

江西是受宗族势力影响深刻的典型区域,以契约文书和族谱为核心材料对此问题进行个案研究的成果很多。肖文评勾勒了清代乐安县流坑

---

① 谢宏维:《棚民、土著与国家》,《中国史研究》2004年第2期。
② 梁洪生:《捕捞权的争夺:"私业"、"官河"与"习惯"——对鄱阳湖区渔民历史文书的解读》,《清华大学学报》2008年第5期。
③ 陈丽娟、谢显纹:《全南雅溪陈氏家族契约文书的发现与价值》,《文物鉴定与鉴赏》2019年第24期;陈丽娟、钟庆禄:《财产交易与赣南客家乡村社会——基于江西省全南县雅溪村陈氏家族契约文书研究》,《地方文化研究》2018年第3期;陈丽娟、钟庆禄:《赣南客家地区的同宗过房与异姓过继——以民间过继文书为中心》,《地方文化研究》2020年第4期。
④ 高劲松:《清末民初天主教会在南昌的发展——以江西省博物馆藏契约文书为中心》,《文物天地》2020年第10期。
⑤ 曾伟:《晚清民国萍乡煤矿产业契约与矿山产权交易》,载常建华主编《中国社会历史评论》第23卷,天津古籍出版社2019年版,第181—192页。

董氏宗族的兴衰过程。①梁洪生、邵鸿以乐安县流坑村为基本点，对董姓宗族的乡绅与家族组织进行的整合、江右王门学者的乡族建设、竹木贸易与宗族社会变迁和村会社组织，进行了较为系统的个案研究。②施由民以万载县辛氏宗族以例，探讨了宗族、乡绅与基层社会的关系，以及县级基层政权与乡绅、宗族的互动关系。③他还分析了清代江西宗族的自治机制问题，认为宗族有着一套很完备的自治机制，而乡绅掌控着这套自治机制，从而控制着农村社会稳定地传续与发展。④对社会变迁背景下的宗族，许多学者也给予了相当多的关注。罗艳春依据地方档案文献，考察了20世纪三、四十年代江西省万载县农村宗族族董会制度建设的历程，表明在近代社会转型时期，宗族与基层政权在地方社会秩序建构过程中的复杂互动。⑤

（三）小结

尽管学界在江西地区田宅契约文书及清代江西社会经济史研究方面取得了丰硕成果，但也存在一些不足。一是江西民间契约文书的研究起步较晚，至今为止，各单位和个人收藏的契约文书资料仍然较为零散，江西地区的契约文书还缺少系统的整理与研究，没能出版代表全省契约文书概貌的资料专集，故学术界也不可能对江西地区的契约文书做较为

---

① 肖文评：《地方贸易发展与宗族复兴——以清至民国时期江西乐安县流坑董氏为例》，《江西师范大学学报》2004年第4期。

② 梁洪生：《家族组织的整合与乡绅——乐安县流坑村"彰义堂"祭祀的历史考察》，载周天游主编《地域社会与传统中国》，西北大学出版社1995年版；梁洪生：《江右王门学者的乡族建设——以流坑村为例》，台湾《新史学》第8卷第1期，1997年；邵鸿《竹木贸易与明清赣中山区土著宗族社会之变迁——乐安县流坑村的个案研究》，载周天游主编《地域社会与传统中国》，西北大学出版社1995年版；邵鸿：《明清江西农村社区中的会——以乐安县流坑村为例》，《南昌大学学报》1996年增刊。

③ 施由民：《明清时期宗族、乡绅与基层社会——以万载县辛氏宗族以例》，《农业考古》2008年第4期。

④ 施由民：《试析清代江西宗族的自治机制——以万载辛氏宗族为例》，《江西社会科学》2008年第12期。

⑤ 罗艳春：《二十世纪三、四十年代国民党政府的地方控制与宗族——以江西万载县的族董会制度为中心》，载肖唐镖主编《当代中国农村宗族与乡村治理跨学科的研究与对话》，中国社会科学出版社2008年版，第123—135页。

系统、全面的研究。二是由于各研究者收集的江西地区契约文书的数量都不是很大,因此对江西地区独有的交易程序和契约文书样式的揭示还不够充分。三是学术界公布的江西契约文书资料较为零散,或在编排时归户性被打乱,致使其丰富的历史信息流失,契约文书作为民间社会经济交往原始记录,其形成、实际作用、文化内涵等重要问题的研究仍显得薄弱,其个案研究也显得不够丰富。

二 江西地区田宅契约文书遗存与特点

(一) 江西地区契约文书遗存的分类统计

在契约文书名称的确定上,按照"科学、正确、规范"的原则进行,即在名称中科学地反映文物的信息、正确地表达文物的时代、产地、作者等信息、包含内容的表达方法、顺序和格式的规范化,达到"见其名,如见其物"。具体而言,契约文书的定名,一般按照时代、地点(县名)、特征(产业出让人姓名、交易方式、产业种类)、文书通称的顺序排列,如前引清光绪三十三年五月《赣州谢世模杜卖田塘租耕三联契之江西官契根》就包含了以上要素。

在契约文书的统计方法上,依据馆藏文物"一物一号"的登录原则进行统计,数量栏目中件套数、单位、实际数量三项内容,量词统一以"件(套)"为标准,即按照国家文物局发布的关于文物保护行业标准《馆藏文物登录规范》(标准编号 WW/T0017—2013),根据构成馆藏文物基本物质的自然属性和所形成的社会属性,区分和统计馆藏文物数量。单张契约是可以独立存在的,按个体编号计件(实际数量)按照"一物一号"的原则计数,1张即是1件(套)。成套契约文书组成部分不能独立存在的,整体编号的同时,每个部分列分号,按一件(套)计算,故其数量分为件套数和实际数量两种:1组成套契约计为1件(套),其实际数量在2张以上,通过名称中的"三联契""四联契""五联契"的方法区别。如前引清光绪三十三年五月《赣州谢世模杜卖田塘租耕三联契之江西官契根》,"三联契"表明这1件(套)的实际数量有3张,而此"江西官契根"只是这3张中的1张,故附在该件（套）名称的后面，用"之"表示此为其中一件。按照以上计数方法，江西省博物馆藏契约文书共有总计1442件（套），实数共计2032件，其实数比件（套）数多的原因就是在这些契约中有不少"三联契"、"四联契"甚至"五联契"。

在整理契约文书时，契约文书标题，系由笔者根据契约文书的定名、计数原则拟定。文字的录入均基本上遵照原稿。原文中的别字、数字大小写且不影响文意的，照原文录入；苏州码数字改成普通汉字数字录入；无法识别和契约残缺造成的文字残缺，以"□"代替；对原契模糊不清、脱漏、残缺文字，但据文意可以确定的文字，用（ ）补全录入；对原文别字、错讹且可能影响文意的，先照原契录入文字，再将作者校改之字用［ ］改正之。

江西省博物馆藏契约文书大多数为1953年省土改展览会征集之物，后移交省馆收藏。经清点统计，全部田宅契约总1352件（套）（其中含天主教堂契约照片72件），具体分类统计如下：

契约文书的内容庞杂，目前学术界对其分类的方法很多，主要包括形态分类法、作者分类法、年代分类法、内容分类法和归户分类法，①也没有统一的标准。目前，徽州文书理论研究与整理方法中争议较多和研究不够的有五个重要问题，其中包括徽州文书的数量和计量方法、徽州文书的分类整理等。② 主要有以下方法影响比较大：如王钰欣编《徽州文书类目》③ 就运用了形态分类法、年代分类法和内容分类法三种方法，首先"本书依据文书原件形式，分为散契、簿册、鱼鳞册3种。各类目之下排列顺序依次为散契、簿册、鱼鳞册，每种再按时间顺序排列"。然后"将徽州文书分为9类，即：一、土地关系与财产文书；二、赋役文书；三、商业文书；四、宗族文书；五、官府文书；六、教

---

① 赵尔波：《明清时期祁门谢氏宗族及其遗存文书研究》，博士学位论文，安徽大学，2011年，第6页。

② 徐国利：《徽州文书的理论研究与整理方法》，《中国社会科学院研究生院学报》2005年第4期。

③ 王钰欣：《徽州文书类目》，黄山书社2000年版。

育与科举文书；七、会社文书；八、社会关系文书；九、其他文书。在9类之下分117目，在目之下又分128子目"。王钰欣在与周绍泉合编《徽州千年契约文书》① 以及周向华编《安徽师范大学馆藏徽州文书》② 又采用了年代分类法，将全部契约文书按照时代顺序分别排列，与之前的分类方法有很大差别。刘伯山编《徽州文书》③ 采用的是归户分类法。本书所收集、整理的江西地区田宅藏契约文书，其重要性不亚于徽州文书，如赣东地区的抚州市广昌县有65张契约文书，全都是清代雍正至乾隆年间张殿酬及其家族的土地交易文书，而且与张殿酬个人相关的文书就有60件。此外，贵溪市72件契约分别属于贵溪文坊公社傅贤才契、贵溪文坊冯天云契以及贵溪文坊林香云契三个家族，其归户性指向明确，而新建县程家租约是1953年1月10日新建县土改展览会收集之物，其附有《长期押租剥削佃农》的卡片介绍："佃农在初佃作程文宝公庄田时，一定要先交一年'顶租'。如逢到荒年歉收，交租不起，首先就要扣除顶租，再行□佃转租别人。但下面这张转佃约是原佃农因生活困难，无力耕作，把'佃权'转让别人的证据。"通过小卡片，这些契约的价值和作用更加明晰。

因此，本书在对这些契约文书进行分类的时候，首先考虑的是尽量保持其归户性，对在调拨、转交过程中被人为打乱的零散契约，参照其内容，并入相应的位置，再根据王钰欣《徽州文书类目》的整理方法，按照其内容分为9类，即：一、土地关系与财产文书；二、赋役文书；三、商业文书；四、宗族文书；五、官府文书；六、教育与科举文书；七、会社文书；八、社会关系文书；九、其他文书。在9类之下分117目，在目之下又分128子目。④ 按照王钰欣的分类方法，在某些大类和117目中，江西地区契约文书并无相应的类别，显示出自身的特点。其最终统计目前检获的田宅契约文书如下：

---

① 王钰欣、周绍泉主编：《徽州千年契约文书》（40卷），花山文艺出版社1993年版。
② 周向华：《安徽师范大学馆藏徽州文书》，安徽人民出版社2009年版。
③ 刘伯山：《徽州文书》，广西师范大学出版社2005—2010年版。
④ 王钰欣：《徽州文书类目》，第6页。

表-绪1　　　　　　　江西地区田宅契约文书内容简表

土地关系与财产文书 （1174件，81.43%）	1 土地、房屋、耕牛等事产买卖文书（959件） 2 税契凭证（11件） 3 土地、房屋、耕牛等事产典当文书（43件） 4 清业清白合同（6件） 5 土地、房屋、耕牛等事产租佃文书（53件） 6 批契及财产处置文书（2件） 7 对换文约（4件） 8 买卖、典当山林力垄和田地皮文书（26件） 9 退契、借契、还契（2件） 10 借贷文书（28件） 11 买卖典当收据（16件） 12 合伙建造、经营兴养及保业合同文约（3件） 13 业主执照、土地证书（22件）
赋役文书 （178件，12.34%）	1 田土丈量单（16件） 2 审定户由、易知由单（2件） 3 税单（19件） 4 土地陈报收据（36件） 5 里甲勾摄杂费欠据及收据（11件） 6 佃户纳税执照（18件） 7 上下忙执照、串票（76件）

从上表可以看出，江西地区契约文书中，土地关系与财产文书、赋役文书占所有契约文书的绝大部分，表明江西地区的土地流动频繁。

（二）江西地区契约文书的特点

江西地区清代至民国时期契约文书，具有存世数量较大、归户性强、文书内涵丰富、地域特色明显等特点，能够真实、细致地体现江西的地域特色和历史特点，是一座研究江西地区社会发展史的丰厚的学术资源宝库。

1. 存世数量较大

江西地区契约文书在数量上与徽州、福建等地的契约文书动辄数万卷相比，无疑微不足道。但据估计，江西存世的契约文书应当在10万件以上。①

---

① 杨国桢：《〈明清土地契约文书研究〉第三版序》，《中国史研究动态》2020年第1期。

2. 归户性强

江西省博物馆藏契约文书的归户性在前文已有叙述。该批文书最为珍贵的特点是在收集、整理和陈列的过程中，基本按照一村一户的顺序打包存放，其原始顺序基本保持完好。如前引清代雍正至乾隆年间张殿酬及其家族的土地交易文书就是单独存放；而贵溪文坊公社傅贤才契、贵溪文坊冯天云契以及贵溪文坊林香云契，当年作为阶级剥削的罪证，用铁丝固定在硬纸板上，虽然在一定程度上对契约文书本身造成了一些损坏，但是却避免了其流散。而1953年1月10日新建县土改展览会收集的新建县程家租约、新建县胡志标卖契都有说明卡片，如胡志标卖契的《大量变卖土地，企图逃避斗争》卡片介绍说："二区前源观背村地主陈国乐占有土地一百一十二亩，解放后，为了隐瞒阶级成分，企图破坏土改，大量变卖土地共计四十四亩二分。有贫农陈维机就被骗去十四担谷子，承买了该地主三担二斗五升租的早田，在契约上，该地主将卖田时间倒写为民国三十六年。企图逃避他破坏土改的罪恶，这张文契就是陈维机受骗的铁证。"胡志标卖契《废债不肯缴契约，万恶地主望"变天"》卡片介绍了七区高坪乡恶霸地主金干（又叫金大枝）的土地交易情况，其中对地主与佃户的经济、社会关系的揭示，却是值得研究者注意的问题。

3. 文书内涵丰富

在这一批文书中，包含的土地关系与财产文书涉及土地、房屋、耕牛等产业的对换、买卖、典当与租佃，在经济生活方面涉及退契、借契、还契、借贷、分关、合伙建造及保业等经济活动，而宗族文书中包括宗祠簿、族规家法和分家书等，折射出宗族这一强大势力无所不在的影响力；其他的会社文书有结会文约与结会章程、出卖会股契约和输田、租、银入会文约，展现的是民间会社组织的活力；而社会关系文书中的乡规乡约、伏罪甘罚文约和甘结文书则表现了国家法律下的另一种社会秩序。从内容上来看，这1442件文书涵盖了清代至民国时期社会生活的方方面面，是从事社会经济史研究的珍贵宝库。

4. 地域特色明显

江西契约文书具有明显的"赣派"契约风格。从文物学的角度考察，江西民间契约文书的材质就有明显的地方特色，纸质文书绝大多数用的是毛边纸，其次是棉纸，体现了江西地区造纸业发达。江西民间契约文书的缮写款式与其他省区不同，自有风格成规，是江西地区的风俗文化、交易定例使然。同种契约文书的名称，称谓不同，将退佃之约多书"退契""脱字"；在文书正文之后沿俗批写字句，如批写"益后广创""长发其祥""田禾大熟"之类吉祥语的乡俗，也是赣派契约文书的明显特点。赣派契约文书的另一个书写风格是，契约内注写交易标的（主要是土地）的计量单位时，大多直书乡俗成语，不使用早在明代就定下的计量单位——亩、分，这与北方各省，乃至周边省区的契约文书形成较大的反差。①

三　本研究的主要内容、基本思路、研究方法

（一）研究的资料与主要内容

本书研究的主要资料是江西省博物馆馆藏契约文书。其中大多数为1953年江西省土改展览会征集之物，后移交江西省博物馆收藏，已经初步分类整理。依据馆藏文物"一物一号"的登录原则进行统计，全部契约总计1442件（套）（其中含教堂契约照片72件），实数共计2032件。在这1442件契约中，清代有572件、民国时期有775件、共和国时期有95件。时间最早的文书是清雍正元年（1723）四月广昌县张殿酬家族契约的《黄德茂卖江背塘坑口水田契》，最晚的一件是1964年4月20日《南丰县（？）曾禾仂杜卖房屋契》，文书产生的时间跨度长达二百四十一年，历经清朝、民国、中华人民共和国三个阶段和数种社会形态；文书的地域分布在全省30个县（区），基本上覆盖赣中、赣东、赣西和赣南各地区，能够代表全省民间契约文书的区域概貌；文书种类齐全，内涵丰富，涉及农业经济社会中各种经济交易行为、政府介入民事行为、民间社会活动习惯和生活行为方式等诸多层面。

江西省博物馆工作人员曾按其内涵、文书固有的种类和属性，将已

---

① 刘禄山：《历史碎片啄探——江西民间契约文书考察》，《南方文物》2006年第1期。

经搜集在手的民间契约文书整理为四大类①。笔者按照徽州文书的分类方法，将其分为6大类，分别是土地关系与财产文书（1174件，81.42%）、赋役文书（178件，12.34%）、商业文书（12件，0.8%）、宗族文书（23件，1.6%）、官府文书（7件，0.49%）、会社文书（20件，1.39%）和社会关系文书（27件，1.87%）。

在民间民事经济交易类契约中，主要有契、字、合同（或称合约、文凭）等文书种类，其中主要是契、字，清代（雍正至宣统）的契约共571件，其中乾隆朝的文书大多为广昌县乡村地主张殿酬一人所立，最具有代表性；民国时期（1912至1949）的契约775件；解放后（1949年至1962年）的契约95件。按契约的内容特征及文书属性分类统计，土地关系与财产文书的数量最多，其中田地湖山典卖契约所占的份额最大，如土地、房屋、耕牛等事产买卖文书（959件）、土地、房屋、耕牛等事产租佃文书（53件）、土地、房屋、耕牛等事产典当文书（43件）；其次，店房宅契也是较多的契约种类，店厂码头等经营性不动产交易契约虽然数量不多，却是该批契约文书的一个特点，也是具有重大价值的部分；而天主教堂的店房契约，是近代中国社会变迁的见证，尤为珍贵。

（二）研究的基本思路

本书在掌握学术前沿信息和占有翔实史料的基础上，深入地研究契约文书及其实际施行的具体情况，把握江西地区田宅契约文书在历史发展中的切实演变，并由此透视清代以来社会变迁对地方社会秩序带来的影响，进而通过契约文书揭示具有江西地方特色的社会、经济和人的活动的机制，把握江西区域社会发展内在脉络。

---

① 许智范、刘禄山：《"历史碎片"啄探——江西民间契约文书考察》一文，将馆藏契约文书分为四类，（1）民间民事经济交易类契约—契字、合同1421件，占已经整理的民间契约文书总量的72.61%；（2）政府颁发和民间社团给发、民间收执的经济类票据、书证408件，占文书总量的20.85%；（3）宗族、家庭、婚姻等与人身身份有关的字约、文贴、证书119件，占文书总量的6.08%；（4）收租簿籍及民间收藏的土地、人口登记图册9册，占文书总量的0.46%。（《南方文物》2006年第1期）笔者采用的分类方法、统计口径与许智范、刘禄山的方法有所不同，故统计数目也存在一些差异。

(三) 研究方法

本书在充分尊重和广泛吸取前人研究成果的基础上，以辩证唯物史观和历史唯物史观为指导，从历史的视野出发，通过查找文献和田野调查等各种途径最大限度地搜集和占有原始资料，并在阅读大量有关文献的基础上，立足于江西地区契约文书，从中整理、分析、归纳和提炼，以期丰富清代以来江西地区社会经济的发展与变迁的影像。在具体的方法上，综合运用历史学、历史地理学、社会经济史等多学科相结合的研究方法，将区域性研究和个案分析相结合，历史专业性研究和历史地理学、社会经济史等其他理论方法相结合，外地资料和本馆资料相结合，文字资料和电子资源资料相结合，多手段，多方法的展开研究。

具体运用的研究方法如下：

一是二重证据法，即将家谱等传世文献与民间文书结合解读的方法。研究契约文书离不开大量各种史料，只有拥有充分的文献资料，掌握论述的必要依据，才能进行系统的研究工作。馆藏的民间契约文书资料可以与传世的文集、方志、族谱、碑刻、调查报告的资料互相印证，如对广昌县张殿酬所在的"江背村"，通过对地方志等资料的查证，可以得知其位于闽赣边界，是旴江上游的小山村，这有助于解读其契约文书内涵，通过各种文献的互相考证、比较得出的结论也才能更为客观。

二是比较研究的方法。这一研究方法的运用主要在两个方面，一是对个案自身的比较，如对张殿酬在不同时段的交易行为进行比较，勾勒出张殿酬在60年的时间内不同阶段交易行为的特点；二是对不同案例之间的分析比较，如通过对南昌地区的房产契约进行分类，探讨乡村房产交易和城镇房产交易及天主教堂房产交易的不同特点，反映出不同空间背景下社会经济的不同特点。

三是个案研究。本书选取的广昌县张殿酬家族是清代前期乡村地主的个人奋斗史和一部鲜活的乡村经济史；而在房产契约与城市经济部分，赣州作为赣江上游的水陆交通枢纽和商贸中心的特点，在赣州房产交易契约中也表现无遗；对南昌干氏家族房产契约的考察，揭示出其家族在乾隆至民国时期两百年间的兴衰，反映出传统士大夫家族在社会变迁中的变化，这些论述都属于实证研究的个案分析，通过对这些代表性个案的分析，能更好地展示清代至民国时期社会的变化，有助于把握历史的变迁，推动研究的深入。

四是实地调查法。在掌握历史文献的基础上，亲自去实地考察，通过对地域社会的生活体验，获得更直观的认识，力图更好地理解过去。如南昌市区的松柏巷天主教堂、茌港天主教堂、谢埠天主教堂等历史遗迹仍旧保存，而与南昌干氏家族契约相关的"干家前巷""干家后巷"及与天主教堂契约相关的南昌进贤门、德胜门等地名仍在沿用，通过实地走访考察，寻获相关的各种相关历史信息，可以加深对历史环境的感悟。

第一章

程序与习俗：民间法视野下的江西田宅交易

第一节 土地交易对象

江西地区土地契约的交易产业有民田、粮田、水田、地、园地、山、坟地等。在这些不同类型的产业中，交易对象不仅包括一般意义上的民田、粮田，还包含与土地相关的各种附属权利和附属物。在进行土地交易的时候，其附属权和附属物也是交易双方必须考虑并在契约文书中注明的重要内容。唯其如此，得业人获得的才是完整的土地支配权。

一 粮田、赋税及其附属权利

在粮田的交易中，双方最为关注的内容有三项，一是粮田的来源和产权状况，即原持有人是否拥有完整的权利——是田皮、田骨或是皮骨归一；二是该粮田的赋税如何推收，在江西地区的契约文书中，往往出现没有交易对象的面积（亩、分）而只有原额、民粮多少的记载，表明人们对该田产赋税推收的重视超过了对其面积的重视；三是该田产附属的附属权利，在契约中一般都会写明粮田附属的灌荫权利、附属设施，这也表明附属权利与附属设施在农业生产中的重要性。

（一）皮骨田及其附属的水利权利

明清时期，土地的交易与流转较前代更为频繁。自康熙、乾隆以后，由于商业性农业的迅速发展，货币地租的增长，商业资本渗入农村，使得土地日益卷入流通过程之中。虽然对清前期或有清一代土地买卖频率问题，各家估计也不一样，但是"就其总趋势而言，由于土地买卖中的宗法宗族关系松弛化，土地买卖更加自由，更加方便，土地买卖频率增加是在情理之中"。①

杨国桢通过契约文书考察闽北地区的土地交易后认为："卷入土地买卖的田土名目繁多，除完整意义上的土地所有，如'皮骨田''大小苗''税粮田'等以外，田底权和田面权也均可以单独出卖。闽北民间土地买卖契约，归纳言之，可分为断契和活契两种"。② 在江西地区一样出现了"皮骨分离"的现象，反映在契约文书当中，就是人们在交易的时候更加注重对田产权利的表述。在清光绪二年《赣县黄逢焜杜卖田塘土三联契之本契》中，就体现了买卖双方对田产权利的关注：

> 立杜卖田塘土并租契字人黄逢焜，今因家下要银应用，无从出办，愿将父手遗下兄弟分授己业早田一处，坐落章水乡百八都，地名水口塘，土名过路塘塘墈上。田一连大小十二坵，土大小十三块，灌荫塘一口，纳己租叁担。东至张宅山脚为界，南至邱宅山脚为界，西至己塘塘墈为界，北至己山脚为界，四至分明。其田山塘皮骨归一，要行出卖与人，先佾问亲房家族人等，俱各不受，请中送至本城刘泰锡向前承买为业。当日凭中时值卖价纹银三十二两正。两相交楚，不少丝厘。自卖之后，任凭刘宅永远掌管为业，黄宅人等并无寸土块泥存留在内，永无不敷、翻找、凑价、取赎等情。其田土并非公堂、膳学、醮祭、长孙之田，一卖千休，永斩葛藤。倘有上手来历不明、粮银未楚，不干承买人之事，俱系出笔人及中等一力承当，并非谋买准折债负别力等情。其田塘上秋粮，照依亩分割归刘宅户内自行完纳。今欲有凭，立杜卖田塘土契一纸为据。
>
> [外批:] 当日批明过路塘田老契有别业相连未付，此据。

---

① 江太新：《论清代前期土地买卖的周期》，《中国经济史研究》2000年第4期。
② 杨国桢：《试论清代闽北民间的土地买卖》，《中国史研究》1981年第1期。

光绪二年月日立杜卖田塘土契人逢焜。

说合中人：钟才拔、邱先绶、张行仪。

代笔中弟逢焕。

在这一份杜卖田产的契约文书中，卖主首先说明表标的物的坐落、数量和租税情况，并且强调其田"皮骨归一"，担保该项产业的所有权和使用权均系由卖主所有，实际上是当时田产"皮骨分离"现象的折射。据民国时期的社会调查表明，赣南地区田产的"田皮"与"田骨"分离现象非常普遍，"赣南各县田亩，有粮田、租田之别。凡皮、骨合一者谓之'粮田'；皮、骨分管者谓之'租田'，佃户取谷于田，而纳租于业主，谓之'管皮'；业主征租于佃户，而纳粮于国家，谓之'管骨'"，田皮与田骨分离之后，在产业管理与转让方面也曾经出现过"田去而租空"和佃户其退佃时，"田主给还工本或佃价"之类的问题。① 因此，为了防止田产买卖之后的纠纷，在契约文书中说明"皮骨归一"是很有必要的。

另一方面，在契约文书中也注明此田及土有"灌荫塘一口"，可以合理地使用其灌溉权。在契约文书中注明水利权利的情况还有很多，如清道光十五年二月《赣州曾茂兰堂退田契》也注明与"田大小五坵"相关的"荫塘三口，俱系一半，每口计塘十四分有七分"，即塘的所有权只有一半，出现了塘的产权不完整现象。与田产相关的水利权利，主要是灌荫权。在契约文书中，也常常有对田产附属的灌荫权益的约定。如在清同治元年十二月《赣州高乃滨杜卖早禾田三联契》中，高乃滨"将父手己置早禾田一处，计田一大坵，皮骨归一，坡［陂］头一座，灌荫二分有一，实载征银一钱二分"以"纹银二十六两正"的价格杜卖，就特别注明该田"坡［陂］头一座，灌荫二分有一"，表明其现有相应的灌溉权益。其他如"车水灌荫照依古例，不得阻拦""陂头一座，三分有一，溪

---

① 前南京国民政府司法行政部编：《民事习惯调查报告录》，中国政法大学出版社2000年版，第245页。

水灌荫""大塘一口，该分一半，任凭养鱼车水括脚灌荫""其苗田靠西伴［旁］边有水圳一条流水灌荫依然照原，无得难阻""田上税粮，照依土地所有权状过户，车埠灌荫均照老例通流，不得阻拦"等类似的表述，都是对田产附属水利权益的认可。这与水利对农田的极端重要性密切相关，可以说是除租税之外附着在田产之上的最为重要的权益。进贤县也形成了与之相关的"灌荫与吊荫"习惯。进贤县习惯"有田数百亩，共恃惟一水渠，以资灌溉者，其水利关系特为郑重。凡水渠之上游，其势常高，下游则低，中间恒筑石碣，以碣往下之急湍，俾下游不至汛滥，上游亦藉免干涸。两岸田亩之较水平线为低者，其注水入田方法有'灌荫''吊荫'之别。例如，甲田可决堤口，任水自然流入，谓之'灌荫'。乙田仅准于碣上高阜设车戽水，迂途以注本田，谓之'吊荫'。此种吊荫田亩必于买卖契内注明，以防争议。其限制之实益，盖于设碣分水有关，灌荫者得受碣下之水，吊荫者无碣下水分者也"①。在广丰县，也有对"车水灌荫"权利进行约束的习惯，"广丰乡间另有一种习惯，凡公共荫塘，必须各依契据所载车水，契据内如载有'括脚'两字，车水则可车到塘底，否则，只能车到荫塘陡礏下而止，且有括脚两字，即能在荫塘内养鱼，否则，不能养鱼，只能车水。"②

水权和渔权的分离，有其历史背景，"明清之后，随着资本主义萌芽的发展，土地买卖日渐频繁，也使水权买卖成为可能。当时，水权买卖的原则是'水随地行'"③。灌荫权作为田产的附属权利，也遵循"水随地行""以地定水"的原则，水权与地权组成权利综合体。

（二）耕地上的附属设施

江西地区田产契约的另一个特点，是在契约文书中约定田产所属的各种农业生产设施，如庄屋、水碓、鱼塘、菜地等处，在进行土地交易的同时，该地所属此类附属设施也应一并移交给买主管业。如清乾隆二

---

① 前南京国民政府司法行政部编：《民事习惯调查报告录》，第258—259页。
② 前南京国民政府司法行政部编：《民事习惯调查报告录》，第252页。
③ 田东奎：《中国近代水权纠纷解决机制研究》，博士学位论文，中国政法大学，2006年，第30—31页。

十二年（1757）十二月《广昌县张九翔卖青山周定公祠内水田及庄屋等契》：

> 金砂里江背张九翔，今因无银使用，自情愿将自己买到青山周定公祠内水田肆担正，土名坐落本里青山，庄屋、鱼塘、车碓依租均照。额载民粮壹斗，要行出卖与人。今得中人说合到本家叔殿酬近前承买为业，当日凭中三面言定议，时值契价铜钱①二拾两正（广昌县官印）。其钱及契即日两交明白，不欠分文。所作交易，二比情愿，故无公私相逼。成交其田系自己续置物业，与上下亲房人等无干。如有来历不明，不涉承买人之事，卖人自管明白。田上民粮，即日割入买主户内输纳，但不得多推少收。一定以后，二家各无返悔，悔者罚银□□与不悔人用。今欲有凭，立此文契永远为据。今就收到契内价钱一应完足为据。（押）
>
> ……
>
> ［外批］本家侄张九翔，今将金砂里张世典户内民粮壹斗，割入张世丰户内输纳，但不得多推少收，今欲有凭，立此亲供为据。（下略）

在广昌县张九翔的这份卖契中，张九翔不仅出卖了"水田肆担

---

① 清代的货币政策导向基本上是"用银为本，用钱为末"。国家财政收支始终采用银两为计算单位，清政府以银权钱，明确规定"每钱一千，值银一两"，"永为定例"。鸦片战争之前的清代前期，基本上以银1两准钱1000文为法定比价。这种法定比价，也成为衡量银、钱波动的一般性标准。［赵德馨主编，陈锋、张建民、任放：《中国经济通史》（第八卷上册），湖南人民出版社2002年版，第329、336页］银两在清代社会经济收付活动中，已成主币。但在日常生活中，较小数额的支付，还是用铜钱。同时，清代各地的银钱兑换相当普遍、便捷，但凡稍有规模的市镇都有钱庄、钱铺按照牌价经营此业务。（张国辉：《清代前期的钱庄和票号》，《中国经济史研究》1987年第4期；刘克祥：《近代农村地区钱庄业的起源和兴衰》，《中国经济史研究》2008年第2期；刘秋根、柴英昆：《明清的钱铺、钱庄与银号》，《石家庄学院学报》2010年第2期）在目前所见的清代商业信件和其他文书中，也经常有用铜钱和银两两种单位结合使用的现象。官府征收契税，是以银价为标准计算，顺治初年政府就明令"凡买田地房屋，必用契尾，每两输银三分"。（光绪《钦定大清会典事例》卷245《户部·杂赋》）。故在契约文书——尤其是红契中，出现"契价铜钱某某两"的写法，正是清代银钱兑换普遍的体现。

第一章 程序与习俗：民间法视野下的江西田宅交易

正"，还将该田附属的"庄屋、鱼塘、车碓，依租均照额载"，一并出卖与张殿酬。与此相同的还有清乾隆二十年（1755）十二月《广昌县谢凤来父子卖金砂里上畲田及庄屋等契》，谢凤来父子将"父手授分水田，一处载租贰担玖斗，及庄屋地贰值头上壹间，依租均照，又及鱼塘西树门首依租均照，又一处载租壹担壹斗，以上贰处共载老净租肆担整、额载粮壹斗"出卖给张殿酬，"契价铜钱拾捌两伍钱正"。民国三十一年（1942）十一月二十日《清江县杨惟志卖苗田契》中杨惟志将"苗泅七号，共计九亩四分七厘"以一千三百元的价格出卖，在契约中也约定"其泅自泊灌荫均在黄埠堆泉塘内挖泥取水，车头牛车一台与及石油碗千心石树木等土盘之外，另有吊牛余地一概在内"。

不仅杜卖田产是如此，在"借"田契约中，也会将田产附属的产业注明，如清乾隆十八年（1753）二月《广昌县刘瑞万借椒树排田契》：

> 金砂里上陌椒树排刘瑞万，今借到本里田主张晋锡公祠水田乙［壹］处，土名坐落椒树排门首路下。当日议定租及花息，庄屋、鱼塘、菜地等，每年至冬向搦交纳净谷肆担正。所借其田，常年花息清足，任凭田人耕佃数年。田主亦无异说，恐有一年不清足交，［其］田任凭田主另召别佃，承借人不敢阻执。今有凭，立借田字为照。
> 立借田人刘瑞万（押）
> 乾隆拾捌年二月吉日
> 见借人张维九、在中［张维九］
> 代笔人张泰中（押）
> ［吉语］田禾大熟

该契约中，刘瑞万"借"得田主张晋锡公祠水田乙［壹］处，名义上是"借"，实际上是"佃"，故在契约中约定"所借其田，常年花息清足，任凭田人耕佃数年。田主亦无异说，恐有一年不清足交，［其］田任凭田主另召别佃，承借人不敢阻执"。当然，佃田与卖田一样，田产所附属的庄屋、鱼塘、菜地也归借田人（承佃人）管业。在田产的买卖、租佃契约中出现对附属物的约定，恰恰说明该附属物对于农业生产的重要性，是正常开展农业生产的必要条件。

3. 附属的果树等其他财产

在土地契约中还有一种情形，就是该土地附属的果树、苗木等财产，在交易的同时，也随着田产一起交给新业主管业。如清咸丰七年（1857）十月《赣州高蔡氏杜卖田塘二联契》即为一例：

> 立杜卖田塘正契人高门蔡氏仝男乃濂等，今有夫手已置早田塘一处，坐落章水乡六十五都，地名螺溪洲，田名高屋背左边㙐下，计田一连大小四坵，又赤底灌荫鱼塘一口，又及塘头上熟土一块，田塎塘㙐梨树数十余株，一并在内。内载实征粮银一钱整，皮骨归一……其塘田男等分爨，除为氏夫妇二人名下膳老之业。因本春夫故，向人借赊，今届清款，无从出办，母子商议，愿将此田塘梨树车水老埠，一并要行出卖……时值绝卖价纹银二十一两正（下略）

在这份契约中，高蔡氏杜卖的除了田产即上文所述的"赤底灌荫鱼塘一口，又及塘头上熟土一块"外，还包括"田塎塘㙐梨树数十余株，一并在内"。在传统社会的租佃关系中，在计算粮食的产量时，自留地、路边、坡边地的出产、春花作物增产、少数零星杂粮都不计入产量，而是归耕种田亩之人所有，这也是佃农生活的重要经济来源之一，清初张履祥说江浙地区"田极熟，米每亩三石，春花一石有半，然间有之，大约共三石为常"①，乾隆十六年（1751），浙东金（华）、衢（州）等地，"上年被灾较重，全赖春花接济"②，故民谚也说"春花熟，半年足"③。

可见，田塎塘㙐边上所栽种的树木等连同"春花"所产，一般归佃农所有，不用交租，是佃农生产中的重要经济收入之一。在这一份契

---

① （清）张履祥：《补农书》下卷《补农书后·治地》，清乾隆四十七年刻本。
② 《清实录》第16册《高宗纯皇帝实录》卷412，乾隆十七年壬申夏四月乙巳，中华书局2012年版。
③ 同治《安吉州志》卷8《物产·谷属·麦》，清乾隆刻本。

第一章 程序与习俗：民间法视野下的江西田宅交易

约中的"塘头上熟土"和"田塍塘墈梨树"，即可能是附属于该田的"春花"重要来源，因此这些"塘头上熟土"，在交易时也是作为田产的一部分，需要特别进行约定，以保障其对此田的附属权益。与此相同的还有清光绪二十三年（1897）十二月《广丰县黄为政等绝卖田契》，黄为政将"承关地田一坵，塘一口，计租三担五斗正"以"价银英洋①六十元正"卖给黄日坚，在契约的正文之外就特别批注"其田边花梨树木一并在内，不另立契"，说明人们对田产这些能够带来收益的附属权益还是很重视的。

二 水塘与用水权、捕鱼权的分离

在江西地区契约文书中还有水塘与用水权、捕鱼权分离的情况。兹以清光绪二十七年（1901）十二月二十三日《赣州谢世模杜卖田塘租耕三联契之本契》为例：

> 立杜卖田塘租耕契人谢世模仝弟，今因要银应用，自愿将祖父遗下早田塘租耕一处，坐落章水乡七十二都，小地名白田村。陈宅对面拾担坵田一坵，塘墈上田一条坵。东至世柄田为界，南至曾宅田墈为界，西至塘为界，北至己田与陈宅田为界，四至分明。灌荫鱼塘一口四分之一，轮养挑泥，田塘计己租三担三斗正，皮骨归

---

① 英洋，又称"鹰洋"，即墨西哥银元。主要流通于南、北美洲、日本和东南亚各国，明朝万历年间（1573—1620）开始流入中国，鸦片战争后大量流入中国。郑观应《盛世危言·铸银》："尝考中国洋钱多来自墨西哥……以钱面作鹰文，故曰'鹰洋'，又以英人贩运居多，亦曰'英洋'。"19 世纪中叶开始，这种外国货币逐渐成为我国华东、华南地区使用最广、最受欢迎、最有势力、流通量最大的银币。19 世纪八九十年代，"沿江、沿海各省大率行用洋银，历有年所，官吏商民，习以为便"，"外洋墨西哥小国银元乃充斥于中国，初行沿海省分，近且流及内地"［张之洞：《张文襄公全集·奏议》卷 41《钱币宜由官铸毋庸招商片（光绪二十一年十二月二十二日）》，民国十七年本］。而"近来通用之洋钱，大半皆系墨西哥国所铸"［《张文襄公全集·奏议》卷 26《洋商附铸银元请旨开办折（光绪十五年八月初六日）》］，风行数十年不衰。由于英（鹰）洋流通最广，银行汇价也以之为依据，成为各地"标准货币"，政府收税，民间交易，均乐用此，银行汇价也以之为依据。（参见千家驹、郭彦岗合著《中国货币发展简史和表解》，人民出版社 1982 年版，第 100 页）。

一。倘有过水圳来,原照依上手通行,杂色树木在内,一并要行出售与人……时值杜卖价银五十两正……所有田上秋粮,照依弓步丈册亩分,割归谢世柄户内,买卖两清(下略)

这份契约中,不仅包含了前文所述的田产、用水权利以及田边种植的"杂色树木"等不动产,还包括"灌荫鱼塘一口四分之一,轮养挑泥"在内的捕鱼权(养鱼权)和挑塘泥肥田权利,是鱼塘(水塘)权益划分的表现。在清光绪年间《赣州彭日洙退田塘二联契之本契》中,彭日洙"今因家下无钱应用,无处借办,兄弟商议愿将祖手遗下早晚禾田一处,坐落章水乡,田大小二坵,灌荫大塘一口,每年实纳黄宅幸会时租二担正……时值退价足色银边二十员正",其中也批明"此鱼塘一大口,轮流放养,辙〔车〕底挑泥,五分之内,均中有一分,此批"。

在赣南各县,鱼塘与水田一样,也有"水分""鱼分"之异,存在"塘底""塘面"之别。据民国时期的调查表明:"赣南各县习惯塘有水分、鱼分之别,有塘底、塘面之别。全塘出卖固无问题,若系共有之塘,有鱼分者当然有水分,有水分者不必有鱼分,有塘底者当然有塘面,有塘面者不必有塘底。盖塘水系随田转移,鱼分必契约上载有放养字样,始有养鱼权,塘面但契内载有某塘灌荫,即属有分,塘底必契内载明某塘沙坞或沙湖字样(塘底开井养泉,谓之沙坞),始能于塘面涸竭之时,更引塘底之水"。① 谢世模在杜卖这份田产的时候,单独提及"灌荫鱼塘一口四分之一,轮养挑泥"在内的捕鱼权(养鱼权),就是这种鱼塘(水塘)"皮骨分离"的具体表现。同样的情况在民国时期的赣南地区南康县也存在,"南康县习惯,塘有水分、鱼分之别……有塘底者必有塘面,有塘面者未必有塘底,有鱼分者必有水分,有水分者未必有鱼分,此则敢断言也。又契内如载明塘之持分者(如几分之几之类),是则不分塘面、塘底、水分、鱼分,凡共有者,均应按照持分轮

---

① 前南京国民政府司法行政部编:《民事习惯调查报告录》,第242页。

管，此亦必然之理也"。①

三 山地及坟地

与田产、鱼塘的"皮骨分离"类似，山地及坟地的买卖中也有此类现象。所不同的是，在山地的买卖中，山上之苗木并不随着山地的转移而归新业主所有，原业主有权将山上原有之树木砍伐殆尽。据民国时期的调查表明，乐安县习惯中有"山皮、山骨所有权分立"的情况，即"竹木山场有山皮、山骨之分，竹木所有权谓之'山皮'，土地所有权谓之'山骨'。山皮所有人对于山骨所有人，仅须按年交纳山租，并无年限限制。其山骨所有人亦不能收回自植竹木，如果山皮所有人自愿让还，得将竹木削光，还山免租。再山皮、山骨所有权均可独立典当或转让"②。此处所述"竹木所有权谓之'山皮'，土地所有权谓之'山骨'"，且山皮、山骨所有权均可独立典当或转让，意即山之土地本身与山上之苗木是分离的，故交易双方在买卖山地的时候，也会出现"皮骨"字样，如清光绪五年五月《南丰县王余茂杜卖茶山契》就写明"立杜断皮骨茶山契字人江右南丰廿一都，土名石螺坑堡王余茂，本手置有茶山皮骨一片，坐落福地建阳政里茶坿苦竹曆，土名岭下垅"，"又及厂屋一值（只），厂内什物等件各共一半"，以契价洋银四十二两正，卖给本县廿五都潋注堡人傅贞祥、黄盛泰为业。在契约中，卖主首先说明这是"皮骨茶山"，即该山"皮骨归一"，业主拥有完整的产权。与此类似的还有清光绪二十六年（1900）闰八月二十八日《浮梁县陈欢修杜卖柞山二联契》，其中也说明所卖之"柞山一大号"，"将界内山所有在山杉松杂木，以及阴阳风水山皮土谷秀穴尽行一并在内立契出卖"，"时值契价英洋一十四元正"。此契将"杉松杂木"与"阴阳风水山皮土谷秀穴"对举，恰好从反面说明二者的一定程度上是可以分离、分别出卖的，

---

① 前南京国民政府司法行政部编：《民事习惯调查报告录》，第248—249页。
② 前南京国民政府司法行政部编：《民事习惯调查报告录》，第250页。

也就是说，山地的"皮骨分离"现象已经是一种较为普遍的现象。此外，在山地的交易中，还有一种只出卖其中一部分、名"卖"实"典"的情况，如民国十四年（1925）六月《贵溪文坊公社王有银典卖荒山契》，王有银"今因母有病在身，无银用度，祖父遗下各处荒山三股，内抽有银一股"，以"洋银七两五钱"的价格卖给傅瑞南为业。同时，在契约正文之外批明："随年取赎，银至契还；此山典价银洋五元每年二分行息，内抽五元每年无息；土力杂柴照管；此山内兹利三股，分利日无得异言。"可见其名为"卖"实际是"典"，并兼有"借贷"的意味。

　　同样作为山地出卖的还有坟地，其特殊性在于：作为墓地，除了一般山地的开垦权之外，还有与墓地相关的安葬权、醮祭权，这些权利在进行山地交易的时候，也会在契约文书中注明。如清嘉庆二十三年（1818）十二月《贵溪文坊公社陈嘉永杜卖山契》就写明陈嘉永"今因无钱使用，将父手遗下续制荒山一嶂"，以"契价足制钱三十千文正"卖给璩映发，其中约定"卖人之先父先年卖穴六塚，卖人先年葬有祖坟八塚，买人不得毁坏；只许来山祭扫，不许来山再葬"。对原业主的醮祭权进行了保留，同样在契约文书中，也会对新业主的安葬权进行保护。如清道光十四年子月《南昌县万阿高氏杜卖阴基坟山地契》中，万阿高氏"将祖公遗下阴基坟山地一块"卖给周明贵为业，"时值价足钱六千文正"，双方约定"任买主管业葬坟醮祭无阻"。

　　总的来说，江西地区的土地交易，其内容十分丰富，标的物不仅包括土地、田产、山场、塘本身，也涉及与此有关的庄屋、水碓、苗木、塘的用水权和捕鱼权等附属权利，并且在田、山和塘中都出现了"皮骨分离"的现象，田有"田皮""田骨"之分，塘有"水分""鱼分"和"塘底""塘面"之别，山有"山皮""山骨"之异，正如民国时期社会调查所言："宁都县习惯，田分皮、骨。宁都县习惯，凡土地等项不动产向有皮、骨之分，山、田、塘即其最著者。骨业乃业主之所有权，皮业乃业主所设定，与佃权、地上权相似……此外又有皮、骨归一之业……观此情形，是有皮业之田或山，乃佃权或地上权、有物权之性质，白手借耕乃租赁之契约，有债权之性质。""田分皮、骨两业，为赣省最大之习惯。"①

第二节 江西地区土地交易的程序

契约文书的签订过程与内容同样重要，早在20世纪前期，就有学者对湖北地区的契约文书签订程序进行了研究，"田主出卖田产，先请中人向卖主商定价值后，再由买主集合中人及族人，更由中人邀卖主及族人列席。卖主出字据，说明亩数、坐落、税额，税册中之户名，灌溉之塘堰，田价若干，当面领讫，永无异言等字样。中人及双方之族人列名于卖字上作证"②。而此后学术界关注的焦点往往集中在契约文书的要件（内容）方面③，重视从田亩数量、价格和剥削率等内容的分析，对契约文书的签订、生效过程进行研究的成果较少。陈学文先生利用道光三十年（1850）山西徐沟县张大启卖给王耀的三联套契式田契为例，认为这一"现存的土地买卖契约文书样张，见证了明清时代土地买卖的程序""完整地保存了历史真实面貌，为研究明清田契和地权转移的重要资料""使我们清晰地认识到明清土地买卖、土地所有权转移的手续与规制，政府在土地买卖中的地位和作用，以及地权确立的规制和意义"④。其实，在江西博物馆藏契约文书中，此种"联契"形式存在的契约文书共有327件（套），其中五联契2件（套），分别是民国三十一年（1942）二月二十五日《赣州刘振俊立卖田塘五联契》包含一套5

---

① 前南京国民政府司法行政部编：《民事习惯调查报告录》，第253—254页。
② 刘大钧：《鄂省农佃状况·买卖田地》，载《我国佃农经济状况》，上海太平洋书店1918年版，第94页。
③ 王毓铨先生等人以土地契约为例对明代契约的要件进行了总结，认为其包括21项。（王毓铨主编：《中国经济通史（明代经济卷）》，经济日报出版社2000年版，第175—177页）；而李祝环《中国传统民事契约成立的要件》一文件传统契约包含的要件分为7个部分。（《政法论坛》1997年第6期）王旭在其专著《契纸千年——中国传统契约的形式与演变》中将明清两代传统契约的要件分为12个部分。（北京大学出版社2013年版，第42—43页）
④ 陈学文：《清代土地所有权转移的法制化——清道光三十年山西徐沟县王耀田契（私契、官契、契尾）的考释及其他》，《中国社会经济史研究》2006年第4期。

张，具体包括 1 张允议字、1 张收除同字、1 张足收字、2 张推收证书；而民国元年（1912）十二月《上饶县曹明水等卖田五联契》一套 5 张，具体包括 1 张退字、1 张本契、1 张查验证书、2 张收字（一为曹明斌，一为曹明水），另附有封套 1 个，载明面积、租额、卖主、土名和买入时间、管业人姓名等信息。

如果说五联契的样式尚属特殊的话，江西契约文书中还有 25 件（套）四联契，其具体内容略有差异，如清同治七年（1870）九月《赣州高家珨杜卖田四联契》一套 4 张，包含 1 议字、1 本契、1 私除同字、1 总收字。而清光绪六年（1880）仲冬月《丰城县杨兴元仝母杨阿徐氏杜卖田四联契》一套 4 张，包含 1 张红本契、1 张白本契、1 张契尾、1 张验契证书。稍晚的清光绪十四年（1888）六月初八日《赣州李纯瀼退田四联契》一套 4 张，包含 1 张退田字、1 张收田价字、1 张赣县有粮契式、1 张契尾。

其他的三联契 100 件（套），二联契 202 件（套），一般包括本契、契尾（买契）和查验证书，往往跨越清代和民国两个不同的历史时期，如清嘉庆二十年（1815）十二月《赣州高明龙堂首事高家瑃等卖田二联契》，一套 2 张，包含 1 张清嘉庆二十年十二月的红本契和 1 张清咸丰九年（1859）十月颁发的契尾。而清道光十九年（1839）九月初八日《浮梁县凌兆庚杜卖田二联契》则包括 1 张清道光十九年九月初八日签订的本契和 1 张民国三年（1914）六月六日颁发的查验证书。在三联契中也有此类情况，如清光绪二年《赣州黄逢焜杜卖田塘土三联契》中，有一套 3 张，包含 1 张清光绪二年（1876）签订的本契、1 张清光绪三年（1877）正月二十五日填写核发的"赣县有粮契式"和 1 张清光绪三年二月颁发的契尾。

连续出现的允议字、退字、本契、收田价字、契尾、官契纸和查验证书等文献，构成了一个连续的证据链，表明了在不同的历史阶段政府对土地所有者权益的认同，为研究不同时期的土地买卖和政府干预地权转移等问题提供了可靠的文书资料，是土地交易逐渐进入法制化的程序、政府介入地权的转移过程的最直接证据。同时，在上述五联契和四

第一章　程序与习俗：民间法视野下的江西田宅交易

联契中，还有不少允议字、退字、本契、收田价字等非经官方确认的契约文书。这些文书表明了江西地区除了官方法制化、程序化的土地交易程序之外，还存在着一套民间自行创设并始终执行的"非正式"土地交易程序，而且这一套程序的运行，与官方的法制化程序一样，对维持正常的社会秩序和地权流转，起到了有效的保护作用。

结合江西地区的土地契约文书，尤其是五联契和四联契等实物史料，可以将江西地区的这一套民间土地交易程序分为交易的前期准备事项、现场踏看、签订议字与预付定金、立契与付款、买主管业与过割纳税五个程序，为了解和研究江西地区特有的土地流转提供了一个窗口。

一　田产交易前的准备事项

在产业的出卖时间上，考虑到农业生产的周期性，无论是出卖还是退耕、退佃，一般都是安排在秋收之后、春耕之前，即夏历的十一、十二月。据民国时期的社会调查表明，江西萍乡地区有"春不退耕、冬不退店"之说，即"萍俗佃耕田地及赁居店屋，如无特别契约，尽可由业主自由退业，但其退业时间则有一定，不能由业主任意，且以田地、店屋之区别，而退业时期适成了反比例。盖欲退田地，通常在冬季为之，若立春以后，农事方兴，则绝对不能退业。至于退店屋，又须在春季为之，若年关在迩，结束匪易，又绝对不能退租。俗语有之：'春不退耕，冬不退店。'"① 在江西永新县，也有"正月田，二月土"的说法，即"民间田产土地，如遇赎回或退耕、退佃，皆有一定之期限，田产则限于旧历正月以内，土地则限于旧历二月以内，过此期间，即须待至来年正月、二月间，方能赎回，或退耕退佃，故谚有之曰'正月田，二月土'"②。当然，在实际生活中，也有一些土地的交易时间选择在春夏季节，但是这种契约的数量仍然不多，实际的交易仍然以冬季为主。

按照江西地区的习惯，业主如有土地田产等出卖，在确定田产出卖

---

① 前南京国民政府司法行政部编：《民事习惯调查报告录》，第240页。
② 前南京国民政府司法行政部编：《民事习惯调查报告录》，第250—251页。

意向之后，即邀请相关在场人、证人共同商讨土地出卖的相关事宜。如民国三十二年（1943）六月廿五日《丰城杨履庭请柬》就是用红纸写道："恭请本月二十六日下午四时蔬酌候光"，之后开列"子信、石板、瑞霖、根香"等22人的姓名，而且每个人下均有"知"或"代知"字样，表明已经通知到了相关人员。此外，在此22人中，除张琢成、刘瑞生外，其余20人均未写姓氏，根据请柬的邀集人杨履庭来看，其余20人均为杨姓，应该是同一宗族内的人员，尽管单纯从姓名并不能确定其人员之间的辈分与排行。此外，其中受邀的杨根香，在民国三十三年（1944）十二月《杨西二卖地基契》中，以"保中"的身份出现，其时为"上点乡第一保保长"，而另一位受邀人杨宝光，在《杨西二卖地基契》中，则是担任"原中"，契约中对其尊称"家宝光先生"，说明杨根香和杨宝光在当地应该是具有一定的社会地位的人士。同时，采用书面的方式告知相关人员（主要是田邻、地邻、街坊及家族中人等），也显得郑重其事。而在另一方面，通过这一显得专门而正式的"蔬酌"之宴请时，借此机会将买卖双方的基本情况和意图向众人宣示，也有利于杜绝以后的纷争。可以说，中人及在场人、证人的邀集并举行"蔬酌"之宴并非可有可无的礼节，也不是让买主"破费"之举，从某种意义上来说，知道该交易的人越多，卖主反悔的可能性就越小，而买主受到的保护也就更为有力，这与契约文书中强调"其田土并非公堂、膳学、醮祭、长孙之田"的意图是一样的。最后，在契约的外在形态上，使用红纸书写请柬，有表示喜庆的意味，与赣式契约末尾书写的"田禾大熟""契大吉""五谷丰登""永远兴发"的涵义相同。

二 现场踏看与起草契文

在邀集众证人、在场人与买卖双方"蔬酌"之后，买卖双方达成初步的交易意向之后的一项重要程序就是现场踏看，即对标的物进行实地走访、查看，以确认无误。这在契约文书中也有证明。如清光绪三十四年（1908）《遂川县李门郭氏杜卖田二联契》：

第一章　程序与习俗：民间法视野下的江西田宅交易 ◆◆

立连耕杜卖田契字人李门郭氏全男成绪，今有先年父手所置田租一处，坐地十三都朱市井，小土名勾仔里，原干租八[担]正，计田大小三坵，载秋粮一斗五升正。上以郭姓田为界，下以河壩为界，左以刘姓田为界，右以郭姓田为界，四址分明。即日临田踏看，原有坡圳水道通行灌荫，并无坵中壩角。片石寸土不留。母子商议，今因正用，愿将此田出卖，请中召到本姓亲房人等，俱不成就，再三请中送与郭柏经向前承买为福。当日凭中三面言定，时值田价纹银三十二两正。其银当日两相交讫明白，不少分厘。（下略）

从上述契文可以看出，李门郭氏在杜卖此份田产的时候，也是通过中人"即日临田踏看，原有坡圳水道通行灌荫，并无坵中壩角。片石寸土不留"。此处不仅注明"临田踏看"，而且点出了"踏看"之具体内容——田之四至及灌荫情况，这与本章第一节所述田产交易的内容不仅包括田产本身，而且包括土地附属的用水权是完全一致的。此外，民国时期的契约文书中也有类似的现象，即通过中人"踏看"，确认田产的具体位置和其他情况，如民国二十一年（1932）三月《上饶（？）谢聚庭杜卖田契》中，谢聚庭"今有先年祖父伊洛早晚禾田一处，计田大小接连一十三坵，又田一坵。共十四坵，共载早晚干租七担二桶正，原载秋粮一斗九升正"。在出卖之前，也"当日经中临田踏看，四址清白，毫无混杂"。通过"踏看"的必要程方才确认"四址清白，毫无混杂"，然后才商议"凭中公决时值田价银二十四两正"，卖给郭悠椿堂为业，并将"谢聚宝户下秋粮一斗九升正今推九里四甲郭悠椿堂户下完纳"。此外，在民国七年（1918）十二月《遂川县郭福萃堂杜卖店荒土二联契》中，郭福萃堂首事郭砚香等将"先年本房遗落店荒土一处，顺身六丈二尺，横身二丈九尺，四围墙角俱全，今因正用，合房商议，愿将此土要行出售"，在发出出售的信息后，也是通过中人的参与，"经中三面临土踏看"，并"经中公决"，以"价钱四十吊零八百文足，酒水画字书契在场一并在内"杜卖给郭庭训为业。

"踏看"作为田产交易的一项必要程序，一方面可以召集众人共同参与，形成广泛的"共知"，从行动上对出卖的行为进行宣示，有利于杜绝日后的纷争；另一方面，"踏看"不仅是一项具体的程序，还包括亲临现场调查、了解田产的范围、四至以及水利灌溉等情况，只有结合这些具体的信息，"凭中"或"经中公决""凭中三面言定"的价格才能有现实的依据，从而使买卖双方能够在更大程度上达成共识，促使交易的顺利完成。

现场"踏看"的程序防止了对标的物不了解的弊端，针对清代田产中存在的"皮骨分离""田税分离"和飞洒、诡名等情况，调查图册、簿书等文献，弄清楚田产之粮赋情况也是一个重要的环节。江西上饶县习惯上"买卖田地山塘先查黄册库图""上饶县民间，买卖田地山塘，必先由出业人开明土名、区号、亩分、四至，交与承买人持赴该管都图甲之核书处，查对黄册库图，如果相符，即请粮书改填承买人新立名户，俗调之'收税过户'。至有无老契，不计也，故凡系争田地山塘，每视黄册库图为最有力之证据"①。核查黄册库图这一记载田产赋税情况的最直接文书，有利于买主弄清楚所交易土地的真实赋税情况，达到规避交易风险的目的。在江西玉山县，还有所谓"吊号"之习惯："凡以红收单押借洋款者，必须先至户总处照单所载，将该田之号亩吊出原户，然亦不登入债权人之本户，惟冀使其与债务人脱离关系，以防制其盗卖，俗称之曰'吊号'。"②具体做法是"对抵押物所有人的转让抵押物权利采取否定原则，即不允许抵押物所有人转让抵押物"③。其债权人收执红单，将田亩吊出原户后，既不登入债权人之本户，又使该田亩与债务人脱离关系，以防止债务人盗卖，俗称之曰"吊号"。通过这样一种刚性规则的制度设计，抵押权人可以有效而彻底地阻止抵押物所有人（债务人）出卖田地，从而避免日后发生产权纠纷。

在完成"踏看"和对黄册库图的查验之后，即由中人组织相关人员

---

① 前南京国民政府司法行政部编：《民事习惯调查报告录》，第580页。
② 前南京国民政府司法行政部编：《民事习惯调查报告录》，第586—587页。
③ 牛杰：《北洋时期抵押担保之习惯规则和制度建构》，中国社会科学出版社2010年版，第141页。

草拟契约，是为起草契文环节。起草契文的具体时间，在文献中没有见到具体的时间规定，但是据一般的规律推测，交易双方与中人、在场人/证人一道完成"踏看"并商量好价格之后，起草契文亦会随之进行。当然，也不排除由买主先向中人介绍田产的情况，再由中人根据契文的固定格式事先草拟契约的情形。如江西地区契约文书中就有一些契约，其诸项内容皆完整，唯独姓名、时间、价格等内容以△△△代替或空缺，可以推定为事先起草的契文底稿。如民国三十二年（1943）《丰城县某某某卖地基契草稿》，此为卖地基、谷厂房屋契约草稿，按照契约文书的一般规则，记录产业之四至、面积等，但是缺少结尾的众人署名部分，亦无出业人姓名等信息，其背面注明"子信公主稿，癸未六月□□"。从中可以看出是"子信公"（杨子信）起草的。同样作为草稿存在的还有民国三十二年六月□□《丰城杨某某卖房屋地基契草稿》，在这一份契约中，出业人姓名、得业人姓名、代表、在场人姓名、执笔人姓名以及交易价格均用用△△△代替。而契约的背面写到"石板公修改稿，癸未六月□□"。从这两份草稿契约中的交易内容比较可以看出，二者为同一笔交易的草稿，从契文草稿上的诸多涂改痕迹可以看出，"子信公"主稿草拟之后，再由"石板公"进行认真地修改，以确保文书内容的准确和完整性。此外，清光绪九年（1883）十一月《南昌李日顺杜卖厕屋基地红石泊岸三联契》保留的一套3张契约中，就有1张红本契、1张本契草稿和1张江西官契根，并且此草稿与红本契完全相同，且有字词涂改痕迹，也可以断定为草稿。由此可见，草拟契约文稿也是交易过程中一个很重要的环节，在草拟文稿的过程中，主笔者和出卖人有更加充分的时间对需要交代的事项进行更为仔细地思考，从而保证契约作为法律文书的规范性和准确性，有利于保证交易的顺利进行。

三 签订议字与预付定金

在完成踏看、审阅簿书资料及文稿草拟的过程之后，按照江西地区的交易习惯，还有签订"议字"（又名"允议字""允卖字"）和预付定金的习俗。据民国时期调查，在赣州七鲤乡，"七鲤乡农民卖田，多本地方有声望的中人，向有钱富户商求，俟征得买主后，略示值格，再约定日期，由买主通知卖主，并邀请中人三四人，并请卖主之亲属到场书立'议字'（即草契），说定价值，然后再约定日期成立'卖契'。"①

签订议字与预付定金的习惯往往是在一起进行的。如清光绪四年正月二十日《赣州刘邦仁卖田议字》：

> 立议字人刘邦仁仝男等，今因要银应用，无从出办，父子商议，自愿将己置早田一处，坐落章水乡六十五都螺溪洲。田名下傍长圫，计田一大圫，陂水照依上手。车水步头，原额通流灌荫……四至分明，皮骨归一。要行出议与人，请中说合，佥回本家文茂仝弟向前承议为业。当日凭中三面议定，时值议价花边九十四元，七三交完。当付押议字花边二元正，其余立契之日一足交完，不少分厘。自议之后，二家不许返悔，如有返悔者，罚花边五元公用。今欲有凭，立议字为用。
>
> 允议人文茂
> 光绪四年正月廿日立议人邦仁
> 在场胞叔安材
> 说合中人高升奎、胞侄文金，邦瑞、文萱、自棱
> 代笔高联辉

这是一份典型的"议字"，从契文的内容上看，具备了一份正式契约文书的全部要素，唯一的区别就在于，双方约定"当付押议字花边二元正，其余立契之日一足交完，不少分厘"。即在付款方式方面与正式契约有所差别。民国时期对江西的调查表明，在赣南地区的赣县、于都、信丰等县，就有"买卖预约"的习惯。买卖双方在谈妥交易之后，并不直接签署正式的契约文书，而是先签订"允议字"，交纳一定数量

---

① 李柳溪编著：《赣县七鲤乡社会调查》，载李文海主编《民国时期社会调查丛编（二编）·乡村社会卷》，福建教育出版社2009年版，第666页。

的定金,其具体做法是:"凡不动产之买卖,在议卖之初,立契以前,必须由卖主与买主立一议卖之草约(俗称议字),载明某种不动产及卖价,并如有翻悔则罚洋若干等字样。按:此等罚款数目之多寡随卖价而殊,但其性质实与违约金无异"。① 实际上,民国时期调查所认为的议字所交金额,"其性质实与违约金无异"并不准确,议字与违约金在本质上是两种不同性质的民事行为。在民国三十年(1941)旧历十二月二十日《赣州刘振俊立卖田塘五联契之允议卖田塘契》,刘振俊因家中需款应用,将己手所置田塘"一连四十余坵,己塘一口,梨树一并在内""计合口田五十担,实纳华利谷二十五担",卖给张仁义为业,"当日三面言定四至价国币四千三百元正,包头画押一并在内,买卖均是双方同意,并无其他情弊""当时付押议字国币五百元正,在正价内扣除,限至卅一年旧历正月内立契对价。自议之后,双方不得反悔,如有反悔者,罚国币五百元,恐口无凭,特立议卖字为据"。可见,立"议字"时买方首先缴付的定金,待正式交易时折算为契价的一部分,可以从正契中扣除。另一方面,"议字"中缴付的定金,和违约金也存在一些区别,在这一份契约中,双方约定"自议之后,双方不得反悔,如有反悔者,罚国币五百元"。违约金强调的是对买卖双方的约束,和"议字"单方面交付定金的性质是不一样的。

四 立契与付款

在经过前面的种种程序之后,即是正式立契与付款环节,这也是所有契约文书签订中必不可少且是最重要的环节。江西地区的契约文书正式立契与付款跟其他地区并无明显不同,但是有两点值得注意。

一是在契约文书的签订过程中,难免会发生笔误、漏字等情况,而契约文书往往动辄数百字,且会书写一式两份交给双方收字,若为个别笔误、漏字而毁弃整张契文甚至整张官契纸,显然并不现实。其补救的方法就是在契约文书中径直删改、添注,并在契约的正文之后用"批

---

① 前南京国民政府司法行政部编:《民事习惯调查报告录》,第567页。

明"的方式进行说明，故在契约文书中经常可以见到诸如"该契内添加三字，改一字，点去三字，此批"之类的说明文字。在彭泽县的契约书写习惯，"凡增写契约时，其契内有添注、涂改字样者，必另行批明，如'外批添注某字几个，照；涂改某字几个，照'之类"。① 契约通过正文之外的"外批"把一些重要的遗漏事项予以补充说明，这些说明文字往往是契约的关键信息，与契约正文内容具有同等效力。

二是在付款的同时，需要付给中人相应的费用，有的还需置办酒席，款待有关人员，其费用一般也由买主承担。同治元年（1862）冬，南康县职员廖开昱议将众善局余存公款，与教职张伟奇顶契，承买安徽歙县人许松岚坐落于在省垣南昌惠民门内的住屋，大小九十八间作为试馆之用，"共去实价纹银贰千六百两整，印契税银七十八两，说合礼银七十八两"。② 其说合礼银与契税一样，占总价的3%。在南昌县的交易习惯中，"凡买卖田地房屋，在场作中之人，取得中人钱，均由买主支给。如所买卖之田价为一百元，应给中人银三元；屋价一百元，应给中人银四元。故中人钱有'田三屋四'之称"。③ 在与南昌县相邻的新建县，其中人钱、代笔钱和酒钱的支付规则更为详尽，"凡买业者，于业价之外，尚须出中人钱三分、代笔钱一分、酒钱二分，而中人之三分，则由正中得一分五，其余散中均分一分五；代笔之一分，则归写契人独得；至酒席费须出二分，若买主愿办酒席，则无须再出酒钱。此历来买卖之习惯也"。④ 在前引民国三十五年（1946）四月初八日《景德镇余牧九卖房屋基地并顶脚码头三联契》中，该基地一片的卖价为"价洋伍拾万元正"，而另有中人余豪北等人的费用"原中法币一万二千五百元，又散中法币二千二千五百元"。也与新建县的习俗一样，对原中和散中的酬劳有所区别。在民国七年（1918）十二月《遂川县郭福萃堂杜卖店荒土二联契》中，郭福萃堂首事郭砚香等荒土出售，经历了中

---

① 前南京国民政府司法行政部编：《民事习惯调查报告录》，第588页。
② 同治《南康县志》卷2《建置志·公署·试院附》。
③ 前南京国民政府司法行政部编：《民事习惯调查报告录》，第572页。
④ 前南京国民政府司法行政部编：《民事习惯调查报告录》，第574页。

人的"三面临土踏看"等程序后,其价格也是"经中公决",故其"价钱四十吊零八百文足"就包括"酒水、画字、书契、在场,一并在内",参与契约文书签订的诸人均可以获得相应的报酬。

五 买主管业与过割纳税

土地交易的最后一项程序,是买股管业与过割纳税。对买主管业和过割纳税的内容进行约定也是契约文书的要素之一,是故在契约文书当中,常有"任凭买人起耕管业""任凭某某前去推收管业""任凭买者即行管业推收入户""任凭买主起业耕种,出卖人无得异言"的说法。

但是,现实生活中却经常出现产业交割不清,或赋税推收不及时甚至买卖双方以白契交易、隐匿不税的情形。早在乾隆三十七年(1772),乾隆皇帝就指出:"各省屯田,原系给丁赡运,其间隐漏典卖者多,以致丁力益疲,请照江西查办章程一体清厘。"① 在江西彭泽县,"民间业产向分民、屯两种。关于民业移转之契约,为杜卖字;关于屯业移转之契约,则为推字(推粮之意)。盖以屯业原属国有,民间不能私相买卖;至占领之屯户,若正丁逃亡,绝其屯业,即由该业所在地之承办义图者管理、收租、完粮"②。光绪三十二年(1906),庐陵县新设义图局,其起因就是当年五月初,清赋委员赵某催征旧欠,造成击毙乡民四人的骚乱,故当地士绅"创办义图,提衙门陋规作经费,亲撰章程及局规",其《义图章程十七则》就包括"若某图有买卖田产、推收过割情事,由买田花户报知图长,按月开单报知都长,转报总局,再由总局报县,各于清册内加签注明,以免遗漏。倘该花户隐匿不报,查出照买价加三成议罚"③。管业是土地交易之后,取得所有权(使用权)的具体体现,在发生司法诉讼时,管业权也是司法判案中的重要参照指标之一。

此外,土地交易中存在的"加找"等陋习,也干扰着买主管业与

---

① 《清高宗纯皇帝实录》卷918,《清实录》第20册,第306—307页。
② 前南京国民政府司法行政部编:《民事习惯调查报告录》,第588页。
③ 民国《庐陵县志》卷6上《义图局缘起》。

过割纳税的进行，明隆庆年间的赣县县令张尅规定"军民卖去田产，已得价值而告不敷者不准"之后，"一时讼狱为清"①。可见明末江西地方的"找不敷"风气相当普遍，因此发生的诉讼不断。康熙二十一年（1682）赣州府安远县令于作霖就指出：江西自兵燹之后，"卖产之找不敷，亟宜通行禁革也。夫房田鬻卖，既经立契受价，无论所值多寡，自应听买主管业，永无反悔。何安远恶风，卖田一契，必找价几番，名曰不敷，再则曰绝契，或曰挖根辞老，或曰探田洗笔，甚有祖父卖产事，经几代，业更几主，而子孙后出索画字者纷纷控告。此诚江右恶风，非止安远为然"②。雍正八年（1730）订立的一条例文明确规定："卖产立有绝卖文契，并未注明找贴字样者，概不许贴赎。"对当契，"若卖主无力回赎，许凭中公估，找贴一次，另立绝卖契纸"③。即便如此，民间"加找"之分仍然盛行，同治《于都县志》指出该地的交易习惯，"贫者以找不敷为能，富者以拒籴为能"④。绝卖，有时并不会被如其"绝"字之字面含义所声称的那样，得到彻底落实。加找诉求，尽管包含着一定程度的市场逻辑，但体现更为明显的则是伦理取向。如乾隆三十三年（1768）十二月十三日《宁都州文炳卖水田立找不敷字》，其田"先年得价永卖于血侄九畴为业，当日契明价足，理无异说"，其找不敷理由是"但宁州有找不敷之例"，故"特请中相□承买人出办不敷铜钱一两正"⑤。至乾隆年间，找不敷的行为已经逐渐从谋求获取经济补偿，演变成一种土地交易风俗。

总的来说，买主管业与过割纳税作为土地交易的最后一道程序，其是否实现不仅关系到国课，也与交易双方的切身利益密切相关，其重要性不言而喻。但是，在现实生活中，却屡屡出现产业交割不清，或赋税

---

① 同治《赣州府志》卷43《官师志·县名宦·赣县·张尅》。
② 同治《安远县志》卷9之1《艺文·文移一》，清同治十一年刻本。
③ 田涛、郑秦点校：《大清律例》卷9《户律·田宅·典卖田宅》，法律出版社1999年版，第199页。
④ 同治《于都县志》卷5《风俗志·民俗》，清同治十一年刻本。
⑤ 乾隆三十三年十二月十三日《宁都州文炳卖水田立找不敷字》，系《宁都小支契约》之一，此契由河北大学宋史研究中心刘秋根教授提供，谨致谢忱。

推收不及时甚至买卖双方以白契交易、隐匿不税的情况，不合理的交易手续对地权的流转造成了一定的影响。

第三节 交易的种类与地权变动

明清时期，由于土地产权独立性增强，土地出现"皮骨分离"的现象已经相当普遍，土地产权的流转更为自由，土地买卖的范围和规模更为扩大，土地交易日益频繁，出现了更为灵活的交易方式，在此背景下，土地交易的种类和地权变动方式也就变得异常复杂。

学术界对明清土地交易的种类和地权变动的方式，历来存在不同的理解。杨国桢先生考察了闽北民间土地买卖契约后，将其归纳为断契和活契两种。同时又认为契约中还有"卖""找""贴""断""洗""尽""休心断骨"等，这些都表示地权转移中的性质与程度，为社会上买卖双方所公认，并得到官府的默许。[1] 李龙潜以契约文书为基本材料，将清代广东土地买卖的性质分为绝卖与活卖两种。认为绝卖契又称永卖契或卖断契，活卖契是为卖主保留回赎权的契约，活卖最典型最通用的形式应是典当契。[2] 而严桂夫编《徽州文书档案》将明清徽州田宅等不动产交易方式分为断卖契、活卖契（含增找契、退赎契）、土地和财产典当契约、卖田皮文契，并介绍了小买契和大买契的区别。[3] 龙登高则从土地交易与农村金融的角度，指出清代地权交易形式有债权型融通、产权转让、股权交易三大方式出现，使农户在保有地权的同时，实现其融通性需求。地权转让与收益补偿等交易形式则包括活卖、绝卖、佃权顶退、找价、回赎等，其规则取向是为了最大限度地保障地权所有者的权益。[4] 综上可见：清代土地交易的基本类型是典和卖，但是反映

---

[1] 杨国桢：《试论清代闽北民间的土地买卖》，《中国史研究》1981年第1期。
[2] 李龙潜：《清代广东土地契约文书中的几个问题》，载《明清广东社会经济研究》，上海古籍出版社2006年版。
[3] 严桂夫编：《徽州文书档案》，安徽人民出版社2005年版。
[4] 龙登高：《清代地权交易形式的多样化发展》，《清史研究》2008年第3期。

在具体的生活中，由于土地"田皮"和"田骨"的分离，田主与佃户都不同程度地拥有对土地的处置权，因此，将土地交易方式划分为土地的租佃、土地的买卖、土地的典与押、土地与借贷、债务准折以及土地的兑换与逊让五个方面来说明地权的流动。

一　土地的租佃

土地租佃由来已久，是中国传统社会土地与劳动力结合的最基本方式，也构成地主与农民社会关系的最基本模式。明清时期的江西契约文书中，对土地租佃的表述存在"承租""佃""赁字""借耕""借田""领""领耕""顶耕"等不同的表述方式，但是其本质都是佃户通过租的方式，从田主手中获得土地的使用权，并向田主交纳一定的田租的土地流转方式。

"承租"和"佃"是契约文书中对租佃的最常见也是最普遍的表述方式。如清道光十三年（1833）三月《上饶徐金安佃田契》：

> 立佃帖字人徐金安，今请到业主周宅德清亲台名下民田一坵，坐落五十都八堡，土名瓦叠，计实租二担五斗正。凭中请来耕种，当日交过顶首七□□典钱二千文正，面议每年秋收实交光头早谷二担六斗正，不得少欠升合，不得以霉芽水秕谷掺入并私行顶脱。如有欠租顶脱等情，任听业东起佃另布，毋得霸踞，今欲有凭，立佃帖存照。
>
> 外批：其租送至高州交纳，每石补力钱五十文。
> 立佃帖字人：徐金安
> 凭中人：罗富茂
> 代笔：徐学海
> 吉语半书：主佃永和
> 清道光十三年春月吉立

在这一份契约中，佃户徐金安从田主周德清出佃得田一坵，双方签

第一章 程序与习俗：民间法视野下的江西田宅交易

订租佃契约，并由罗富茂作为凭中人。值得注意的是，此前一个月，罗富茂就曾经以佃户的身份，从田主周德清处"请"得"粮田一大坵"，并写下"请帖字"，即清道光十三年（1833）二月《上饶罗富茂佃田契》：

> ［立］请帖字人罗富茂，今请到周宅德清叔边粮田一大坵，坐落本都八堡，土名瓦碟，计租三硕。凭中请来□去耕种，当日面议每年秋收寔受光头早谷二硕八斗正。其谷潮湿不得，亦不得私原私脱。当日受过顶首七十千钱五千文正。今欲有凭，立请帖存照。
> 外批：其租谷送高洲，力钱五十文。
> 主请帖：罗富茂
> 凭中：徐学海
> 代笔：周日□
> 半书吉语：佃请□利
> 道光十三年二月日立请帖大利

罗富茂、徐金安都是从田主周德清处佃土地，一用"佃"之名，一用"请"之名，而实际内容与性质完全相同。在前引《上饶徐金安佃田契》中，田主周德清与佃户徐金安约定"如有欠租顶脱等情，任听业东起佃另佈，毋得霸踞"，可见作为佃户的徐金安，应当承担按时交租的义务，同时，佃户没有"顶脱"的权利，这与民国时期在新建县的调查结论也是吻合的，在新建县，"凡以田地召人耕种，可因欠租、自种、不加肥壅诸原因声明退佃"①。另一方面，由于佃户向田主交纳了"顶首钱"，如在《上饶罗富茂佃田契》中，佃户罗富茂"当日受过顶首七十千钱五千文正"，这与"永佃权"的出现有密切联系，在江西广信府（今上饶市）横峰县，"横邑土地所有者招人承种……佃户应出给所有者保证金，名曰'顶价'，其数目之多少，视田地亩分，并双方之协议而定，连同佃种之石斗遇荒歉如何还纳，均写明于布、讨两

---
① 前南京国民政府司法行政部编：《民事习惯调查报告录》，第239页。

字上……惟佃户怠于支付佃租时，所有者得声明起田或自种或另行招佃，所欠佃租得于前收顶价内扣还"①。"顶首钱"对佃户来说，在经济上是一种负担，但是对其耕作权而言，也是一种通过契约方式形成的保证，"佃户向田主纳坠脚（即押租）认租，田主不得无故提田另佃于他人，佃户亦不能以所佃之田转佃于他人，故佃户仅有自己永佃之权利。如佃户自愿退田时，田主须偿还坠脚钱。此永佃之权利也"②。

至于租佃类契约中的其他名目，如"讨田""赁耕"等，其性质都与租佃一样，只是文字表述上的差异而已，如清光绪二十四年（1898）六月《上饶徐金龙、徐金荣讨田契》，其文曰："立讨字人徐金龙、徐金荣，今讨到乐善祀众边前民田一塅，坐落五十都八堡，土名乱叠，又土名山脚底，共计大小五坵，计租七硕正"，"当日凭中讨来耕种，三面言定，每年实交租谷五硕五斗正，须至秋收之日送至祀内仓前车扇交纳，不得短少升合，如有少欠私脱等情，任凭祀首起田另佃"，"当讨之日受过徐姓顶首斗钱六千文正，如租交清，任凭远种。倘有暑旱虫伤，请祀首看明，主佃平分，不得反悔"。在这些租佃契约中，田主和佃户通过契约文书的方式建立起平等的关系，在租额的交纳上，双方虽然以契约的形式将正常年份定额租的租额确定，却又特别约定"倘有暑旱虫伤，请祀首看明，主佃平分"，对灾伤年份的租额做出灵活调整。这有利于其耕作的持续进行，对维持长久、和平的租佃关系也是有利的。

在租佃契约中，租金（租额）通常田主与佃户协商约定，一般以实物租为主。如前所引之上饶徐金安、罗富茂佃周德清田契中，均是约定"面议每年秋收实交光头早谷"等稻谷实物。在租额上，往往采用定额租的方式，如民国二十四年（1935）十一月《江西某地黄长寿租田立额铁板租字》，其契文如下："黄长寿租到汪振泰边晚田一塅，丈计官民粮田五亩正，大小二号""其田凭中面议秋收之时缴纳无□□谷四十箩正"，租谷"送至上门过车交数，不得少交升合，倘有丰歉之

---

① 前南京国民政府司法行政部编：《民事习惯调查报告录》，第259页。
② 前南京国民政府司法行政部编：《民事习惯调查报告录》，第252—253页。

年，两无加减"。通过"铁板租"这一名称，形象地表达出"倘有丰歉之年，两无加减"这一定额租的本质。这和前引契约中的"不得少欠升合""荒丰并无加减，并不得缺少升斗"含义是一样的。

定额租是租佃契约中纳租的主流，并不意味着对分成租的排斥。据民国时期的社会调查表明，在江西九江地区就流行分成租。田主与佃户事先并不约定租额的多少，而是俟秋收时节，根据具体情况加以协商分成，如在九江县，"九江民间赁借田地，有纳稞、纳租。纳稞者，即每亩纳钱若干。纳租者，于收获时，由赁借主先期邀请赁贷主到场，分取籽粒，赁贷主得四成，赁借主得六成，名曰'东四佃六'"①。如果说九江县的"东四佃六"是一种按照比例的分成，彭泽县的租佃分成的方式则更加具有协商的意味，彭泽县习惯"凡租户承种他人之田地，不先立契约，只于田谷将熟时，由业主就地查看。如与租户立约，租额通常每亩田完乡间通行之八折桶谷二石。查看时，视田谷之优劣，双方订明折扣。至收割后，照订定之数完纳，如订定九折，则每亩田即纳谷一石八斗。明年以后，亦如之，间亦有完纳全租者"②。彭泽县租佃田地时纳租中存在的"折扣"现象，在赣南地区也有，"赣南民间凡向人借田承耕者，所立借耕字，虽载有'每年实纳租谷若干'字样，然习惯上鲜有照约履行者（大约仅纳七折、八折不等）。又借字内虽载明'租谷于新出时一次交清'，然赣南一带，田亩每年可莳早、晚禾各一次，于早禾收获时先纳租谷一半，至晚禾登场再还一半，田东亦不否认之"③。租佃关系中的这些"折扣"和拖欠现象，表面上是对契约文书条款的违反，实际上却是构建东佃关系的一种手段，有利于缓和东佃矛盾，有利于维持社会关系的稳定。

二 土地的买卖

租佃关系表现的是土地使用权的转移，土地交易中的买卖一般理解

---

① 前南京国民政府司法行政部编：《民事习惯调查报告录》，第573页。
② 前南京国民政府司法行政部编：《民事习惯调查报告录》，第588页。
③ 前南京国民政府司法行政部编：《民事习惯调查报告录》，第565页。

为所有权的转移。土地买卖关系，从内容上看，因为有一田两主的现象，田地出卖也分为田面权出卖、田底权出卖和田面、田底权一并出卖，如在江西莲花县的交易习惯中，就有"卖租"和"卖耕"的区别："赣省莲花县，买卖田亩，向分卖租、卖耕两种。卖租者，如甲有田十亩出卖与乙，订明每年纳乙租谷若干担，而田仍由甲自己耕作，不移转于乙。其仅卖耕者，如甲有田十亩，租已出卖于乙，又将耕作权出卖于丙，该田即归丙耕作，由丙分租于乙是也。"① 从形式上看，土地的买卖可以分为"绝卖"和"活卖"两种情况。

绝卖是典型的买卖关系，也是所有土地契约中关系最清楚明了的契约。土地买卖中绝卖常见的表述包括"卖""绝卖""杜卖""断卖""永卖"。民间买卖契约中将权利的完全转让称为"卖"或"绝卖"。《大清律例》规定："如系卖契，亦于契内注明'绝卖''永不回赎'字样。"② 在契约文书的表述当中，在开头部分首先会声明"绝卖"的性质，通常写作"立断卖契""立绝卖契"或"立杜卖契"等，在契文的结尾部分还要重申："一卖千秋，日后不敢言找言赎"或"卖者永不回赎，亦无增找""一卖千休，永斩葛藤""口吐笔书，一卖千休，永断葛根，永毋不敷翻找凑价取赎之理"等话语。如清乾隆卅年（1765）二月《广昌县廖惟善绝卖本村桃树坵等处水田官契纸》：

> 立绝卖契人广昌县金砂里都上陌图甲廖惟善，今有续置水田，土名坐落本村桃树坵，又一处岭子上，原载老租壹担陆斗整，节牲壹分六毫。凭中出卖与本县本里都江背图甲张殿酬名下管业。当日三面言议，得受时值价银铜玖两整（广昌县官印）。并无重叠典当、抑勒准折等情，如有来历不明，出卖人承管，不干买主之事。自卖之后，永无回赎增找。今恐无凭，立此绝卖契永远存照。（下略）

---

① 前南京国民政府司法行政部编：《民事习惯调查报告录》，第579页。
② 田涛、郑秦点校：《大清律例》卷9《户律·田宅·典买田宅·条例》，法律出版社1999年版，第199页。

第一章　程序与习俗：民间法视野下的江西田宅交易

土地绝卖是卖方向买方移转对土地完全支配权的买卖，又称断卖。在这一份契约中，一开头就表明交易的性质，写出"立绝卖契人广昌县金砂里都上陌图甲廖惟善"，然后叙述标的物、交易价格等内容，最后还不忘强调"自卖之后，永无回赎增找。今恐无凭，立此绝卖契永远存照"，以示卖主和土地彻底切断关系。在"永卖"契中，也有此类表述，如清光绪二十七年季夏月《清江县陈福开永卖秧田花地契》就说"立永卖秧田并花地文契字人陈福开"，契文的最后也说"今欲有凭，特立永卖秧田花地文契一纸收执为据"。

土地的活卖要复杂得多。在清代，与绝卖相对应的是被称为活卖或典的行为。自宋代以来，在民间田宅买卖契约的用语上就开始出现典卖不分的情况，这种情形一直延续到明清时期。《大清律例》规定了典与卖的区别："嗣后民间置买产业，如系典契，务于契内注明'回赎'字样，如系卖契，亦于契内注明'绝卖''永不回赎'字样。"① 在官方的法律中，绝卖和典或活卖的区别，在于契约中是否明确规定了回赎事宜。但是在现实生活当中，还存在介于典和卖（绝卖）之间的中间形态——活卖。它是指卖主以比正常出卖（绝卖）价格稍低的价格将田宅的占有、使用和收益的权利让渡给买受人，但保留在约定的期限届满后回赎标的的权利，因此，活卖有两种后续程序：找价与回赎。找价是由卖主贴补足价与买主以进行买卖关系的彻底清理，而回赎则为卖主支付原价与买主重新将标的物买回的方式。判断一项交易是否为活卖，不仅要看其契约文字上是否有"杜卖""永不加找"等字样，更要看其是否有加找、回赎的约定及实际行为，因为活卖是将不动产买卖中的"卖"这一过程由一次性交付延伸为卖、找价、绝卖三个阶段。

土地的活卖，在民间契约文书的话语体系中，一般被称为"卖"或"典"。《大清律例》延续了明律对于典、卖的界定，同时对典作了

---

① 田涛、郑秦点校：《大清律例》卷9《户律·田宅·典买田宅·条例》，第199页。

进一步的定性:"以价易出,约限回赎者,曰典"。① 清初依据律文"凡典卖田宅,不税契者笞五十"的规定,对于典、卖均课征契税,但乾隆即位不久就下谕旨:"活契典业乃民间一时借贷银钱,原不在纳税之例,嗣后听取自便,不必投契用印,收取税银"。② 该谕旨明确将活契典业排除在税契之外,而只针对买卖税契,此后,乾隆二十四年将"凡民间活契典当田房,一概免其纳税。其一切卖契,无论是否杜绝,俱令纳税。其有先典后卖者,典契既不纳税,按照卖契银两实数纳税,如有隐漏者,照律治罪"③ 列为律令正式条文,故民间往往采用典的方式进行土地活卖交易。如清乾隆三十二年(1767)三月《石城县温先程兄弟典广昌江背川垅坳田官契纸》

> 立典契人石城县联坊都图甲温先程兄弟,今有父手续置水田一处,坐落土名广昌江背川垅坳,原载老净租贰拾担零叁斗二升,内将壹拾陆担正。凭中出典与广昌县金砂里[都]图甲张亲殿酬老爷名下管业,当日三面言议,得受典价银铜伍拾两正。并无重叠典当、抑勒准折等情。如有来历不明出典人承管,不干典主之事。自典之后,议定叁年原价取赎。今恐无凭,立此典契存照。(下略)

这是一份以典的方式出现的活卖契。在契文的开头,首先表明交易的性质——"立典契人石城县联坊都图甲温先程兄弟",在契约文书的行文中,也是强调"得受典价银铜伍拾两正",在文书的最后还约定"自典之后,议定叁年原价取赎"。而外批的"中资壹千文,赎日补还"也说明典主有日后赎回此田产的打算,也充分证明这是一份以"典"的形式进行交易的活卖契。这也充分说明在民间,土地买卖关系比法律上的规定更复杂。虽然土地的买卖从性质上来说只是包括"活卖"和

---

① 田涛、郑秦点校:《大清律例》卷9《户律·田宅·典买田宅·条例》,第199页。
② 《清朝文献通考》卷31《征榷考六·杂征敛》。
③ 嘉庆《大清会典事例》卷605《户部·户律田宅》。

第一章　程序与习俗：民间法视野下的江西田宅交易

"绝卖"两种，但在交易用语的表达中，却并非按照法律的语言进行，契约文书中的语言并不十分规范，此处在"活卖"土地时，当事人用的是典契。

清代民法语言中的"典"和"卖"是两种性质不同的交易。就民间的契约实践来看，典不以转移业权为本质要件，而卖（包括活卖）都要求转移业权。而且大体上看，典价在最后绝卖的总价中所占的份额要比活卖价少得多。正因为有这种差别，才造成同样是"找贴"，但对原业主来说，所具有的意义是不一样的。所以，从交易性质来说，活卖应该和绝卖归为一类，而不应该和"典"归为一类，更不用说把它们完全等同了。①

在土地的活卖中，还有用卖契进行交易的情况，因为按照雍正八年（1730）订立的一条例文明确规定：契约文书"如契未载'绝卖'字样，或注定年限回赎者，并听回赎。若卖主无力回赎，许凭中公估找贴一次，另立绝卖契纸"②。也就是说，在契约文书中如果只注明"卖"，而未写"绝卖"或者写了回赎年限的，一律按照活卖处理，卖主可以回赎，如不愿回赎，还有一次"加找"的机会。因此，"活卖"契约是一种产权不完全转移的交易形式。一般而言，卖主的回赎并没有期限的限制，具体要看交易双方的约定，或三年五年，或"钱便取赎"，赣南各县习惯，"凡不动产之卖主，于出卖时与买主订有买回之特约者，其约定之期间虽久暂不一，然期间经过后，若卖主请求买回，买主亦不拒绝。亦有约定买回而不拘期间者，则契内写明'钱便回赎'字样。所谓'钱便回赎'者，即谓将来卖主有钱，随时可以回赎营业也"③。

土地买卖关系的第三种情况是介于绝卖和活卖之间的复杂情况。如以"杜卖"之名，行"活卖"之实，即民间所谓"卖契头、典契尾"。"都昌各县典押契约，多有写卖契头、典契尾者，其正文实与卖契无

---

① 刘高勇：《清代田宅"活卖"契约的性质——与"典"契的比较》，《比较法研究》2008年第6期。
② 田涛、郑秦点校：《大清律例》卷9《户律·田宅·典卖田宅条例》，第199页。
③ 前南京国民政府司法行政部编：《民事习惯调查报告录》，第562页。

异，惟于年月外另书或粘浮签载明'实押钱若干，不拘远近年月，照原价取赎'字样。如出典人拖欠租息，则将年月外所批者或浮签裁去，然后投税自成为一种卖契。此种办法系防出典人拖欠租息或另行典押，每至年月久远，发生典卖纠葛。惟本县习惯，卖田过粮，典田则不过粮，查其归户粮册有无收付粮米，即可以分别真伪"。① 其实不唯都昌县，在整个江西地区，此种现象都较为普遍，如清同治十一年（1872）十二月初三日《江西某县周仁成杜卖田并当田契》：

  立杜卖田文契人六十一都三图周仁成，夫妇商议，今因家下钱粮紧急，无有出办，只得将父手遗业早民田一号，计种六分，坐落高溪湖，东止史田，西止史田，南止史田，北止周田，以上四止开载明白。自情愿请中说合出卖与周腾交兄名下子孙永远为业，当日三面言议，卖得时值价钱七串文正，是比日钱两相交讫。其田未卖之先，尽问亲族人等，不愿成交，方行出卖，所作交易，俱系二比情愿，并无重契画押，不明卖者自理，不甘买者之事。所有荫圳照依古例，过割照依鱼鳞册。自卖之后，二家不许反悔，如有悔者，甘罚契内价钱一半与不悔人用。恐口无凭，立此卖田文契永远存据。

  仝年月日实领到契内价钱一并完足。

  正契

  凭中：周光宇、周智成、周学朋、史凌斗

  代笔：周振海

  同治十一年十二月初三日立当契字人周仁成

  立当契人周仁成，今当到周腾交兄名下早民田六分，计种一号，当日三面议足钱四串文正，利息言定每串文交谷利二斗五升，限止年清年款，不得短少升合，如有短少升合，裁契管业。恐口无凭，粘立当契为证。

---

① 前南京国民政府司法行政部编：《民事习惯调查报告录》，第590页。

第一章　程序与习俗：民间法视野下的江西田宅交易 ◆◆

在这一份契约中，周仁成先是立下一份杜卖契，在杜卖契的后面，又写下一份当契。其实，这一交易的实质是周仁成以田产"活卖"给了周腾交，该契约中约定的事项已经具备了绝卖的主要特征：移转所有权、过割税赋、依法契税。但从后面的当契又反映出周仁成"绝卖"此田的主要目的是借贷，即从周腾交的手中获得资金，故这实际上是一份"卖头押尾之担保契约"。"南昌乡间习惯，如需银钱应用，向人借贷，往往书立借约之外，另将所有不动产书立绝卖文契一纸为担保，其卖契与寻常所立之卖契无异，而所载价值亦与借贷之数目相符，惟于契尾月日之后批有'此业口押，契卖以后，如拖欠借项，任凭押主裁契管业'等字样。其不动产仍由原业主管有，至债务能依期清偿，即将借约及卖契收回；倘有拖延情事，即由债权人裁去年月日后所批之字，认为完全卖契，实行管业。其间或有借贷数目与契价不符者，仍得由债务者请凭中证人估找价值。"①

与此类似的还有清道光二十八年（1848）十一月《南昌万舍市周阿杨氏杜卖田契》，周阿杨氏先立杜卖契，但是在契文的外批中又写到："此田限至二十年照契价回赎，"因此，该契虽然用"杜卖""永远管业"的表述，实际上仍然是活卖契。可以说，在这些交易中，契约文书并非唯一的管业证据，契约之外的约定比契约正文具有更加有效的实际效力，在江西于都县，"于都俗例，凡买卖田土、房屋等不动产，非订立契即能确定。必须先立退卖契，以便物权之移转，然后再立找绝契，使其不动产之所有权移转确定，故俗称之曰'一退一找，买卖确定'"②。

三　土地的典、押

除了上述租佃、买卖等常见的土地交易方式之外，有学者指出，土地交易还包括几种特殊形式，"包括土地典当、土地抵押和以典当、出

---

① 前南京国民政府司法行政部编：《民事习惯调查报告录》，第572页。
② 前南京国民政府司法行政部编：《民事习惯调查报告录》，第591页。

租等名义进行的买卖三种类型"。把土地典当视为一种地权转移方式，是不少学者的共识。① 典当作为一种以实物为抵押的借贷方式，在中国历史悠久。以典契冠名的民间契约，通常以出典人（清代通常称典主）向受典人（清代通常称银主）交付典物，收取典款，并约定取赎期限为基本内容。在清代，典在本质上是一种过程性的卖，"这个过程的第一个阶段是典，而找贴是其第二个阶段，在第二个阶段以后，卖的过程便终结了。"② 土地典当是以土地为抵押以贷取货币，抵押期满后土地可以赎回，从这点来说，应该属于抵押借贷的一种。

江西地区也存在着以典、抵押等名义进行的借贷和土地买卖。按照江西金溪地区"贷钱纳谷"的习惯，"民间借贷款项，往往由借户向贷主领取金钱若干，议明每年纳谷若干，并不如买卖田亩者之指定丘数分厘，只定纳谷之石斗而已。此种情形，实与赣南习惯所谓化利谷、玉山习惯所谓放利谷者大致相同"。③ 如民国三年（1914）十一月十三日《赣州刘盛高典早田契》就显得直接多了："立典契人刘盛高等，今因家下要钱应用，无从借办，自愿将祖手遗下早田一处，坐落章水乡，计田大小一连四坵，请中说和送至张永泰宝号向前承典为业，时值典价七三毫边三十员（元）正"，双方约定"每年实纳典谷三担，每担连箩一百零八觔送河交手""如有一年典谷不清，任凭承典人照依典面掌业换耕，出典人并不敢藉口异端之言"。从契约中可以看出，刘盛高因"家下要钱应用，无从借办"而以早田为抵押，从商业店铺——张永泰宝号处获得资金，立下此典契，如果刘盛高"有一年典谷不清，任凭承典人照依典面掌业换耕"，即会丧失对土地的所有权，从而使原来"典"的关系变为绝卖的关系。同样，经找贴之后，出典人便丧失了对于典物的全部权利，双方应当另立绝卖契，或者立找契，以找契作为绝

---

① 侯建新：《农民、市场与社会变迁》，社会科学文献出版社2002年版，第73—74页；史志宏：《20世纪三、四十年代华北平原农村的土地分配及其变化》，《中国经济史研究》2002年第3期。
② 李力：《清代民间土地契约对于典的表达及其意义》，《金陵法律评论》2006年春季卷。
③ 前南京国民政府司法行政部编：《民事习惯调查报告录》，第589页。

第一章　程序与习俗：民间法视野下的江西田宅交易

卖契。再如清光绪三十四年（1908）六月十一日《南昌县万介人杜卖并典田契》：

> 立杜卖早民田文契人六十六都十图万介人，今因钱粮紧急，无从出办，是以夫妻父子合家商议，自情愿将父手遗下早民二号，计种一亩七分、二亩三分。又晚田一号，计种一亩二分，俱坐落门首，四址详列于后，请中说合，自甘情愿出卖与六十都上二图周国佐表弟名下子孙永远为业，当日三面［言定］，实值价钱一百三十千文正。此即契钱两清相交讫，其田未卖之先，尽过亲房族内人等，无人成交，方行立契出卖外姓，所做交易，实是二比情愿，并非逼勒准折，亦无重叠典当以及来历不明、互混不清等情。如有此情，不干买主之事，卖者一力承担，自卖之后，任从买主管业耕种，车水荫注照依古例，过割鳞册归户，一概无阻，不得另生枝节，永无增找回赎。恐口无凭，特立此杜卖文契永远为证。
>
> 同年月日契内价钱一并收足。
> 计开坐落本村门首，四北。
> 凭中人：张源斋、张小轩、张玉成、杨华茂、汪益祥、张皆兴
> 依口代笔：罗小湖
> 正契存照
> 光绪三十四年岁次庚申六月十一日立杜卖早民田文契人六十六都十图万介人
> 一批此田实典押九五典钱一百千文正，当日面议周年二分行息，其息按期交纳，不得推约延期，如有拖欠分文，过期不交，任凭请出中人裁契尾管业无阻，决无异言，恐口无凭，立此典押字约契尾一纸永远存证。
> 光绪三十四年岁六月日立典押字人万介人
> 凭在场：张皆兴、张玉成、杨华茂、张小轩、罗小湖并笔

从该契前半部分的字面上看，这是一份杜卖契，但是，从后面的批

语可以看出，买主万介人实际上是以此两份田产作为抵押，从周国佐处获得"典押九五典钱一百千文正"，同时，这笔钱还得按照"周年二分行息"的利率计算利息，卖主必须按期缴纳利息，否则钱主有权"请出中人裁契尾管业"。因此，这份契约的实质是一份以不动产为抵押物的贷款，只是以"杜卖"的形式出现而已。民国年间，万年县的交易习惯中仍然保留了这一做法，"万年县民间，典当不动产有大典与典之别。大典者，将不动产移转于典户，俟届契书一定之年限满后，即行赎回；所谓典者，虽亦须移转不动产，但其年限，仅以一年为度耳。至所谓当契，则由借钱人将所有不动产，另书一纸杜卖契约，给与贷主收执，以担保所贷之款，但该不动产并不移转管业，所借之合仍行给息，若届期不给息，或不还款，则贷主可执契主张管有其不动产。此等习惯在万邑实为通行而公认者也"①。

在江西地区的契约文书中，也有直接写明"押"的土地交易方式。土地抵押与土地典当不同，这是一种真正的借贷关系。如清光绪十二年（1886）正月《上饶张庆德押田字》：

> 立押字人张庆德，今因无钱应用，自情愿将显洪公轮值祠田，内押一股，凭中出押于本家张伯通弟边，押过洋银六两八钱正，其银议定十一月准还，不得少欠。如有少欠，其田任凭伯通耕种，庆德不得异言生端，立押字为照用。
> 　　代笔人：苏庆寿
> 　　凭中人：张庆光
> 　　清光绪十二年正月立押字人张庆德

这一份契约的文字很简单。张庆德以自己的显洪公轮值祠田内押一股，作为担保，从本家张伯通弟处押得洋银六两八钱正，如其不能按期还款，作为抵押物的田产，将由张伯通耕种。此时，该土地抵押就有可

---

① 前南京国民政府司法行政部编：《民事习惯调查报告录》，第590页。

能最终形成土地使用权（田皮）的转移，最后以地权买卖的形式表现出来。这种做法在江西其他地区也存在，如江西新建县（今南昌市新建区）、余江县等地习惯，"新建、余干等县乡民以不动产典当（即典质）银钱，每订定期限，将当价算作期内历年租资，俟期满后，原业主可迳（径）将所当之不动产收回，毋庸出钱取赎。盖其当价不啻为期限内租资预支之款也"。① 从本质上讲，这种以田产作为抵押物的"押字"，是一种"为期限内租资预支之款"，是借贷关系的具体化。

四 土地与借贷、债务准折

从明清时期的土地房屋买卖"契式"来看，通常都会有保证本次交易合法、不存在以土地房屋"准折"抵偿计算利息债务情况的文句，如"并非抑勒准折债负"的语句。直到清末、民国时，这仍然是田宅买卖契约中的惯用语。但实际上以田产为抵押进行的借贷、债务准折是极其普遍的。如民国五年（1916）二月初一日《赣州刘盛高借洋边承典契》：

> 立借洋边承典字人刘成高，今借到张永泰宝号名下七三洋边十员正，每元七三交兑。当日三面言定每年将息承典早谷一担正，每担连又口一百勉，净精燥足谷，过秤交量，送河交收，不敢短少。其典早谷每年的至新屈［出］，不敢延迟推后。今有本都早田红契一纸为押，倘若一年典谷不清不楚，任张老板照契另召别佃，刘宅不敢阻挡异言。今欲有凭，立借洋边承典字为照。此据。
> 中华民国丙辰年二月初一日立借洋边承典字人盛高
> 在场人：家武葵
> 代笔人：高延茂

这是一份借贷契约，刘盛高从张永泰号处借得的是"洋边"，但是其计算利息的方式则是折成早谷，"每年将息米承典早谷一担正"，同

---

① 前南京国民政府司法行政部编：《民事习惯调查报告录》，第261页。

时该借贷的担保物又是"本都早田红契一纸"。这一现象实际上是赣南地区利息种类的反映。按照赣南习俗，借贷利息分为利钱或利洋、谷利和油利三种，如果双方约定以"谷利"结算，"无论其所借之本为铜钱，抑为银币，而借字内载明以田作抵者，则其利息往往约定为谷"。谷利和油利的收取，"以收谷、油之时为清偿之期，既约定谷或油之数额，即不问其价格之涨落。如债务人用金钱代替之时，亦账照油、谷之时价给付，"此二种"又谓为特定利息"。①

民间既有以田作为抵押的借贷，自然就有以田产作为支付手段的债务准折。尽管普通的田产交易文书中，往往都会强调"并非谋买准折债负等情""所做交易，实是二比情愿，并非逼勒准折"，这也恰恰从反面说明了在土地交易中，以土地准折债务的现象很多。如民国六年（1917）十月十四日《赣州刘毓麟议以田抵债议字》：

> 立议字人与者刘毓麟、受者张顺德堂，情因麟下要银归债，先向兄嫂与毓鹿弟商议，认允确凭，愿将章水乡百八都水口塘田土一处，计华利早谷六担五斗正，皮骨归一，均归毓麟名下，抵偿张永发宝行债务。当日三面言定，华利价值与债款数目无论多寡，总以此业抵债清楚。日后二比不得生端异言，永远归张顺德堂名下掌管为业，如有来历不明，分受不清，及兄嫂、毓鹿弟纠葛，均归毓麟一力承袱。至于堂塘土界，照依契内载明。当付押议字现毫洋三十元正。如有反悔者，公罚毫洋一百大元。恐口无凭，立议字后立正契为据。
>
> 中华民国丁巳六年十月十四日立议字人：与者刘毓麟、受者张顺德堂
>
> 　　在场证人：王根森、勉之
>
> 　　代笔人：根舟笔

---

① 前南京国民政府司法行政部编：《民事习惯调查报告录》，第565页。

第一章 程序与习俗：民间法视野下的江西田宅交易

在这一份契约中，刘毓麟因欠下张顺德堂债务，经过与兄嫂、毓麕弟等人协商，愿意以"塘田土一处，计华利早谷六担五斗正"抵债，同时约定"华利价值与债款数目无论多寡，总以此业抵债清楚"，双方债务从此两清，而此田也"永远归张顺德堂名下掌管为业"，通过债务折算的方式，实现了土地所有权的转移。民国元年（1912）十一月《贵溪文坊公社傅瑞林傅瑞国等拨田契》亦是如此，贵溪县傅瑞林、傅瑞国等人欠下胞弟瑞南借项银款，愿意将田产拨付给胞弟瑞南为业。这一份文契中，名为拨田，实为以田抵债务，也是以债务准折的方式进行了土地产权的流转。

五 土地的兑换与逊让

土地产权流转的另一种方式是兑换和逊让。与前面几种土地流转方式不同的是，无论是土地的租佃、买卖还是土地的典当、准折债务，都以金钱作为计量的标准，具有一定的交易的性质，而土地的兑换与逊让，更多的是体现出在社会生活和家庭生活当中互助互利的温情一面。如清乾隆二十六年（1761）一月，张殿酬因建造房屋，需要与亲侄张陶轩兄弟兑换土地，双方签订《张陶轩兄弟换水田契》：

> 立换字侄［张］陶轩兄弟，今将父手授分水田一处，土名坐落江背隆［龙］兴湾上手。黄竹苑下田叁坵，原与绅叔各分一半，载租肆斗伍升，民米一升乙合贰勺伍抄。其田兄弟商酌换与血叔殿酬，大小业俱已在内。自换之后，任凭叔依字照业监［建］造。出换之后，侄不得异说。其粮割入血叔户内输纳，恐后无凭，立换字永远为照。（下略）

这一份兑换契约中，张殿酬与侄张陶轩兄弟等人原本就各占有一半的土地，因张殿酬建造房屋需要，二者进行兑换。两年以后的清乾隆二十八年正月，张殿酬的房屋正式新建，本家侄张九皋兄弟又将"父手祠田土名坐落坡湾下首载老租壹拾贰担正"中的一部分，即"坝上田角伍尺，中间大坵里角墙内贰丈土，上至过圳塍为界"，逊让给张殿酬"做造楼屋"，当时受过"［银］壹两正"。（清乾隆二十八年正月《广昌县张九皋兄弟逊让坡湾下首田契》）此种小额"交易"，其金额不大，更多的是体现作为家族的一员，相互扶持、互助互利的温情一面。

此种土地的兑换与逊让，从本质上来看，仍然是地权的转移，故在习惯上，仍然与其他的土地交易一样，签订相应的文书，江西乐安县"凡典卖田地、山场、房屋，所订立者曰'契约'。此外，如卖买互易，则立'合同'，赠与则立'拨约'，租赁房屋则立租字，承蓄山场则立'批字'，耕种人田则立'承字'，其名目虽互有差异，形式仍相仿佛，其实皆契约也……其中证，有书在见人，有书在场人，有书说合人，大半多系友、戚、族三种人为之"①。乐安此种习惯，既为此了家族内部的和睦，又通过契约文书的形式，使家族内部的兑换、逊让有了文字的依据，避免了日后不必要的争端。

在上述各种交易方式当中，无论采用何种方式，都有"田骨"与"田皮"分离的情形，同治时人对此已经有了较为明确的认识："（广昌）邑俗，农人三时作苦，一时休息，今则无片刻之暇。往时多荒土，今则高而山、卑而洲，皆视其宜而垦之，渐成膏腴，靡有遗地。其农田有主者，谓之大买，立契纳税。过割契价甚便宜。农与农私相授受，谓之小买，并不立契，只写吐约顶约，以免纳税。过割契价较之大买者，加三、四倍。无小买者，谓之皮骨皆管，或佃与人耕种，谓之借佃，始得田主为政。有小买者，主佃两不合，必待佃人自弃去，故往往逋租，远乡之佃尤甚。或另以田种苎谷输田主，佃人尽收其佳者，故主佃常相疾，每每兴讼，缪镯不清"②。在这一段文字中既有"皮骨分离"而形成的"大买""小买"和"吐约顶约"，也有民间各种不同的交易方式带来的交易价格差异，当然还有因此引发的逋欠田租，乃至发生诉讼的情形，而这些现象产生的根源，即是明清时期土地流转的加快和佃户获

---

① 前南京国民政府司法行政部编：《民事习惯调查报告录》，第577—578页。
② 同治《广昌县志》卷1《风俗志》。

得更多的人身自由与权利的结果。

在江西地区的土地交易方式中，还有一种"归并"文书。"归并"的本质是卖，但是兼有"逊让"的意味。土地的归并，一般发生在亲邻、地邻之间，多以白契的形式呈现。如《宁都小支契约》中就有乾隆三十年十二月《文炳永卖归并水田契》、乾隆三十七年《史昭永卖归并杉山契》、乾隆三十八年二月《微侣永卖归并房屋契》》①

第四节 "收除同票"与赋税推收

赋税是封建官僚机构赖以存在的物质基础。封建统治者一向认为"民间置买田房，随契纳税，国课攸关"。② 税契是一种征税制度，又是政府为确保田赋收入而对土地进行动态管理的手段，税票就是税契制度的直接体现。学术界对明清税票的样式、发展演变等多有揭示。③ 在江西省博物馆藏契约文书中，有一种学术界未曾提及的"收除同票"和"私除同字"（又作"私除字"），是田产交易之后的赋税推收、过割环节的一种重要文书。

赋税推收，又名"过割"，如清代刘有荣的《钱谷必读》所述："凡田地出卖，须将原业户粮，改过现业都图之下，谓之'推收'，又谓'过户'，又谓'收除'，又谓'清粮'，又谓'过割'，名虽多，实则此推彼收，此收彼除而已"。④ 因此，无论采取何种名目，都是将赋税从卖出一方转移到买入一方。

"收除同票"是由赣县官府统一印刷的，含"收"与"除"为一纸

---

① 《宁都小支契约》，由河北大学宋史研究中心刘秋根教授提供。
② 《清朝续文献通考》卷46《征榷》。
③ 蒋瑜、王顺寿：《清代前期土地税票的发现及初步研究》，《中国农史》1993年第1期；卞利：《清前期土地税契制度及投税过割办法研究——徽州休宁县土地税票剖析》，《安徽史学》1995年第2期；栾成显：《明代土地买卖推收过割制度之演变》，《中国经济史研究》1997年第4期；曹树基、高杨：《送户票与收粮字：土地买卖的中间过程——以浙江松阳石仓为中心》，《华东师范大学学报》2010年第4期。
④ （清）刘有容：《钱谷必读·推收》，嘉庆十年刻本。

的赋税推收种票证，其上钤县衙图章，属官方性质。其主要格式是：收除同票：某县正堂某，为慎重推收、以重国赋事。今据业户某完某都某图某甲的某契式某字某号所买某完某某的名某某，（上/中/下）田（面积）、粮（数额）、银（数额）、米（数额），年月日推收。馆藏同治年间收除同票和光绪年间收除同票在落款的个别文字上略有出入。（图2-1）

"私除同字"（又作"私除字"）是民间田产交易双方与正契一同签订的赋税推收文书，属民间契约性质。一般写明推出人姓名、都图里甲、存粮户名、粮额、收粮人姓名、都图里甲、收粮户名、在场人、中人等信息，表明自交易之后，原田产的赋税转移到新的业主名下交纳。（图2-2）

江西省博物馆藏"私除同字"和"收除同票"都是清代同治、光绪年间赣州府赣县的文书，其中收除同票3张（同治1张、光绪2张）、私除同字7张（同治3张、光绪3张、民国1张）、推收证书2张［民国三十一年（1942），2张为原业主和新业主分别收执］。这些私除同字和收除同票，或与白契一起使用，或与红契、契尾一起使用，或为私除同字和收除同票二者一起使用。尽管红、白契约的法律效力和对产权的保障效力并不相同，而且官府一直在通过严惩匿税者、限日补税和鼓励告发等措施，试图消除白契的大量行用，但是，严厉的法律规定并没有遏制住白契在民间的广泛存在。清末时，江苏句容县令许文濬看重红契，但并未否认白契，他说："典卖契纸，乃共见共闻之事，非个人之事，存邻皆知，不能捏造，是以印照可贵，而印契尤为可凭。不惟印契可凭也，即白契亦可凭。不惟执业之白契可凭也，即回赎时之活契都可凭"。① 清末地方官对红、白契约的态度，也正是当时社会环境下各阶层人们对红、白契约关系的普遍认识。

一 民间田产交易中的漏税与丢粮

契税，实际上就是土地交易税，明清时期和前几朝一样，凡是田土交易的契约，按照法律的要求都必须经由官府审查，加盖官印，这样既

---

① 许文濬著，俞江点校：《塔景亭案牍》，北京大学出版社2007年版，第160页。

第一章 程序与习俗：民间法视野下的江西田宅交易

证明交易的合法性，又证明已缴纳契税。按清制规定，为使卖契合法，须至官府税契，钤上官府朱印，并粘连契尾或其他税契凭据，使白契变为红契。故土地交易完成契约文书签订之后，一般先缴纳契税，再过割赋税。土地交易时，附着于土地上的赋税自然要随之转移，缴纳土地赋税的义务转移给新的土地所有权人，这两种程序是合法的土地买卖契约所必需的要件。

但实际上，民间的田产交易漏税与丢粮的现象十分严重。手法之一是签订白契，拒绝税契。清代买田地房屋，采用契尾，法定税率只有3%，① 总体来看并不高。但民间置买田产，除交纳税契银以外，还要负担其他杂费，如清末的"应征之契纸经费"，契纸费"最多者，每纸取银三钱二分，最少者亦取银六分"。② 但官吏夤缘为奸的行为，使税契的过程变得十分艰难，"契尾经一衙门，即多一衙门之停搁；由一吏胥，即多一吏胥之苛求。甚且揑勒驳查，以致业户经年累月，求一执照宁家而不可得"。③ 因而民间往往自立契券，隐匿契税，最终导致税源流失。另一方面，明清时期土地买卖，政府虽定有立契、税契、过割推收等程序，但很多契约在书写时，内容都不完备，土地买卖者想方设法逃税，土地买卖，官有官法，民有民法，白契广泛流行而且被社会认同。在各地的契约文书中，都有大量的白契存在即是明证。

手法之二是采用"吐退""顶耕"等方式进行交易，规避法律监管。在江西省博物馆藏广昌县张殿酬契约文书④中，就有一份清乾隆二十七年（1762）四月《谢山璞、张朝周卖竹园下田契及推约》，这一份契约实质上是一契三约，即一份卖契，内附一份简式收据和一份推粮字约。其契文中既书有"出卖"二字，同时书写"出退（与人）"字样；买方既为"承买为业"，又言"承顶"；"陆两陆钱"的交易价既称"契价"又称"顶耕铜钱"，这些看似矛盾之处，实际上就是利用"吐退"漏税的具体

---

① （清）席裕福、沈师徐辑：《皇朝政典类纂》卷94《征榷十二·杂税》。
② 《清朝续文献通考》卷46《征榷》。
③ 《清朝文献通考》卷31《征榷考六·杂征敛》。
④ 见第三章《致力农耕：广昌县乡村地主张殿酬的个案研究》。

体现。在广昌县的交易习惯中,吐退实际上即是卖的另一种表达方式,但是"吐退行为的性质决定吐退无需税契,无所谓钱粮过割。用清人评论说,就是'农与农私相授受'的私事,与官、法完全无关。唯其如此,吐(退)字约成为民间'匿漏'契税、逃避推粮过割手续('丢粮')的一种非常方便的工具"①。明清时期,"由于国家制度缺乏有效的掌控能力,致使民间的隐瞒田地赋役及其私相授受,成为一种较为通行的社会行为,户粮的隐瞒和责任的规避,也成为一种较为普遍的社会心理"②。

手法之三是在契据书面上隐匿真实地价,以多报少。在江西广昌县的田宅交易习惯中,民间常有利用"吐约""顶约"规避"纳税过割",即使是皮骨合一的田地交易,在"立契时并立吐约,分写契价,瞒税不愿过割"③。"分写契价"意味着正契中字面上的交易总价降低,交易者的负担自然就下降了,这与道光初年陈盛韶在福建仙游县看到的民间在土地买卖时,将契价分割成田根契价、找价、田面契价三张契约,"契成,匿不投税,被官催迫不得已,以面契税,故粘尾多而税价少"④的手法如出一辙。

为保证交易后该块田土的税粮不致隐漏,出现"产去税存"或"有产无税"的情况,清代法律规定买主和卖主必须履行投税过割手续,"凡典卖田宅……不过割者,一亩至五亩,笞四十。每五亩加一等,罪止杖一百,其不过割之田入官"⑤。在康熙年间撰定的《大清律例朱注广汇全书》是清初学者对《顺治律》的批注,其将"不税契者"视为"亏税之事小",而将"不过割者"定性为"遗粮之罪大"。⑥ 亏

---

① 刘禄山、许智范:《清代、民国江西民间利用吐退字约"漏税丢粮"之俗习考》,《农业考古》2007年第1期。
② 林枫、陈支平:《论明末清初民间户粮推收之虚实——以休宁程氏"置产簿"为中心的分析》,《厦门大学学报》2004年第3期。
③ 同治《广昌县志》卷1《风俗》。
④ 陈盛韶:《问俗录》卷3《仙游县·契尾》,书目文献出版社1983年版,第81页。
⑤ 田涛、郑秦点校:《大清律例》卷9《户律·户役·典买田宅》,第198页。
⑥ 《大清律例朱注广汇全书》卷9《户律·户役》之《典买田宅条》注文。转引自王宏治《黄岩诉讼档案简介》,载田涛、许传玺、王宏治主编《黄岩诉讼档案及黄岩调查报告》,法律出版社2004年版。

欠契税是"事",而遗漏钱粮是"罪",二者的性质明显不同,充分说明清代,国家对税契的立法目的,并不单纯在于收税,更重要的是着眼于对田赋,即钱粮的管理,唯恐由于私下典买田土,造成对钱粮征收的失控。但实际上,民间隐匿不税、丢粮漏税的情况仍然十分普遍。

二 官方"收除同票"的推行

赋税推收是民间田产交易的最后一个法律程序,赋税推收又常与"过割"联系在一起使用。"过",是改入新业主所在地的册籍上,以便输粮;"割",是在原业主所在地的册籍上,除去卖出亩分数目和应输之粮。① 明清徽州文书中就有不少推单、推税票、割税票、收税票、推收照会票等等。② 明代的推税票与收税票,一般多分别印制,但明末也出现了割税票与收税票连在一起的二联推收税票,如《万历四十年祁门谢惟忠户买田割税收税票》,该件纵 32.5 厘米,横 40 厘米,单页皮纸,在同一页纸上并列印有"割税票"与"收税票",左联为"割税票",右联为"收税票"。③ 这种二联的票据,在实际使用的时候,还需要裁开交给买卖双方分别收执。与此类似的还有《明嘉靖二十一年歙县除票》,其中载明"歙县为赋役黄册事除外,今给印信小票发仰里长转散户照契填写除税,以凭查对造册施行",其后填写推出者姓名、亩数等信息④,《明天启三年十二月十五日推税票》和《明天启四年三月二十六日休宁县收税票》也写明"为攒造黄册、推收税粮事",⑤ 可见,明代的《推税票》和《收税票》的直接目的是为攒造黄册,是通过"里长转散户"实施的。而从其他一些文书来看,当时的推收过割制度尤其强调当官推收,不得私推,并且是必须在税契之后,在逢攒造黄册

---

① 杨国桢:《明清土地契约文书研究》,人民出版社 1988 年版,第 253 页。
② 栾成显:《明代土地买卖推收过割制度之演变》,《中国经济史研究》1997 年第 4 期。
③ 《徽州千年契约文书》宋元明编第 3 卷《万历四十年祁门谢惟忠户买田割税收税票》。转引自栾成显《明代土地买卖推收过割制度之演变》,《中国经济史研究》1997 年第 4 期。
④ 周向华编:《安徽师范大学馆藏徽州文书》,安徽人民出版社 2009 年版,第 70 页。
⑤ 周向华编:《安徽师范大学馆藏徽州文书》,第 118—119 页。

之时才发给《推税票》和《收税票》。江西省博物馆藏收除同票，是在土地交易投契纳税之事，立即与契尾同时发给新旧业户收执，在文书的签发形式上，是由县衙算清钱粮数额后，钤盖图章以证其效力，在票据内容上，详细记载交易的各种信息，并且将收与除的内容同时记录在一张票据之上，故名"收除同票"。"收除同票"对徽州《推税票》和《收税票》有所借鉴和发展。

江西省博物馆藏最早的"收除同票"是清同治元年十二月赣州《高乃滨杜卖早禾田三联契之收除同票》（图1-1），这套三联契一套3张，包括1张本契、1张私除同字和1张收除同票。

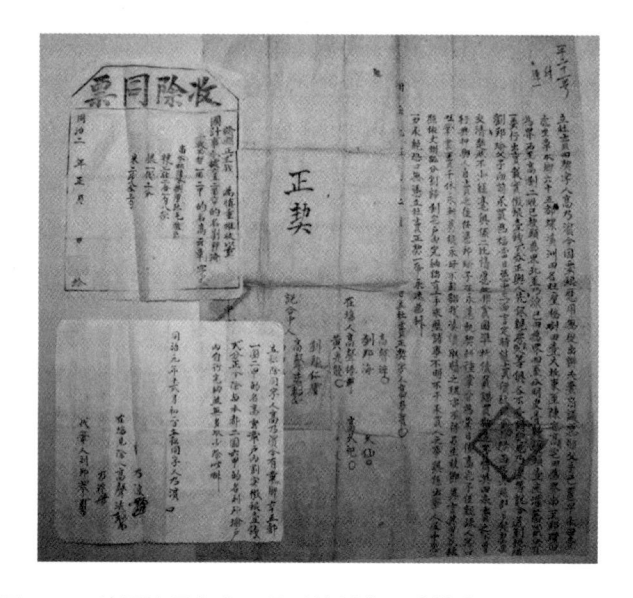

图1-1 清同治元年十二月《赣州高乃滨杜卖早禾田三联契》

在同治元年（1862）十二月的这一次交易中，高乃滨将父手己置早禾田一处，计田一大坵，皮骨归一，坡头一座灌荫二分有一，实载征银一钱二分，以纹银二十六两正的价格卖给刘邦瑜为业，在正契中，双方约定"其田上秋粮照依丈册亩分割归刘宅户内自行完纳"。同年十二月初二日，高乃滨写下"私除同字"，其文如下：

第一章　程序与习俗：民间法视野下的江西田宅交易 ◆◆

　　立私除同字人高乃滨，今有章水乡六十五都一图二甲的名高云章户内割实征银一钱二分正，今除与本都二图六甲的名刘邦瑜户内自行完纳，并无多取少除。此据。

　　同治元年十二月初二日立私同字人乃滨

　　在场见除人：高声法、乃滦、乃泮

　　代笔人：刘邦萃

　　这一份"私除同字"与本契的内容一致，但是详细地写明了税粮原存户名和推入户名。因该项产业系是高乃滨至父所置买，故在私除同字中，立字人是高乃滨，而税粮原存高云章户内，可见高乃滨可能是高云章之子。而在场人高乃滦、高乃泮则可能是高乃滨的兄弟。书写时间也都是在同治元年（1862）十二月，在内容上，写明的税粮推出人的都图甲和户名、税额、推入人的都图甲和户名，且规定由推入人"自行完纳，并无多取少除"。从内容和时间上判断，应该是在契约签订之时同时写的。

　　按照清代的规定，在一般情况下，签订交易契约与办理契尾、完成钱粮过割往往只相隔十几天，最多数月。税责转移的法律过程一般在本年度完成，否则影响税之征收。

　　光绪三十二年（1906），江西公布《赣省清理税契章程（江西）》其指出民间置买田屋产业"易滋匿减缩之弊"，乃规定今后"置买各业，务须随时领用照式填写，遵限两月内投税推收过割，以昭一律而祛弊端……此次定章以前，如有未税白契，限令于张贴告示之日起三个月内，遵章持契赴地方官补税，将官契根粘于原立契后，以为凭据，而示区别"①。故同治二年正月，刘邦瑜持本契前往县衙投契纳税，完成了本次交易的最后一个法定程序，故在本契的金额和与契尾的粘贴处，可以清晰地看到钤盖的篆文"赣县之印"，表明这是一张红契。同时，由

---

① 《申报》第一万二千百零九十八号第九版，清光绪三十二年十一月初七日，西历一千九百六年十二月二十二号礼拜六。

赣县正堂钱某发给刘邦瑜"收除同票"一纸，作为其完成赋税推收的凭证，其内容如下：

收除同票

赣县正堂钱，为慎重推收、以重国计事。今据六十五（都）二图六甲的名刘邦瑜收本一图二甲的名高云章，字丈中田二亩四分八厘九毛三丝，[钤图章：合科粮] 粮七升二合一勺八抄；[钤图章：算清] 银一钱二分；[钤图章：算清；] 米二升八合三勺。

同治二年正月　日（图章待识别）给

这一张收除同票，是以赣县县令钱某的名义颁发给新业主刘邦瑜的，其中记载了新旧业主所在都图、推收田亩的面积、推收的钱、粮、米数额，内容十分详细。尤其值得注意的是，在高乃滨推税给刘邦瑜的"私除同字"上，只是写明"实征银一钱二分正"，而在官府颁发给刘邦瑜的"收除同票"中，则不仅详细地载明推收的钱、粮、米数额，而且数字十精确，对"收除同票"中用墨笔填写的每一项内容——尤其是田亩的面积，均钤盖有红色的"合科粮"或"算清"字样的图章，以防止篡改。官府如此行为，只是因为"农有田则有赋，有赋则有差"，① 在实行"摊丁入亩"之后，人丁是活动的，作为征税对象，收入并不确定，田亩是固定的，作为征税对象，是稳定可靠的，因此，关注田亩即是关注官府的收入。此文书名为"收除同票"，包括了推税与割税两项内容，是官府印制、填写发给土地交易中新业主收执的凭据，即表示该块田土的纳粮当差负担已由卖主转移到买主头上，最终完成了整个投税过割程序。

在清同治元年（1862）十二月《赣州高乃滨杜卖早禾田三联契》中，此收除同票是与本契、私除同字以及契尾（已遗失，但从本契上的钤印可以看出原有本契），一起使用。对民间交易而言，在契约文书之外另行

---

① 许承宣：《赋差关税四弊疏》康熙十九年，见《清经世文编》卷28《户政三·养民》。

书写"私除同字",往往还与"允议字""足收字""总收字""收田价字"①一起,构成民间田产交易的一个完整文书体系,是再一次确认和声明田产之赋税已经推入新业主户内。而官府颁发给新业主的"收除同票"也有三个方面的作用,一是确定该项田产在交易的时候,已经完成先前应完纳之钱粮。对于地方政府而言,买卖双方何时办理契尾,即完成"田底"过户是不重要的,保证税额不被丢失才是关键所在。故在税额上钤盖"算清"字样的图章,以示证明;二是确保赋税的完整推收过割。文书上写明推收双方的都图甲和户名,保证在田产交易过程中不致丢粮漏税;第三还可以借此提醒新业主,其粮税已经过割,要求其按时完成皇粮国税,不致拖欠。这种将"收"与"除"两种票据形式结合在一起的方式,弥补了清代中期或清代早期之"除票"②在新旧业主信息方面的缺陷,同时还有借机清收之前逋欠钱粮、税额的作用,而且设计形式简洁、内容精当,是一种行用方便的文书形式。

三 民间"私除同字"的广泛使用

就文书本身而言,收除同票简明、便行,易于推广。但实际上,即使在收除同票出现以后,民间的"私除同字"也仍然在田产交易中发挥重要作用。虽然从法律意义上"民间田产执业,皆以钤印契券为凭",州县处理土地争讼也"皆以印契串票为据,各省皆然"。③ 置产人从长远考虑,在一般情况下,还乐于纳税。但是税契过程中的种种陋规,又使民间负担加重。而且在现实生活中,民间自有一套完整的田产交易契约证据体系,民间白契足以证明业主的所有权。因此,在交易过程中,就存在将白契与私除同字、总收字组成交易契约体系的使用的情况。

在清同治七年(1868)《赣州高家玲杜卖田四联契》中,九月二十四日高家玲首先与刘邦瑜签订一份"议字",写明出业原因、产业来

---

① 参见第一章第二节《江西地区土地交易的程序》。
② 杨国桢:《明清土地契约文书研究》,第250—253页。
③ (清)不著撰者:《治浙成规》卷1《禁丈量补造鱼鳞册等事(乾隆三十八年)》,官箴书集成编纂委员会编:《官箴书集成》第六册,黄山书社1997年版,第327—328页。

源、产业基本情况,并载明"时值卖价花边五十九元,当付压[押]议字花边十五元正",随后双方再签订交易之"正契"——即正式的交易契约。最后,在同治七年(1868)十二月初九日,双方补签一份"私除同字"和一份"总收字"。其"私除同字"(图1-2)为:"立私除同字人高家玲,今有章水乡六十五都一图二甲的名高公望户内实征银一钱二分七厘六正,今除与本乡本都二图六甲名刘邦瑜户内自行完纳,并无多取少除。二家日后无得争论。恐口无凭,立私除同字为据。"其"总收字"内容为:"立总收字人高家玲全男声樏,今收到刘邦瑜契爷名下田价纹银照依契内原价一并收清,全中三面过付亲领归身,所得是实,并不短少分厘,恐口无凭,立总收字为据。"高家玲杜卖田产的四件文书,指向明确,且经历了相应的民间程序,交易行为在民间法的意义上已经完全成立,因此,高家玲通过"私除同字"的方式将赋税转移到刘邦瑜户内,就已经完成了其所有的交易过程。

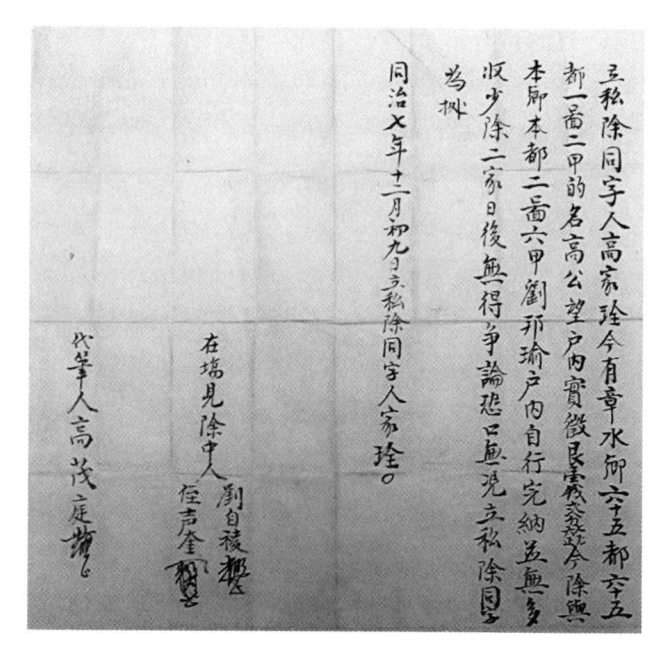

图1-2 清同治七年十二月初九日《赣州高家玲杜卖田四联契之私除同字》

民间官方使用"私除同字",其名称很明显是借鉴了官方刊印的"收除同票"。其出现背景,既有因官府管理市场经济行为存在效率不高、官吏贪蠹的普遍缺陷而导致的"民惮其费"而降低交易成本的考虑,也有出于长远的"丢粮"的考虑。[①] 同时,"私除同字"在契约格式已经形成了相当成熟的规范要求,这些格式化的条款是对官方"收除同票"的一种继承性发展。正是由于这些已经定型化的文本格式,使得民间土地交易双方在交易时,仅通过白契就能完全明确权利义务归属,在交易的确定性方面达到与红契同样的效果。此外,"私除同字"并非单一的契约,而是与正契、总收字等文据一起,组成一套符合民间交易习惯的证据体系。"私除同字"等白契虽然没有经过官方的认证,在效力上看似是低于红契的,但其证明力,则是以一种长期以来民间交易习惯的形式被大众认可。江西乐安县的交易习惯中,凡典卖、赠与、租赁、房屋田地以及承蓄山场、耕种人田,都会订立契约,"其中证,有书在见人,有书在场人,有书说合人,大半多系友、戚、族三种人为之,各人名下只有'同押'字样,从未分名签押"[②]。在交易中充当中人、在场人的同姓亲族、异姓亲族、乡邻中比较有名望的人等等,尽管他们没有逐一签字画押,而是采用"同押"的方式表示认可,这样的白契仍然具有不可动摇的权威性。民间交易的这些习俗,是民间经过长期交易实践活动的理性选择,也是白契和"私除字"存在的现实基础。

四 官方对赋税推收管理的强化

尽管民间大量使用白契交易,但官府将田产交易纳入规范化轨道的努力却一直没有停止过。清末各省为了增加契税收入,在清查民间田房契约过程中,发现白契数量十分惊人。同时,清末地方政府为分摊朝廷

[①] 刘禄山研究指出:民间通过"退""顶"等方式,采用白契交易,其行为既有实现匿漏契税的目的,但是,显而易见,他们的主要目的是不愿推户承粮,以便"丢粮"。匿税是一次性的"钉头之屑屑"的小利益,而"丢粮"则是年复一年的大利益。见刘禄山、许智范《清代、民国江西民间利用吐退字约"漏税丢粮"之俗习考》,《农业考古》2007年第1期。

[②] 前南京国民政府司法行政部编:《民事习惯调查报告录》,第577—578页。

的巨额赔款,同时又要自筹经费、大举新政以图自强,不得不大力开辟和疏理财源,原属杂税项下不太引人注目的税契收入,竟成为晚清政府的"岁入大宗"。① 另一方面,地方官府也推出新的契税形式,建立起更为严密的赋税征收体系。

在税契的期限方面,乾隆五十四年(1789)也曾"奏准民间置买田房于立契后,限一年内呈明纳税"②。至光绪三十年(1904),仍然强调"光绪三十年以后白契,无论有无县印,如不粘用契尾者,均限一年内,一律赴县投税"③。至宣统年间,财力困乏,急征税契银,"以买契投税期限,原定两个月,为时过长,遂改为限二十日投税"④。违期以匿税追究。在田产交易契税的税率方面,顺治四年(1647)契税的税率定为"每两输银三分"⑤,与明代相同。康熙年间契尾也印有"每两三分为准,不得参差"。光绪以前的诸朝,税率都保持在3%。光绪朝以后,随着帝国主义的侵入和中国半殖民地化程度的加深,清政府对帝国主义列强的赔款剧增。为了筹措巨额赔款,税率大幅度增加。光绪二十八年(1902)定:"每契价一两,于例征税三分外,另征契捐三分,连同正税,共征六分。"⑥ 税率由3%,一跃而为6%。尽管如此,清政府仍然是入不敷出,到宣统时已是一筹莫展。宣统元年,因"财力支绌,苦无良策,唯有各省田房税契……亟需整顿,尚属有益于国",为筹款之一法。⑦ 为解燃眉之急,契税遂再加收三分。这样,每契价一两,税契银为九分,税率由3%增加为9%,为原来的三倍。

除了缩短田房契税的投税时间、提高税率以外,官府还通过各种税契凭证配合使用的方式,清查逋欠赋税,提高征收比率。光绪年

---

① 孙清玲:《略论清代的税契问题》,《福建师范大学学报》2003年第6期。
② 《清朝续文献通考》卷46《征榷》。
③ 《奏牍二:江西巡抚部院胡整顿征收税契告示(章程附)》,《江西官报》1905年第21期,第22—26页。
④ 《清朝续文献通考》卷46《征榷》。
⑤ 《清朝通典》卷8《食货》。
⑥ 《清朝续文献通考》卷46《征榷》。
⑦ 《清朝续文献通考》卷46《征榷》。

第一章 程序与习俗：民间法视野下的江西田宅交易

间，赣县官府在"收除同票"的基础上，还刊行了"赣县房产契式"和"赣县有粮契式"两种带有地方色彩的赋税征收样式，这固然可以看作是官府为业主的土地所有权提供一个有法律效力的凭证，但是，这种做法的直接目的，在于帮助官府掌握并明确土地所有权归属信息，其着眼于维持自身运行的赋役征收，为"惟正之供"的田赋征收提供保障作用，正如民间白契交易中对"丢粮"的重视程度远胜于"漏税"，官方对于民间契约行为进行干预的最终指向，是要确保其对于土地产出可以征得税赋。

在光绪八年（1882）二月赣州《许道傧杜卖田塘租耕四联》中，包括一套4联，含正契、契尾、赣县有粮契式和收除同票各一张。一般而言，正式的交易有正契和契尾（官契根）即可完成纳税过割的所有程序。但是，在许道傧将田杜卖给谢良玉的过程中，先是双方签订正契，载明"今因要银另置别业"，将父手遗下兄弟分授己分早田塘租耕共七坵，塘二口，共计已租十七担六斗正，皮骨归一以纹银一百一十七两正的价格杜卖给谢良玉，"所有田上秋粮照依上手，额载实征银七钱七分四厘肆，割归谢宅户内自行完纳"。同时，谢良玉完纳税额，在其契尾中载明"遵例每两纳税银三分，上纳税银三两五钱一分"。按照一般的交易习惯，许道傧与谢良玉之间的此次交易即宣告完成，但是实际上，这次交易还有"赣县有粮契式"和"收除同票"两份法律文书。

在《赣县有粮契式》[①]上的"赣县正堂谕"中，解释了"收除同票"这一文书样式的由来："赣县正堂谕：照得买产，例应投税过割，以清赋粮。乃近来每多匿契不税，割粮不清，因此控告之案不一而足。现奉抚宪批允，通饬认真查办，兹经本县拟定契式除同编为一联，嗣后买业，务须遵用契式投税割粮，倘有空留年月、价银以及四至、亩分、卖主、中保，不准书押，如违，提究。特谕。"赣县正堂的谕令明确指出，颁发"赣县有粮契式"的直接原因就是"近来每多匿契不税，割粮不清"。对政府而言，要求民间"买产"例应"投税"，目的非为契税而已，而是为

---

① 《赣县有粮契式》，契约照片参见第一章第五节对清代契约形制演变的介绍。

了"过割（推粮过户）"，这样"皇粮国赋"才有依托；反之，民间买产者"多匿契不税"，目的不仅为了"漏税"，而且可以"丢粮"。而"本县拟定契式除同编为一联"之"契式"，即是"赣县有粮契式"和"赣县房产契式"，"除同编为一联"即创设"收除同票"这一新的文书样式，其目的还是为了加强契税管理、督促交易者即使投税割粮，防止国家财税流失。江西省博物馆藏最早的"收除同票"为同治元年（1862）十二月赣州《高乃滨杜卖早禾田三联契之收除同票》，由此可以推断，"赣县有粮契式"的出现时间应该早于收除同票的出现时间。

"赣县有粮契式"和"收除同票"是赣县地方官府为杜绝白契交易、提高田房契税的征收率而采取的措施，"江西官契根"的颁行和刊印则说明清末省一级政府对田房契税管理的强化。在清光绪二十七年（1901）十二月《赣州谢世模杜卖田塘租耕三联契》中，就包括一套3张，即含1张光绪二十七年十二月二十三日的本契、1张光绪二十七年十二月二十三日的赣县有粮契式、1张光绪三十三年五月颁发的江西官契根。如前文所言，本契与收除同票、赣县有粮契式的组合使用，表明官方对田房契税管理的加强，而《江西省官契根》则表明江西布政使司对田房契税的关注："照得民间买卖产业，例应过割投税，如有隐漏逾限，即应追半价入官，况所置各产，均为子孙世守之业，尤宜以印契为凭，以垂久远。现经设立清理田赋税契总局，拟定章程，详奉督抚宪批准设局办理。"其后介绍了官契根的填写方法，并罗列条款，敦促民间"赴地方官衙门遵章投税，宽免究罚"。并规定"嗣后民间管业，均以官契纸为凭，如有再不投税粘根，仍执白契管业者，一经查出，或被告发，定将该项产业照例充公"①。由江西布政使司设立"清理田赋税契总局"办理相关事宜也即是明证。②

---

① 《江西官契根》，契约照片参见第一章第五节对清代契约形制演变的介绍。
② 从光绪三十三年（1907）五月江西省布政使颁发给谢世柄的江西官契根可以看出，早在光绪三十三年（1907）五月之前，江西清理田赋税契总局就已经成立。刘增合《由脱序到整合：清末外省财政机构的变动》（《近代史研究》2008年第5期）认为江西省将该省原有的清赋所改为清理田赋税契总局是在1908年前后，其论断并不准确。

民国时期，政府对田房契税的管理更有强化的趋势。北洋政府于1914年颁布契税条例，规定税率买契9%，典契6%，另收契纸费为每张5角，故江西省博物馆藏许多清代契约文书，都粘贴有民国三年（1914）"查验证书"，就是北洋政府颁布契税条例，加强契税征收的见证。到民国十六年（1927），南京国民政府公布验契暂行条例及章程，契税作为地方收入之一，与田赋、营业税成为地方三大税源。[①] 因此，江西省博物馆藏许多清代契约文书在粘贴民国三年"查验证书"的基础上，又附上了民国十八年的"验契证书"，演变成三联契。契税的地位从清代的"杂税"，提升为正式的税种，民国时期的"推收证书"也就成为国民政府加强赋税管理的见证。

从直观上看，清末出现的"私除同字"与"收除同票""赣县有粮契式""江西官契根"构成了晚清以来民间与官方两个不同的赋税系统，表现出官方与民间对税粮的争夺。对民间个体家庭而言，缴纳赋税终归是一种经济负担，作为赋役的实际承担者，自然是希望这种赋役负担越少越好。而对官府而言，出于财政的压力和政府缺乏对于民间户口、田地的控制能力，故政府将赋税征收与契税制度结合起来，试图将田房契税牢固的控制在手中。但是，如果换一个角度思考，从政府本身的社会管理职能来看，官府通过加强契税管理的方式，颁发合法的执业凭证，保障业主的合法权益，这对于业主管业来说，未尝不是一件好事；同时，地方政府颁发具有地方特色的税契文书，也是地方政府运用法律手段、强化行政管理职能的凸显，显示出近代社会的新特点。

第五节　清代以来江西田宅文书制度的演变

广义的契约文书，包括私人土地所有权的占有、租佃、买卖、典

[①] 财政部税政司地方税处：《地方税：税政与征管》，东北财经大学出版社1995年版，第143页。

当、阄分以及银钱借贷、商业合股组织和人身过继、买卖等项目的契约字据。狭义的契约文书，主要指地契，大致是先民依据各地村落约定俗成的习惯，自行签订的文书。在法律性质上，它们属于民法所谓的民间私法，或称习惯法。一般而言，这些契约在签订过程中，并未经过官方公开认证的程序。通常只是由当事人在买卖、典当或阄分田产之际，聘请中介人士或代书拟订合约，经过签字画押的手续，即算完成契约行为。由于此类契约都有中人见证，遇有纠纷发生时，可资调解，因此在多数情况下，足以保证双方履行契约的规定。为此，传统农村社会和地方官员普遍承认这些契约的有效性，将它们视为仲裁有关土地产权纠纷的重要凭据。

中国的契约文书历史悠久，宋代时，对契约的管理已臻完善。[①] 明清的契约文书制度更加严密。以清代为例，在税契手续上，较以往历代更严格。以往民间税契一般由买卖双方共同赴县办理，清代税契时，"置买田产人等，务同里长及卖产人赴县"，方可办理税契手续。从清初至清末一直沿用契尾。契尾是税契的主要依据，同时又发展出"官契纸""官契根""买契""卖契本契"等新的契约样式。

一 清初契约文书制度的恢复

满清入关伊始，就承袭和恢复了明代税契制度。顺治、康熙年间的契尾，在史籍中有不少记载。清朝政府在入关以后，规定"凡民间执契投税，官给司颁契尾一纸，粘连钤印，令民间收执为据"[②]。顺治四年（1647），又明令"凡买田地房屋，必用契尾，每两输银三分"[③]。康熙四十三年（1704），复准"田房税银，用司领契尾，立簿颁发，令州县登

[①] 在田宅交易方面，《宋刑统》卷13《户婚律·典卖指当论竞物业》规定"及卖田宅……皆得本司文牒，然后听之"。在债务方面，"明立要契，依契约分"（《宋会要辑稿·食货》）在法律效力上，"（凡）交易有年，官司定夺，止凭契约。考察虚实，则凭文书"。（《清明集》卷9《质库利息》）

[②] 《皇朝文献通考》卷31《征榷考六·杂征敛》，文渊阁《四库全书》，第632册，第652a页。

[③] 光绪《钦定大清会典事例》卷245《户部·杂赋》。

填，将征收实数，按季造册，报部查核"①。据同治《万安县志》记载"田房税契，原无定例尽收尽解。康熙五十七年，颁行契尾"②。据卞利的研究，从学界收集的安远县永安坊两张土地买卖文契实物来看，康熙四十三年以后江西实行契尾之制应当属实。这两张契约分别订立于康熙二十三年（1684）和康熙五十九年（1720），契上皆钤有用满、汉两种文字镌刻的安远县政府朱红大印，说明这两张契约都是经官府征税后而为法律所认可的"赤契"。③

二 雍正至乾隆年间契约文书的形制变更

康熙年间出现的江西契尾，至雍正时期仍然继续使用。雍正四年（1726），"又覆准申饬各省布政使严饬该地方官，凡典当田土，俱用布政使契尾。该地方印契过户，一切赢余税银，尽收尽解"。④ 雍正五年规定：自雍正五年以后，"凡民间置买田房地土一切税契，务须粘连布政使所发契尾，州县官钤印，给业户收执。如无契尾者，即照匿税例治罪。其该管州县衙门将所收税契银两据实造报，倘仍只用州县印信，不给契尾粘连，及以多报少者，察出照侵隐钱粮例治罪"。⑤ 雍正六年规定："布政司颁发契纸，转发纸铺，凡有买卖田产，俱令赴布司颁契纸填用，不许仍用白契交易"。江西于雍正七年（1729）开始实行契纸、契根之法。在馆藏雍正十年（1732）《广昌县张步周卖金砂里上陌庙前等处水田契》（图1-3）中，其契约的前部钤有骑缝章，已经可以明显地看出雍正时期契尾在土地、房产交易中广泛使用。

但是，雍正初年的税契制度在推行之后，不久就弊端丛生，"行之既久，书吏贪缘为奸，需索之费，数十倍于前，徒饱吏役之壑，甚为闾阎之累"，清世宗察觉这一弊端后，于雍正十三年谕令："嗣后民间买

---

① 光绪《钦定大清会典事例》卷245《户部·杂赋》。
② 同治《万安县志》卷4《食货志·外赋·田房税契》。
③ 卞利：《清代江西的契尾初探》，《江西师范大学学报》1988年第1期。
④ 《雍正朝大清会典》卷53《课程五·杂赋》。
⑤ 《雍正朝大清会典》卷156《律例七·户律二·田宅》。

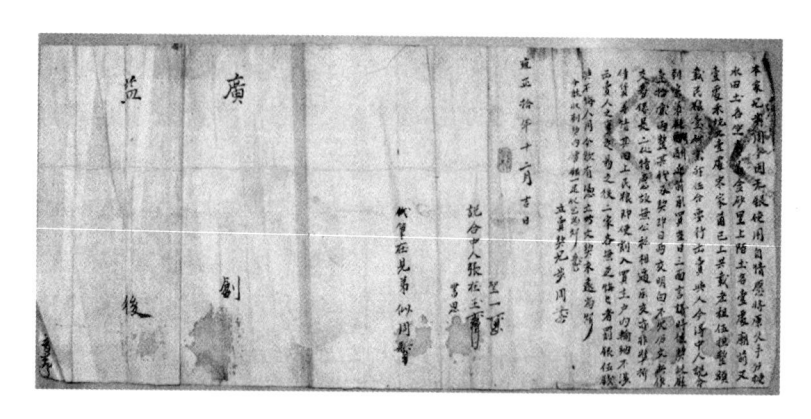

图1-3 雍正十年《广昌县张步周卖金砂里上陌庙前等处水田契》

卖出房，仍照旧例，自行立契，按则纳税，地方官不得额外多取丝毫，将契纸、契根之法，永行禁止"①，江西遂停止了契纸、契根之法，改用旧例税契。

乾隆年间，田房契约的契尾时用时停，"至乾隆元年，奉旨停用契纸。乾隆二年，于请复契尾之旧例等事案内，凡买田产业户将契投印粘给司颁契尾执据。乾隆十九年，奉布政司详议照下江官契之例，设立绝卖及典卖活契各式颁县，饬令遵照刊刷发卖，听民分别交易赴买填用"②。同治《万安县志》的记载也可与之相印证："田房税契，原无定例，尽收尽解。康熙五十七年颁行契尾，雍正四年停止，七年复颁，十二年复停。乾隆二年复颁，十五年新颁一联契尾，其从前三联契尾概行停止。"③ 可见，雍正至乾隆年间是清代税契制度，经历了一个较为复杂的变革时期。与之相适应的，乾隆年间，江西地区的契约文书样式屡有变更，"田房契税，雍正六年于特参违旨悖恩等事，案内奉布政司颁发契纸转发纸铺，凡有买卖田产，俱令赴买司颁契纸填用，不许仍用白契交易。至乾隆元年，奉旨停用契纸。乾隆二年于请复契尾之旧例等

① 《皇朝文献通考》卷31《征榷考六·杂征敛》。
② 民国《重修婺源县志》卷10《食货三·杂税·田房契税》，《中国地方志集成》本，江苏古籍出版社1996年版。
③ 同治《万安县志》卷4《食货志·外赋·田房税契》。

第一章　程序与习俗：民间法视野下的江西田宅交易

事，案内凡买田产业户，将契投印粘给司颁契尾执据"①。乾隆时期的具体做法，反映在契约文书中，就是继续使用康熙年间的做法，在本契上粘贴契尾并加盖骑缝章，馆藏清乾隆五年（1739）十月《广昌县张质聪卖金砂里江背龙兴湾房产契》其尾部盖有"广昌县印"字样满汉印章即为粘贴契尾之后留下的痕迹。（图1-4）

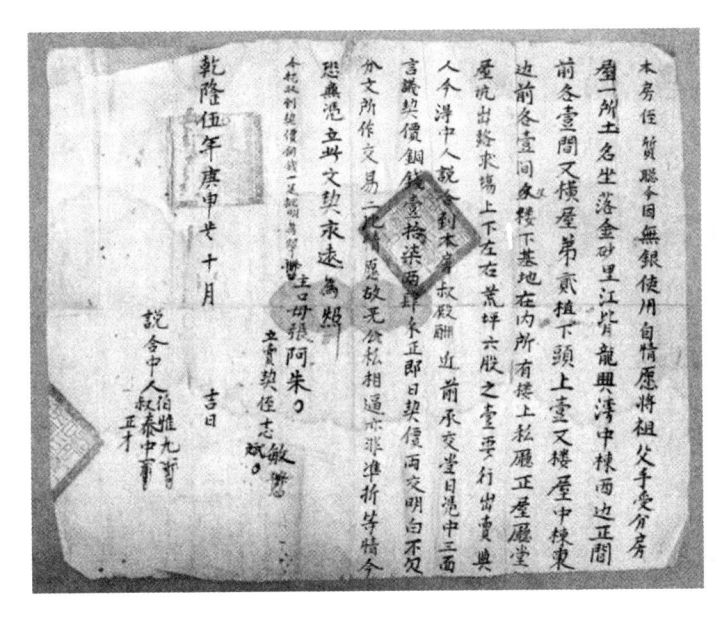

图1-4　清乾隆五年十月《广昌县张质聪卖金砂里江背龙兴湾房产契》

乾隆十五年（1750），江西"更定税契之法"，规定"新颁一联契尾，其从前三联契尾概行停止"②。从此，江西布政使司印行并颁发全省使用的、具有统一行文格式的新式契尾。乾隆十五年之后行用的新版契尾为花边栏，其内容简明扼要，行文流畅。契尾包括以下几个方面的规定：（一）契尾由江西布政使司印行、颁发，分前后两半幅。（二）规定了对业户逃税、官吏舞弊的惩罚方法，（三）规定了统一而固定的

---

① 民国《重修婺源县志》卷10《食货三·杂税·田房契税》。
② 同治《湖口县志》卷3《食货志·额征》，清同治九年刻本。

征收税率，即"每两纳税银三分"。这一契尾格式，规定了税契、填契、粘契规则，并规定"如有隐漏不用契尾，依律治罪，追价入官。书吏不许勒索、留难、滋弊。倘该州县不粘给契尾，私用印信，察出严揭详参，禀遵毋忽"。具有统一行文格式的江西地区的契尾，其刊行时间稍晚于直隶（乾隆十四年十二月十九日），略早于闽北（乾隆十五年五月廿四日），其内容比闽北的简略，比直隶的详明，堪称是当时全国各布政使司颁行的契尾中较好的一种。① 馆藏实物有清乾隆三十六年《广昌县谢山璞卖田契尾》（图1-5）

该契尾幅面59×36.5厘米。这是江西在乾隆十五年新规实行后印制的第一批契尾，保持了明代契尾的遗风。明朝末年使用的契尾较大。该契尾与崇祯六年（1633）的契尾大小相仿，这也说明江西的契尾在百余年内没有大的变化。与同期全国其它地区相比，该契尾的行文更为简洁，边框印翔禽、飞云。官文字体颜、柳兼备，秀美端庄。每字字面约近1平方厘米，清疏便识。可以算得上是一件版刻印刷艺术精品。② 此后，此种契尾一直沿用，如清乾隆六十年（1794）二月谢祖珖杜卖田塘三联契之契尾（嘉庆七年五月发给业户许日升），其契尾款式与乾隆十五年颁发的契尾款式完全一致，但是幅面一下小了许多，纵横仅为51×33厘米。尽管如此，字迹仍保持了乾隆契尾风格，清晰秀美可读。

在乾隆十五年恢复推行契尾后不久，江西布政使司又广泛使用统一格式、统一印刷的"官纸"。乾隆十九年（1754），"奉布政司详议照下江官契之例，设立绝卖及典卖活契各式颁县，饬令遵照刊刷发卖，听民分别交易，赴买填用"③。馆藏现存最早的江西"官纸"是乾隆年间藩宪颁发的广昌县7件格式墨印契纸（即"官版契纸"，俗称"官纸"），幅面为53.5×60厘米。④ 右面印格式套语，左侧印有竖行"奉藩宪颁发""立契之后随即遵例投税毋违"字样，如清乾隆三十年（1765）二月《廖惟

---

① 卞利：《清代江西的契尾初探》，《江西师范大学学报》1988年第1期。
② 刘禄山：《历史碎片啄探——江西民间契约文书考察》，《南方文物》2006年第1期。
③ 民国《重修婺源县志》卷10《食货三·杂税·田房契税》。
④ 刘禄山：《历史碎片啄探——江西民间契约文书考察》，《南方文物》2006年第1期。

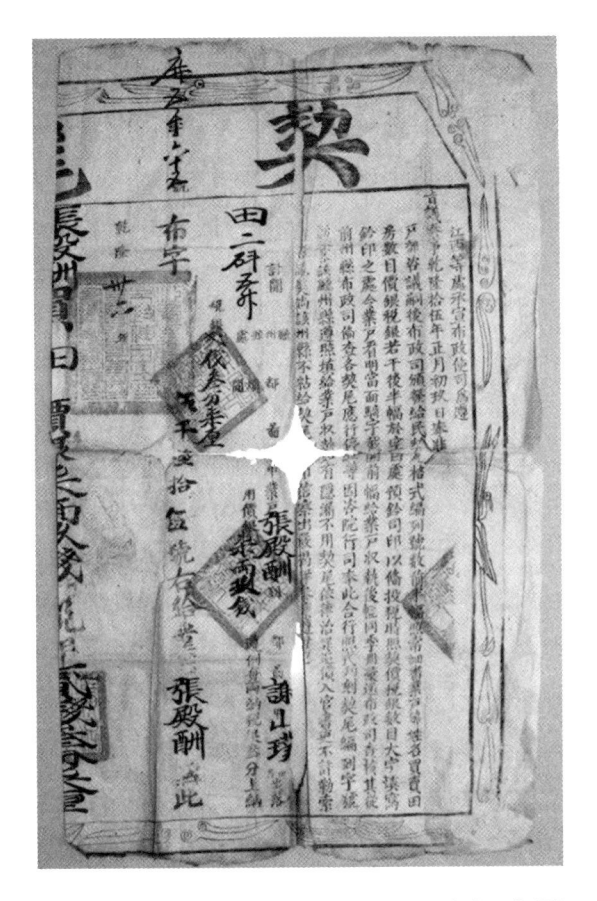

第一章　程序与习俗：民间法视野下的江西田宅交易

图1-5　清乾隆三十六年《广昌县谢山璞卖田契尾》

善绝卖本村桃树圬等处水田官契纸》、清乾隆三十二年（1767）《广昌县王肃南、[王]纲顺兄弟绝卖金砂里上陌等处水田、屋场鱼塘等官契纸》（图1-6）都是此类。另外也有格式稍异者，"官纸"右侧亦为统一印刷之格式内容，但左侧仅有"奉藩宪颁发"字样，如清乾隆三十一年（1766）十二月《石城县石上里联坊图温启周典卖广昌金砂里江背川垅坳水田官契纸》、清乾隆三十年十二月二十七日《廖永宁典卖上陌黄连堰下分等处田官契纸》、清乾隆三十二年三月《石城县温先程兄弟典广昌江背川垅坳田官契纸》等均属后者。

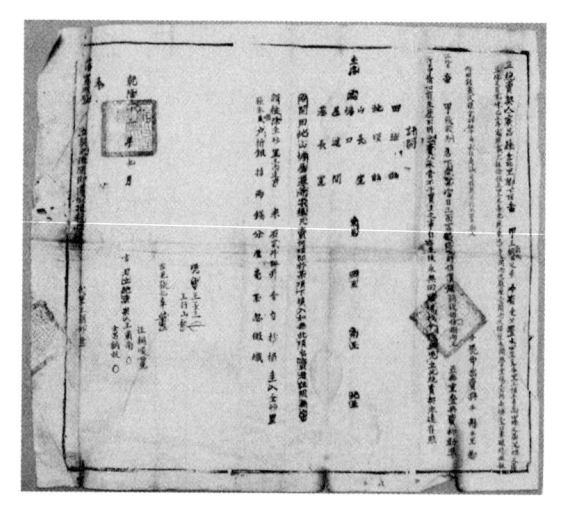

图1-6 清乾隆三十二年《广昌县王肃南、[王]纲顺兄弟绝卖金砂里上陌等处水田、屋场鱼塘等官契纸》

三 清末契约文书样式的变革

清末江西契约文书格式出现了较大的变化,一是对契尾的粘贴、使用重新做了规定,二是在文书样式方面,出现了契约文书形制更加多样化的趋势。

从清初至清末,税率定为"每两输银三分",税率为3%。光绪二十八年(1902)始税率增加过重,"每契价一两,于例征税三分外,另征契捐三分",此时的赋税征收中,白契、漏税现象更加普遍。另一方面,由于清末财政更加窘迫,政府继续扩大税源,增加收入。光绪三十年(1904)规定:"兹查江西征收契税,惟南昌、萍乡、万载、临川、玉山、广丰、铅山、赣县等处稍旺,其余各属征解寥寥,显多未税白契,国课攸关,安容悬欠。况值时事艰难,库藏空匮,京协各饷,新旧债款,既须按年解清,水陆兵糈,俸工杂支,又须随时启动,而添兵练将,兴学育才,以及农工商矿,一切新政,皆须筹款,以图扩充。"为此,江西巡抚衙门在契尾的粘贴、使用方面,"应量予变通,裁除规费,俾得轻而易举,除另定章程,通饬各州县认真整顿外,合行出示晓

第一章　程序与习俗：民间法视野下的江西田宅交易

谕，为此仰阖省士庶人等，一体知悉，自示之后，尔等务将新旧白契，遵照开后章程，赶紧投税，毋省目前之费，致贻日后之忧"，其具体规定开列八条，总的原则，一是禁止隐匿税款，要求按时纳税，一是对"契价千两以上者"进行改革，"今改由该州县粘尾盖印，报府查考。不必再盖用府印，以示体恤"，另一方面，对"从前民间税契，往往有一契尾粘连数契者，嗣后概行革除"①。江西巡抚的此番晓谕，其效果不得而知，但是，地方积极推行新版官契纸，可以视为加强契税征收的新举措。清末契尾上的官文格式虽然未变，但其使用的纸质、刊刻的饰纹和文字的工整度，较之乾隆时期，已经大逊于从前，且其幅面已缩小至 45×27 厘米左右。

光绪三十二年（1906），江西公布《赣省清理税契章程（江西）》，其指出"民间置买田屋产业书契参差，不合格式，且易滋匿减缩之弊"，乃规定："现拟仿照湖南、浙江、江苏、广东等省办法，由司刊就三联官契纸，盖用司印编号，颁发各属。后置买各业，务须随时领用照式填写，遵限两月内投税推收过割，以昭一律而祛弊端……兹拟仿照官契纸办法，由司刊就三联官契根，盖用司印编号，颁发各属，此次定章以前，如有未税白契，限令于张贴告示之日起三个月内，遵章持契赴地方官补税，将官契根粘于原立契后，以为凭据而示区别。"②

在清末新出现的契约格式中，既有由江西布政使衙门刊布、颁发的"江西官契纸""江西官契根"等，也有由地方官府自行拟定的地方性的"官纸"——"赣县契式""赣县有粮契式""赣县房产契式"。

光绪末年，江西布政使司颁发"江西官契纸"，采用版刻印刷，天头印"江西官契纸"（55×46 厘米），左侧印有计开条款，其中指出"照得民间置买田地、山场、屋宇产业，书契多未合格，弊窦即此丛生……如有私立无印契约，或将杜卖作为典押，及本族买卖写为归并、或写退业

---

① 《奏牍二：江西巡抚部院胡整顿征收税契告示（章程附）》，《江西官报》1905 年第 21 期，第 22—26 页。
② 《申报》第一万二千百零九十八号第九版，清光绪三十二年十一月初七日，西历一千九百六年十二月二十二号礼拜六。

拨约等字样，概不准管业为凭。凭中议定价值或银或钱，契内均须填写实价数目，不得任减缩。虽价可少填，而田亩时值可查。如所填之价，查与亩数较少，又与时值不符者，扣留另给官纸，饬换真契。立契后，遵限投税，盖用本地方官印信。如逾两月外延不投税，按户差追究办。业内坐落地名、四至、图甲、田粮、亩数、户名，及完银米确数、现在推收何户、完粮人的名，均须载明"。如清宣统三年（1911）三月丰城《熊子和等卖店房屋三联契之江西官契纸》（图1-7）同期颁发的"江西官契根"又苦口婆心地告诫"所置各产，均为子孙世守之业，尤宜以印契为凭，以垂久远"。即使是天主教堂，也应遵守投契纳税的规定："嗣后教堂置买公产，既由司另给教堂官契纸，以示区别。从前如有私买产业未税白契，不得朦混，补税粘贴此项契根。"其实物可见清光绪三十三年（1907）五月赣州《谢世模杜卖田塘租耕三联契之江西官契根》。（图1-8）

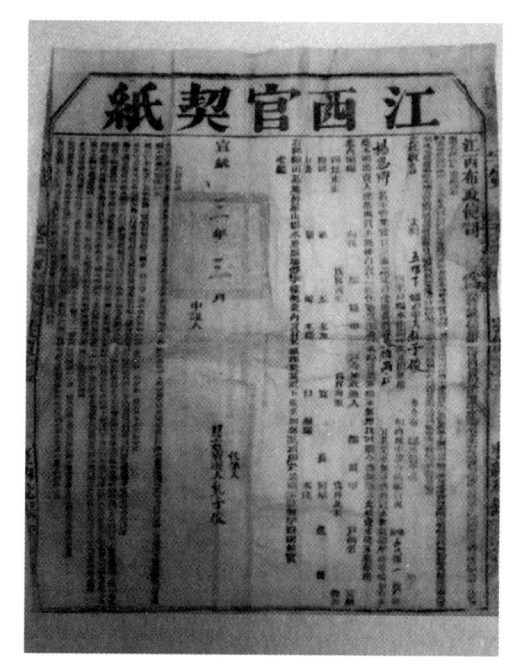

图1-7 清宣统三年三月《丰城熊子和等卖店房屋三联契之江西官契纸》

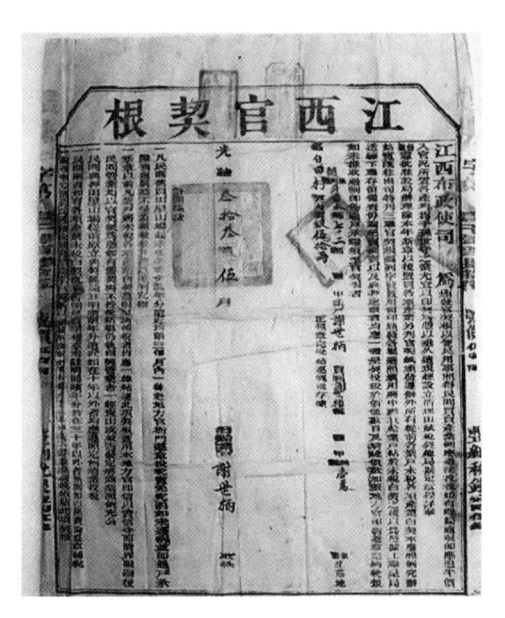

第一章　程序与习俗：民间法视野下的江西田宅交易

图1-8　清光绪三十三年五月《赣州谢世模杜卖田塘租耕三联契之江西官契根》

地方官府印刷的契约格式，以赣县的种类最为丰富。早在同治年间，赣县就开始印刷"赣县契式"。其采用大开版面，四周装饰云龙纹，上端楷书"赣县契式"四个大字，左侧竖刻"赣县正堂谕买卖业户及契中人等知悉：自同治六年为始，嗣后凡有议买□□□□议字赴本县衙门税契科请领此项契式，不准书投人等索取分文，以□式之日起□六个月请印投税，如过期不来请印，除□传纳税外，仍按价罚半充公。如有不□□契式，仍以白纸书写者，除罚半充公外，仍治以故违之罪，或已请契式而不填实□□□□□□者，及其中人等均不准画押，如违，并干提究，特谕"。（见清同治十一年正月《赣县许之梃杜卖田塘租耕三联契之赣县契式》，图1-9）至光绪年间，"赣县契式"又有所变化，去除了四周的纹饰，版面更为简洁，左侧仍然保留了"晓谕"的内容（如清光绪二十七年十二月赣州《谢世模杜卖田塘租耕三联契之赣县有粮契式》）值得注意的是，该"赣县契式"中，"赣县"与"契式"中间的间距很大，留以根据交易内容填写"粮""房"字样。后来，在此基础上有发展出"赣县有粮契式"（图1-10）和"赣县房产契式"（如清光绪二十一年十二月初五《徐是宾杜卖店房三联契之赣县房产契式》）。"赣县有粮契式"和"赣县房产契式"保留了"赣县契式"的风格，其左侧"晓谕"的内容也保持不变，从光绪初年一直沿用到光

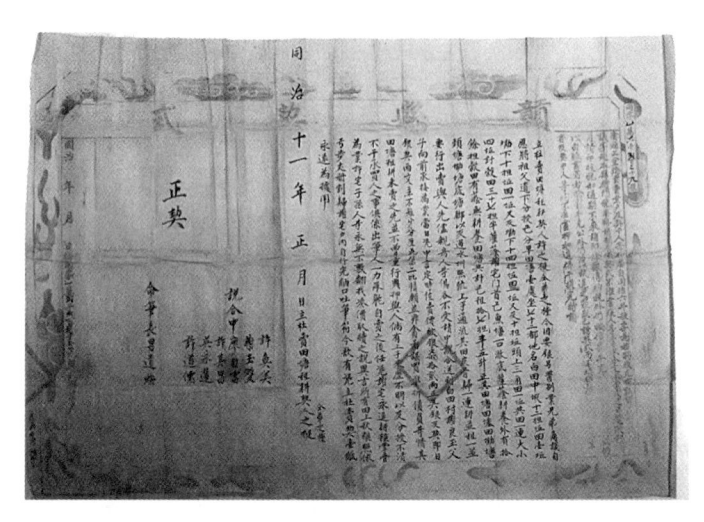

图1-9　清同治十一年正月《赣县许之梃杜卖田塘租耕三联契之赣县契式》

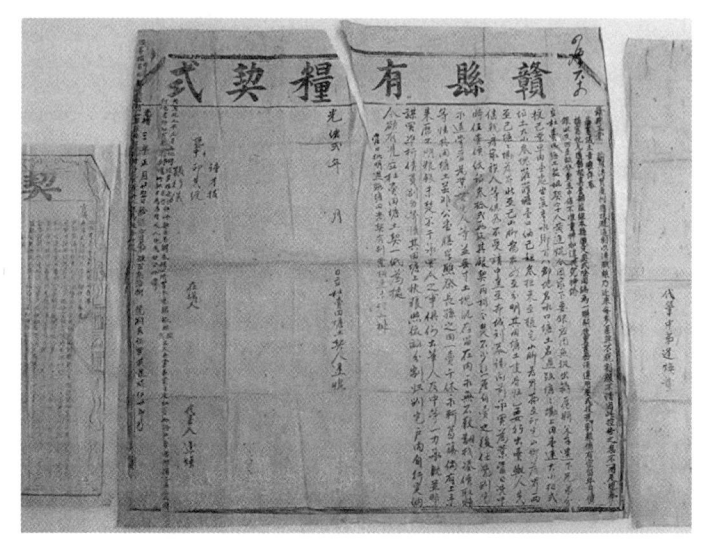

图1-10　清光绪二年《赣州黄逢焜杜卖田塘土三联契之赣县有粮契式》

绪后期，可以推断其在使用的过程中简便易行，因而得以沿用，但字迹远不如江西布政使司衙门刊刻工整，印刷质量也稍逊一筹。

四　民国时期的江西契约文书

辛亥革命之后，政权建立仓促，纪年方式未定，故民国初期的"赣省官契根"上还保留有辛亥革命的痕迹。如《上饶方璧如买田赣省官契根》，此契上印"黄帝纪元四千六百"，为辛亥革命成功后至南京临时政府建立之前这一短暂的时间所印制，但是其使用之时，南京临时政府业已成立，故在契约的时间书写上，墨书"中华民国"四字，以掩盖"黄帝纪元四千六百"之痕迹。

此后，民国渐入正轨，印刷了"赣省官契纸"（民国二年十一月《南昌常清杜卖田三联契之赣省官契纸》）、"赣省官契根"（民国元年十月《上饶张碧馆绝卖田三联契之赣省官契根》）。民国十年（1921）以后，又印刷了"买契"，此后一直长期使用在全省推广使用。（民国十年五月《上饶方御渠绝卖田三联契之买契》）

民国年间长期使用的格式"买契"，左侧采用列表的形式，填写买主、卖主姓名及产业坐落范围、不动产种类、面积、价格等信息，在右侧刊列"计开条规"，提醒交易者应当注意的问题，尤其值得注意的是明确指出"赣省习惯"中的交易问题，是了解民国时期江西地区的交易习惯的宝贵资料。其"计开条规"内容包括"此项契纸用民间置买粮田、基地、房屋、山场、池塘等项不动产，及各教会遵照约章置买教堂公产，一律行用"、尊重民间买、典产业的贴条、插牌、告白习俗、买典粮田者应将纳税额、税粮数目、都图户名写明、买典土地如有矿质在内不得以有契纸为凭、民间典买产业，准于人民添叙事由等。

除以上所述之"赣省官契纸""赣省官契根"和"买契"之外，民国时期江西还有针对清代契约文书的"查验证书""验契证书"。自民国二十四年（1935）起，江西省政府进行土地测量，"采用航空测量，全省八十三县，分为三期测竣，其办法系用斯巴敦式飞机摄制地籍图，采用三角销缩短三角边点长、以资控制改良纠正方法、以利拼接"。至民国二十六年（1937），"第一区之南昌、丰城、高安、东乡、临川、清江、新淦、金溪等县，已测量完竣，计面积二万零二百九十三方里；第二区之崇仁、宜黄、吉安、吉水、永丰、泰和、安福、峡江等八县，亦已测完，计二万零六十三方里。目下正在进行第三区航测工作，同时进行调查工作，先办疆界及地界调查，以供土地登记之参考。至圩地调查，俟举办土地登记时，同时举办，以省时间。经过调查之圩地原图、使用求积器逐圩算定其面积。新建、安义、进贤等县，计算完毕，正在计算清江各县。至于圩地图之作成，向系按照航测圩地原图用摹绘晒制法，每人每日约绘四百五十圩，嗣改用转写印刷法，工作效率增加二分之一"。采用飞机航空测量之土地，其准确性较之前人工测量更为精准，也有可能将该测量成果应用于土地的登记、确权中，规范了土地所有、经营和交易的行为，"凡测量完竣县份，即设县（区）土地登记处，举办第一次土地所有权登记。登记后则发给图册及一管业证，以便照价征税，计税率为千分之十。如南昌全县地价额五千四百三十八万四千一百六十六元，按千分之十，应征五十四万三千八百四十余元，原有之田赋丁漕，即予取消，编造实征册及串票，由保长挨户验串催完，并裁通知单一联，分送业户，依照七月一日、十月一日两限投柜完纳……本省土地经航测后，业权确定，面积严正，税率公平，买卖以管业证为转移，积弊可一廓而清矣"①。因此，在民国二十六年之后颁发的"土地所有权状"上，即有明确的附图——将以往用文字书写四至的方式，配以示意图的方式加以表现，更加准确地揭示该地段的特点。如民国三十二年（1943）十二月《清江县杨惟志土地所有权状（清字第八三七号）》，其内容如下表所示。

---

① 《申报》第二万二千九百四十六号第十版，中华民国二十六年，西历一千九百三十七年三月二十五号，星期四。《赣省土地测量进行，划全省分三区航测，一二两区工作已竣》。

表1-1 民国三十二年《清江县杨惟志土地所有权状（清字第八三七号）》示意表

土地所有权状									
右给土地所有权人杨维志收执钤印：红色方形篆文『江西省地政局印』。中华民国三十二年十二月日	所有权转移登记表				土地标示					江西省清江县政府为发给土地所有权状事，据清江县所有权人杨惟志声请土地权，业经审查无异，准予登记，合行发给状以凭管业，此状。计开 地字第八三七号，为所有土地权告级 半书：清字第八三七号
		所有权转移之原因	四至	地价	地积	地目	地号	坐落	
		承受所有权人姓名	东至北门街，西至危亚庸油，南至危亚庸油，北至芦秋芝及陈根生园	每市方丈二四元，本号地五一一五元	市亩：三亩五分五厘六号；市方丈二一三丈十二尺	宅	八六二号	北门街十三号	
		字号							
		登记年月日							
		登记时间							
		登记机关盖章							
	他项权利纪要				附图					
		权利人姓名							
		权利种类							
		权利价值		（示意图略）					
		设定年月日							
		存续期间							
		他项权利证明书□数							

该"土地所有权状"最大的特点就是记载内容的详细、准确程度远远超过了前代所有的契约文书，这张土地所有权状不仅详细地记载了清代契约文书中包括的坐落、四至和土地面积等内容，而且还记录了该项土地的单价、总价等内容，是研究地价的最直接资料，同时，在土地

所有权状上面，还用"附图"的方式粘贴了该项地产的平面示意图，是民国时期加强土地监管的体现。民国时期各级政府成立了江西省地政局、南昌市地政局、南昌市政委员会地政科和清江县政府地政处等机构，加强对土地的管理，在农村田产和田赋方面，则有县级的田赋管理处专门管理田产交易事宜。在田房契税的征收上，还吸收了西方税制的一些内容，继续征收印花税，规定土地房产买卖、典押契据等，除照例缴纳契税外，还另需贴印花，作为契约、簿据具有法律效力的凭证。可以肯定地说，民国政府在土地的管理手段、管理方法和管理效果上，比清代有了极为明显的进步。

新中国成立初期，江西省各地政府也曾发放过一批土地所有权证，如1951年1月20日南昌市政府发给胡香妹的土地所有权证就载明其编号、坐落、地籍、地目、市亩、市方丈、四至、土地所有权人姓名、签发机关等信息。同时，也对一些民国政府颁发的土地所有权状进行注销，如1952年1月16日，丰城县人民政府就审查注销了原丰城县政府于民国三十三年（1944）一月颁发给杨芝庭的土地所有权状，并在原土地所有权状右下角钤蓝色"审查注销"印章，宣布此土地所有权状作废。

第二章

身份与权利：契约文书中的宗族与社会

第一节 契约文书中的宗族参与

江西是深受宗族势力影响的典型区域，很多学者在不同程度上引用契约文书和族谱为核心材料，从经济史、宗法制、法制史和历史人类学的角度进行了较为深入的研究。① 但是，作为传统中国的重要组织形式，在土地等财产的流转过程中，宗族（家族）力量是如何参与其中，进而影响社会生活、宗族力量在契约文书中又有哪些表现形式，学术界对此问题还缺少集中的论述。本部分拟用江西地区契约文书为主要资料，以土地等财产的流转为例，通过社会学中"参与"这一视角来解读宗族对传统社会的影响。

一 社会学中的宗族"参与"

宗族作为社会成员的群体组织方式，是中国农村社会生活的重要内容，构成了中国乡村社会的根基历史。从总体来看，中国传统社会的个

---

① 许华安：《试析清代江西宗族的结构与功能特点》（《中国社会经济史研究》1993 年第 1 期）；《清代江西宗族族产初探》（《中国社会经济史研究》1994 年第 1 期）；邵鸿：《明清江西农村社区中的会》（《南昌大学学报》1996 年增刊）；梁洪生：《辛亥前后江西谱论与社会变迁》（载梁洪生等《地方历史文献与区域社会研究》，中国社会科学出版社 2010 年版）；谢宏维：《棚民、土著与国家》（《中国史研究》2004 年第 2 期）；李江、曹国庆：《明清时期中国乡村社会中宗族义田的发展》（《农业考古》2004 年第 3 期）；施由民：《明清时期宗族与农村社会控制》（《农业考古》2006 年第 4 期）、《试析清代江西宗族的自治机制》（《江西社会科学》2008 年第 12 期）及《明清时期宗族、乡绅与基层社会》（《农业考古》2008 年第 4 期）。

人生活在家庭所组成的宗族之中。无论是卑幼、家长、房长，乃至族长，都生活在宗族这张大的网络中。在宗族成员人生的每个阶段，都离不开宗族的身影，诸如诞生、婚庆、死丧等人生礼仪，固然是人生的重要节点，却也是宗族大事，是宗族的重要生活程序。宗族中还存在着大量如相互救济与资助一类的公益活动，毕竟"患难相恤"是宗族成员间的义务。至于其他岁时节日的特定祭祀与聚族活动，更是通过祖先祭祀等宗族组织的方式，表达报本的诚心，加强宗族成员之间的情感联系。因此，在这一系列的活动中，宗族对个人而言，如影相随，深刻地影响和规范着每个人的生活。

在传统社会生活中，在某一地方共同生活的人们都是由依血缘关系组成的一个或几个、或大或小的宗族构成的，在他们的祭祀关系、互济关系、生产关系、交易关系中，都有宗族参与的身影。因此，宗族参与是指宗族势力参与和影响个人社会生活过程。在狭义上，它主要是指各宗族势力强势介入个人生活，形成宗族与个人的相互渗透、互为表里的一种基础社会生活格局。在宗族对个人生活产生影响的各类形式中，较为主要和直接的表现就是在个人签订各种契约文书的过程中，不可避免地出现宗族参与。

二 宗族参与的表现形式

在中国古代社会，财产所有权表现为家庭和宗族的集体占有，反映在土地交易中就是拥有所有权的主体是宗族而非个人，因此个人在处理其财产、签订契约文书时，往往需要得到宗族的认可或批准。具体而言，宗族参与契约文书的方式包括作为交易行为的主导者、宗族财产的支配者、交易行为的见证者参与其中。

（一）交易行为的主导者

在个人或宗族财产的处理过程中，宗族往往扮演交易行为的主导者角色，其通常情况是作为交易的说合中人参与到交易行为的具体行动中，或是作为亲邻优先权的使用者，利用"亲邻"的身份，在交易过程中有所行动。

第二章 身份与权利：契约文书中的宗族与社会

1. 说合中人

中人，亦称凭中、中证人，是在买卖关系中充当中介人和证明人的总称。契约文书常常出现"当日凭中三面议价"的字眼，"三面"即卖主、买主和中人。中人的主要作用，一是"说合"，即介绍买卖双方认识，并在此过程中撮合双方的交易，一是为双方提供责任担保，调解可能出现的纠纷，故中人又有"凭中""中证人"的名称。在宗族参与交易活动的过程中，宗族的族长、房长等领袖人物充当说合中人的情况并不少见。在前引清咸丰七年（1857）十月《清江县萧恒照偕弟卖早田契》中，其凭中就有体修公、会春公、□之公、承□公、和春公、晓春公、永兴公、涌泉兄、文承兄、喜和叔、梅芳叔、亮和叔、协和兄、恩照兄、同照兄等十五人之多；而清光绪四年（1878）正月《赣州刘邦仁卖田议字》中，其说合中人有"胞侄文金"以及本家兄弟"邦瑞、文萱、自荏"等人，也多为本家兄弟与子侄。其中较为典型的还有民国十九年（1930）八月十五日《南昌万尚和万尚荣杜卖屋基地契》，万尚和、万尚荣兄弟将房屋基地卖给万尚智之后，还"知会弟妇吴氏"，并且请来"族房洪发、戚友、樊欣林姻兄、罗运生妹丈、姜美廷表弟"等亲属当"凭中"。在这些亲属、族房、族长和长辈充当的说合中人的背后，仍然是宗族势力的强势参与。有论者指出，"目前看到的传统民事契约中，常见'中人'为保、甲、村正副，或宗族期亲尊长，或族邻、地方士绅等等……在相当多的民事活动中，中人的'面子'有很大的效力，所谓'中人'的面子越大，交易成功的可能性也越大"[①]。

2. 亲邻优先权的使用者

宗族成员充当交易的参与者，固然能使宗族财产外流的可能性减少，但是，在交易之前，宗族势力也可以通过利用"亲邻优先权"的方式参与到交易中。据学者考证，最开始的时候是买卖双方进行房地交易、订立契约必须约会卖方田邻，作为证明该地所有权易手的公开形式，以后又逐渐产生了买卖前先须问房亲的制度，并被法律所认可，成为契约交

[①] 梁治平：《清代习惯法：社会与国家》，中国政法大学出版社1996年版，第161页。

易中的一个重要制度。① 地产典卖遵循亲邻优先权，是指在典、卖田宅时，亲族人对欲卖产业有优先购买权，以尽量不使祖产、族产脱离本族，以保证"产不出户"与"倒户不倒族"。在契约文书中，也有不少关于"亲邻优先"的实例，如前引清咸丰七年（1857）十月《清江县萧恒照偕弟卖早田契》中就明确载明"其田未卖之先，侭问亲房、支人等，无人承买，只得浼中说合出卖于仁和叔名下为业"。在宗族之外的交易行为，更加注重亲邻的优先权，如清道光四年（1824）十二月《贵溪陈荣春杜卖田契》中，陈荣春将父手遗下分关内早田卖给张茂传户丁张道隆，也特意注明"未卖之先，请问亲房人等，有钱不愿成交，方行此卖"。其他诸如"其田未卖之先，侭问本亲支本房，无人承受""先侭过亲房族内戚友人等，无人承受"等语句，在江西地区的契约文书中并不少见。以民国三十三年（1944）九月《清江县陈仁安兄弟卖早田契》为例进行分析，兹录文如下：

  立永卖早田文契字人陈仁安、义安、礼安，今因父亲安葬无洋应用，兼之（粮差）紧逼，无处谋办，只得祖母、仁安、义安、礼安四人商议，将父手遗下早田一号，计田三工，坐落长畬早，东至中房全吉田为界，南至全吉田为界，西至水圳为界，北至水圳为界。以上四（至）分明。今将至内之田，未卖之先，尽问春华、济华，无人承买，只得再三说合出卖陈炳生、立生名下为业，当日三面言定时值价洋三千元正。其边当日交清，不少分文，其田即日退下交与买者管业，所卖俱系二比情愿，卖者一力承担，永远一纸收存为据。

  凭中人：保安、春华、济华、三根。

  民国甲申年九月初八日立永卖早田字人陈仁安、义安、礼安（花押）

---

① 叶孝信、郭建主编：《中国法律史研究》，学林出版社2003年版，第351页。

第二章 身份与权利:契约文书中的宗族与社会

在这次交易中,陈仁安兄弟欲行将父手遗下之田产出卖,其优先考虑的仍然是亲邻,并且还在契约中明确地指出了亲邻的姓名:"未卖之先,尽问春华、济华,无人承买"。契约中"春华、济华"与陈仁安兄弟的辈分、亲疏关系虽然未能考订,但是,从春华、济华又在契约中充当中人的情况来看,应该与卖主陈仁安兄弟有密切关系。陈仁安兄弟的交易行为可谓充分考虑到了亲邻的感受。从这一份契约中可以看到,尽管明清时期关于土地交易的法律中,早已取消了先问亲邻的规定,先问亲邻已经蜕化为一种民间习惯,并且在司法实践中对亲邻优先购买权也并不支持,"但先问亲邻作为民间习俗,仍有着强劲的势头,在土地交易中屡见不鲜"①。因此,陈仁安兄弟在契约文书中以写明亲邻的姓名的方式来表明自己已经遵从先问亲邻的习俗,履行了相应的程序,这恐怕也是"先问亲邻"作为强势的宗族参与方式的直接体现。毕竟在民国时期的社会调查中,江西萍乡等地仍存在亲邻优先的强大习俗,"如亲房人等无力承买,方可卖与他人;若亲房人有承买者,即其价额虽较廉于他人,业主不能以有出高价者为理由对抗之,必卖与亲房人,方无异议,俗谓之'产不出户'"②。

(二) 宗族财产的支配者

以墓田(祭田)为代表的众存产业是宗族得以维系的重要物质基础。而众存产业作为宗族共有产业的具体表现形式,在对这些产业的处理中,宗族的参与表现得更为直接和具体。

1. 族长对众存产业的管理

在江西,"通省大半,皆有祠堂之户,每祠亦皆有族长、房长,专司一族之事"③。其中,族长、房长的一项重要职能就是对众存产业的管理。"众存产业是众存公有与房派份额互为前提的业态形式,系宗族内部以房派为主体的血缘性和水平性结合,属于前组织化的产业形态,

---

① 柴荣:《中国古代先问亲邻制度考析》,《法学研究》2007 年第 4 期。
② 前南京国民政府司法行政部编:《民事习惯调查报告录》,第 580 页。
③ (清)陈宏谋:《选举族正族约檄》,载魏源编《清经世文编》卷 58《礼政》,中华书局 1992 年版,第 1480 页。

主要依靠契约关系予以维系"。① 众存产业是宗族进行公共活动的物质基础，因此，很多宗族对此严格控制，不许出卖。反映在契约文书中，就是经常出现"其田土并非公堂、膳学、醮祭、长孙之田"之类的表述。如清光绪二年（1876）《赣州黄逢焜杜卖田塘土三联契》就写明"其田塘土并非公堂、膳学、醮祭、长孙之田，一卖千休，永斩葛藤"；民国三十八年（1949）二月《赣州王钟慧绝卖房屋及基地土坪契》记载，王钟慧"需钱另置别业，率孙商议，将己手所置坐落赣县城内钓鱼台第十一号、第十二号门牌房屋及基地等项，一连两栋，大小二十余间，所有权毫不保留，一并概行出卖与钟永瑞"，也特意在契约中说明，"此业未卖之先，并未重行典押与人，亦非公堂、醮祭、膳学、养老之产，委系己手全权所有"。

反之，如果是宗族出卖共有产业，族长、房长等人物的参与是必不可少的条件之一。馆藏民国三十七年（1948）纂修的《（宜春）双井堂黄氏宗谱》卷首《家规条范》中就明确指出："一、争田谋产，祸机所伏。昔司马温公有云：积金积书不如积德。此格言也。吾宗族宜加惕焉……一、族长、房长，家政所关，必择年高德劭、行端品正者立之，凡我同宗，毋得轻率……一、势涣心殊，遇事多败。凡族众等无论班次大小，惟一以族长房长之命是听，庶事一而有成。"在家规中，族长、房长具有绝对的领导权威，"惟一以族长房长之命是听"。事实上，在宗族众存产业的处理中，族长、房长等人比一般人拥有更多的话语权，比如民国八年九月，南昌黄姓合族将其拥有的谢埠上街口基地一块杜卖与天主教堂，即是由族长黄修祚、房长黄昌发、黄运生等出面主持（《南昌黄姓合族杜卖基地三联契》）。民国九年（1920）五月《丰城杨致和堂卖早田二联契》则体现了族长主导下族人共同参与的众存产业处理情况，其契约写到："立卖早田契字人四坊五十六都一图六/四/九甲上点杨致和堂，今因公费急需，无从出办，只得合族人等商议，情愿将本祠所遗早田两号，共计三工出卖，以济眉急。"此处写明是"合族

---

① 刘道胜：《众存产业与明清徽州宗族社会》，《安徽史学》2010年第4期。

人等商议"，在后面的署名部分，除了家族中的七十七人之外，还特意写明"知委族/房长模四、缀八、蕃生、奇二。族命喜荣代笔、景芳誊稿"。由此可见，在家族共有产业的处理上，族长、房长仍具有绝对的权威。

2. 家产处分中的宗族参与

在家庭的财产处理——尤其是分家过程中，家长也拥有绝对的支配权。一般而言，家庭财产的所有权、管理权、处分权掌握在家长手里，家长是家产的权利主体并拥有固定的财产地位。父亲死亡之后，儿子作为继承人，实行"诸子均分"，兄弟之间可以均等地分得财产。清宣统元年（1909）十一月的南昌胡世生、胡世发等兄弟五人的分关契中，首先写明"情因家口浩繁，谨遵母命，兄弟分居各爨，除存赡养田外，所有田园屋宇作为福、禄、寿、财、喜五字号品搭均分，抽阄为定，以后永无异议，立此分关存照"。除了家产分作五份，平均搭配外，还特意安排"存母亲赡养田五斗坵""坐落乌龟溪耳田一坵，归大房长孙得"。在见证人当中，有"本族绅耆胡永贵、永昌、永凤、益臣、冕南、品金、雨楼。公亲罗世湖、会隆"等人。（清宣统元年十一月廿四日《南昌胡世生、胡世发等分关契》）这一分配过程因为有本族绅耆和亲戚的参与，方显得公平、透明。而民国八年（1919）的《陈氏分关书》对家产的处理方式则是先"将祖留遗并己续置一切家产八股均分，肥瘦互搭，好丑相兼，先书'丁财秀发，丕振家声'八字，后自拈阄以征定数，以杜猜嫌"，其中还"为长孙抽出以为教读婚配之资……另有为母自用存作衣服之资、殁后祭需之资、供奉之资"，其在场人包括亲舅父、姊丈、族人等。（民国八年孟春月《江西某地陈氏分关书》）在具体的分家中，由家中长辈主持、宗族耆老见证、参与的模式，仍然是为了借助宗族的力量，发挥族长等人的强势作用，维护宗族的团结。

在对家产流转处置过程中，也会对此产业日后的流转做出特殊规定，以此保证家产的完整性。如明代歙县地主许懋显在他的"遗言"中规定："倘分析之后，或有兴衰不齐，遗资殆尽，弃产售业，必须卖与本支兄弟、叔侄之辈。改股房产更要凑与共业，不得故意拆卖出售他人，致使同业难保。而共业亲支力可受者，亦不得故意措拒不受。"①在江西地区的契约文书中，也有类似的规定，如清光绪二十九年二月《南昌李韫怀李佩怀杜卖田二联契》中，李韫怀、李佩怀将"父手遗下早民田三号共计一石七斗坵"，"卖与李纲怀为业"，在契约文书之后就特意批注写明"此契批明日后出卖不过外姓之业"。同类的规定也存在于家产分析中，如民国十七年六月南昌某家，"今因账务不给，二老与长、二、三、五、六男商议，情愿将自置基址新造铺屋一间，又西边厅一间，上至桁檩瓦桷……卖与四男衍汜住居贸易管业"，其中特别约定"其铺屋永远不准外卖，永远流芳"。（《南昌（？）父母亲大人大卖铺屋契》）对父母亲而言，将铺屋卖给自己的儿子，并且提出"其铺屋永远不准外卖，永远流芳"，更多的是一种在精神意义上的财富，对于整个宗族而言，其"自置基址新造铺屋一间"，具有一定的象征意义，不准外卖的要求也是为了维护宗族的兴旺，故本契约后还加注吉语"世代兴隆"，表明心迹。

（三）交易行为的见证者

在乡村社会的财产处理过程中，宗族还通过交易行为见证者的方式参与其中，具体表现在作为在场人、见证人和被"知会"的对象行使知情权、监督权。在一般的交易中，族长、房长等宗族领袖和宗族利益相关者，他们可能不是交易的直接参与者，也非众存产业的实际支配者，但是，他们仍然能够通过在场人和见证人的身份，对交易发挥影响。

作为尊长，以见卖人、在场人的身份进行见证是其参与交易过程的一种方式。他们对家产的处理或许没有实际上的控制权，但是，作为该宗族理论上的最高领导者，他们仍然保持着家长的地位。如前引清咸丰七年十月《清江县萧恒照偕弟卖早田契》就曾在契约上批注"见卖祖母袁氏、继母龚氏"。可见，其祖母、继母作为尊长，得到了相应的尊重。再如民国四年（1915）《遂川熊远铭熊远钧卖木梓山场契》中，在

---

① （明）许懋显：《懋显遗言》，藏于安徽省博物馆，藏号26389，转引自刘和惠、汪庆元《徽州土地关系》，安徽人民出版社2005年版，第193页。

场人中有祖元福（远铺代押）、伯奕贵、奕琪、弟远铺、母黎氏、高氏、叔母冯氏等七人的画押。而在民国三十六年（1947）十月《宁都县黄豫泉卖皮骨粮田契》中，黄豫泉将祖遗分授粮田二处出卖，其在场人一项中就包括"家长黄宝、黄明、黄谷、黄豫财"等数人的签字画押。此处"家长"的含义与"族长""房长"有何异同虽不确定，但其作为尊长见证了交易的过程，并行使了监督权则是可以肯定的。

宗族中的尊长和利益相关者也往往成为被"知会"的对象，享有对交易行为的知情权和监督权。在前引清道光四年（1824）十二月《贵溪陈荣春杜卖田契》中，陈荣春欲"将父手遗下分关内早田二号，计苗粮一亩三分正"出卖，就先"知委父陈嘉永"；同样，民国十二年（1923）八月《丰城杨瑞霖卖田二联契》中，杨瑞霖也是"禀告母亲认可"才将"受分祖业"出售，契约上仍注明"知委母亲邹氏"，并有母亲邹氏签字画押。至于其他与所售产业利益相关的亲属，也是"知会"的对象。如清光绪二十五年（1898）四月《江西某县绍仪杜卖土库房屋并地基空地契》中，绍仪"将祖所制遗下己名下，又己所制己名下坐落振邦堂房屋一重"出卖，就曾"知会兄清泉"；民国二十年（1931）九月，《南昌万尚和杜卖田契》，也有"知会上荣、见立弟妇吴氏"的字样，可见，作为兄弟等家族中的利益相关者，他们都有相应的知情权。

三　宗族参与契约文书的意义

在中国古代社会中，宗族组织广泛存在，因而宗族关系是最主要的基础社会关系，也使得宗族占据着极为重要的历史地位。宗族的兴盛发达、持续存在与广泛影响，是中国历史最为显著的特征之一。总体而言，明清以来，随着商品经济的持续发展，宗法关系不断受到冲击而开始松动解体。宗族和宗法的影响力似乎在缩小，个人的自主权不断扩大的趋势。有学者认为，在清初的土地交易中，宗法关系已经开始出现了松弛。① 但

---

① 江太新：《略论清代前期土地买卖中宗法关系的松弛及其社会意义》，《中国经济史研究》1990年第3期。

是，通过对前引清代、民国时期宗族势力参与土地交易契约的分析，可见宗族势力实际上依然一如既往地在不同程度上影响着土地的流转过程，进而控制着人们的生活。

进入民国以后，在新的历史背景下，宗族自身有传承也有变革。前引民国《（宜春）双井堂黄氏宗谱》所拟的《家规条范》仍然在强调"凡族众等无论班次大小，惟一以族长房长之命是听，庶事一而有成"。可见，在强大的传统习俗面前，宗族仍然希望继续发挥着强大的作用，继续强化对族人的约束，以期保持宗族的巨大影响。另一方面，宗族在也谋求变革之道，以期适应社会的发展。如民国《袁州黄氏族董联合会章程》，就包括了名称、会址、宗旨、组织、族董的产生方式、任期、任务、宗祠公约等内容：

黄氏联合会章程：

第一条：名称：定名为黄氏族董联合会。

第二条：会址：设于袁州王子巷万丰荣内。

第三条：宗旨，从敬宗收族，提倡道德，除莠安民，和睦乡里，共谋一族应兴应革事宜为宗旨。

第四条，组织：本会董事人数以十三人至十五人为限，董事由各房各支推举之。推定后应互推二人为正副主任（下为任职资格，略）

第五条，任期……

第六条：任务……

……

第十一章，宗祠公约。

第四十条，本祠特订立宗祠公约如左：一要□伦崇德；二要互助合作；三要敬长慈幼；四要休戚相关；五要爱护同宗；六要服从政令；七要和邻睦族；八要忠党爱国……

从这一章程的内容来看，袁州黄氏族董联合会在名称、宗旨、会址、组织形式、选举制度、任期制度、纪律制度等方面，已经初步具备了现代社团的色彩。

总之，宗族势力参与并深刻地影响着个人及其社会生活。在契约文书中，宗族的影响有着尤其鲜明的体现，宗族势力在契约文书的签订过程中发挥着或显或隐的作用。因此，在解读契约文书中所具含的历史信息时，不得不考虑宗族参与问题，如此方能更好地把握宗族与个人的相互渗透、互为表里的社会生活格局，进而把握中国基层社会历史演变的特点。

第二节　立契人身份变化与社会变迁

契约文书是研究民间基层社会的第一手资料，日益受到国内外学术界的重视。其中不少论著考察了契约文书的要件，指出其包括立契人、出卖理由、标的来源、契约标的、契约交易种类、对价、买受人、交付、权利瑕疵保证、中人、契末署押、契尾等12项内容。① 立契人在民间契约文书中属于必要要件。但是，并不是任何自然人都能成为契约文书中的立契人，法律、习惯等都对成为立契人的条件有所限制，只有能对自己的行为、财产有自主权，且能提出自己的意见，通过文书表达出来的人才能成为契约文书的立契人。

一　"户丁"与个人独立立契的自由

户丁，泛指丁口。《六部成语·户部》"户丁"条原注："通族中之丁口也。"户丁是对一户或一族中之所有壮丁统称户丁，如各卫所之军户，全户之户丁中，仅一名为正丁，余为闲丁。② 从明一条鞭法到清"摊丁入地"的过程中，国家对"户"的重视减退了，等级化的户役逐渐变为等级化的丁役制度。这就使"户"，完全失去了财政上的直接意

---

① 王旭著：《契纸千年——中国传统契约的形式与演变》，北京大学出版社2013年版，第42—43页。
② 李鹏年等编著：《清代六部成语词典》，天津人民出版社1990年版，第154页。

义。可以说，"清代的'户'，是官方赖以实现赋税征收的一个环节；是人民通过在其中定粮纳赋、获得官方承认的合法社会地位与合法土地所有权的一个阶梯，只是业主向国家纳税、从而取得合法营业的执照、户头"①。

但是，即便"户"的实际赋税意义已经消亡，"户丁"作为社会等级的标志和人们从事合法经营的身份，仍然残留在社会生活中，"户逐渐演变为宗族组织的代名词。"②反映在契约文书的立契人中，就是出现了诸如"某某户丁某某"的契约书写形式，意思是"某户下的成丁某某"。如清道光四年（1824）十二月江西贵溪县《陈荣春杜卖田契》，陈永盛户丁荣春，"因无钱使用，将父手遗下分关内旱田二号计苗粮一亩三分正"，以"契价足制常钱四十九千文正"，卖给"张茂传户丁张道隆"。贵溪县清光绪六年（1880）八月《张珍发户丁张正典杜卖山契》也记录说："立杜卖山契人七十都二图九甲张珍发户丁正典，今因无钱用度，自情愿自手续至山一张……凭中说合出卖与都图甲张芳盛户丁正树边为业"的表述方式。此外，有的时候，作为会社或者宗族资产的出让，更是明确写出"户丁"的姓名，如贵溪县清光绪三十年（1904）二月《璩简挍、丙吉等杜卖田契》的立契人就是"璩叠兴户丁任庆会首士简挍、丙吉、炳文、吉埌、添柱、添益等"，经他们共同商议，将"上手遗下旱田一大号，计官粮一亩正"，以"足色纹银四两正"的价格出卖。由此可见，在户丁制度下，"户丁"要参与交易，其作为契约的立契人参与时，都是被冠以"某某户丁某某"的形式，即使其经济实力、社会影响力达到一定的水平，能够买入、获得他人的产业，同样还是以"某某户丁某某"的身份参与交易。不管是卖出还是买入，"户丁"的身份——即作为"户"之一部分，其经济独立性收到"户"的制约，只能通过立"户"的地主或宗族，与"国家"发生关系，其契约才被认可，从而

---

① 张研：《清代经济简史》，中州古籍出版社1998年版，第194—195页。
② 郑振满：《明清福建家族组织与社会变迁》，湖南教育出版社1992年版，第248页。

第二章 身份与权利：契约文书中的宗族与社会

得到国家对其权益的保护。

但是，由于商品经济的发展和人口、土地流动的加速，"户"对个人的约束力也越来越小，在更广阔的时空范围内，"某某户丁某某"的契约书写形式变得很少见，更多的是直书其名的书写方式，个人的独立意识也越来越强烈。在现存的明清契约文书中，绝大部分文书声明："其田系是自置物业，与亲房伯叔人等各无相干"，或谓"其田系承父遗授物业，与亲房伯叔人等各无干涉"，立契人已经具有强烈的"私有"观念，认识到这些"自置物业"，或"分定之业"，或"遗授物业"，是自己的私有财产，自己具有完整的财产支配权，与亲房人等"各无相干"。即使交易过程需要瑕疵担保，立契人也会强调："倘有亲房内外人等异说，俱系卖人承当"，或说"倘有来历不明及内外人声说等情，俱系卖人一并承当"。这里所反映的无疑是立契人自我意识的增强，他们参与交易、签订契约文书，并且以独立的身份完成，获得了独立参与立契的自由。

二 女性成为立契人的独立主体

在古代契约中，成年男子具备完全的行为能力，对财产和人身具有自主权。但是，女性的地位却相当低下，妇女甚至可以成为交易的对象，如"嫁卖生妻"是在刑案中经常见到的一个名词，指婚姻存续期间，丈夫嫁卖妻子的行为。在民间，尤其是在下层百姓中，一旦发生变故，或遭遇不测，卖儿卖女现象不绝于史载，那么妻子也就自然成为可以买卖的对象。如民国二十七年（1938）江西地区的《袁早生出妻结债清单》就指出："因染足疾，出妻结债"，后开列丈夫袁早生欠个人的钱款数目，如"黄桂友、闵边、牛边共八十元另四角，折得洋边三十三元正……士球娘子，存洋边十三元正"。袁早生因病欠下债务，只能将其妻卖与别人，其遭遇真实地凸显了底层人民生活的辛苦，也折射出妇女地位的低下。

此外，女性其对男子的人身依附性极强，虽然有民间契约实践中出现一些女性立契的现象，但是女性作为立契人的独立主体，总体而言还

· 103 ·

较为少见。在民事契约实践中,只有出现了一些特殊的情形下,女性才可以作为独立出契人——只是对寡妇等特殊情况,女子才能行使立契权。如民国五年江西南昌《余庆堂袁罗氏袁范氏杜卖房屋及地基二联契》中,袁罗氏、袁范氏杜卖房屋地基的理由,是"遵照先夫变产还债之遗嘱,"才将"平屋六重、又地一块"出卖。试想,要是没有其"先夫变产还债之遗嘱",袁罗氏、袁范氏两人还能自由处理其财产吗?因此,寡妇的这种身份是代替丈夫行使财产支配权,这种立契人的身份,也是基于家庭尊长或依附男子(丈夫)之身份才能享有,其作为立契人的权利是不完整的。

随着社会的发展进步和男女平等思想的传播,晚清民国以来,越来越多的妇女通过斗争,取得了人身自由,也获得了独立参与签订契约文书的权利。如民国二十六年(1937)江西南昌《万根秀立自由字》,反映了一个名为"万根秀"的女子获得人身自由的艰辛历程。"南昌澹台门万启林之女,乳名长子,别名庚秀",因被拐卖,"带往丰城候塘岗鄢洪喜家口请媒择户出嫁,不料住了两月之久,无有相当门户",最后通过"自卖自身,亲身择到丰城第五区升第一保尚庄墟九甲宋大鹏名下为一子口挑之妻",挑选到自己满意的丈夫,获得自由。而民国三十一年(19442)江西清江县《黄细妹脱离家庭关系字》则反映出黄细妹在丈夫去世之后,敢于跳出封建家庭的勇气,"立脱离家庭关系字人黄细妹、杨维志等,情因黄细妹自幼嫁与杨荣富为妻,丈夫早年亡故,终生无靠,上无父母,下鲜兄弟,兼之衣食无着,祇获邀请在场人与堂侄杨维志一致妥议,甘愿补出烧化费法币六十元正,永远脱离家庭关系……嗣后杨姓之家庭财产黄姓不得往来过问,黄细妹自由婚配,杨姓亦不得干涉,倘有一方提出异议,甘受法律制裁,恐口无凭,立此脱离家庭关系字二纸各执一纸为据"。这些民国时期的女性,在法律的保护下,通过契约文书的方式,并且在契约文书中作为自由的主体参与立契,充分反映出社会变迁背景下妇女斗争意思的觉醒和对独立、自由的争取。

第二章 身份与权利：契约文书中的宗族与社会

三 宗族对众存产业管理的弱化

在传统社会，多半都有家族、宗祠之类的宗族组织和为数客观的众存产业。所谓宗族众存产业，"是众存公有与房派份额互为前提的业态形式，系宗族内部以房派为主体的血缘性和水平性结合，属于前组织化的产业形态，主要依靠契约关系予以维系。"① 众存产业是世代相传的族产，是家族宗法制度的产物，也是宗族最重要的物质基础，因此，很多家族对此严格控制，不许出卖。反映在契约文书中，就是不断强调"其田土并非公堂、膳学、醮祭、长孙之田"，以表达交易的合法性。如清光绪二年（1876）江西赣州《黄逢焜杜卖田塘土三联契》就写明"其田塘土并非公堂、膳学、醮祭、长孙之田，一卖千休，永斩葛藤"；民国三十八年（1949）二月江西赣州《王钟慧绝卖房屋及基地土坪契》中，王钟慧"需钱另置别业，率孙商议"，将己手所置房屋及基地等项出卖与钟永瑞，也特意在契约中说明，"此业亦非公堂、醮祭、膳学、养老之产，委系己手全权所有"。

尽管土地契约中几乎都声明所卖土地"并非留祭之物"或"非祖尝之物"，但实质上家族众存产业买卖已公开化。宗族通过多种途径典买田地，不得典卖族内成员田房的规定，也被突破，族田进入市场之势不可遏止。民国九年五月，丰城《杨致和堂卖早田二联契》则体现了族长主导下族人共同参与的众存产业处理情况，其契约写到："今因公费急需，无从出办，只得合族人等商议，情愿将本祠所遗早田两号，共计三工出卖，以济眉急。"此处写明是"合族人等商议"，在后面的署名部分，特意写明"知委族/房长模四、缍八、蕃生、奇二。族命喜荣代笔、景芳誊稿"。由此可见，在家族公共有产业的出卖上，族长、房长也不能阻挡。更有出卖祖先坟地的契约，如民国九年（1920），朱宽十等就将"祖手遗下坐落地名西头山山地二棺，每棺拜台三尺，"以龙洋十元的价格出卖（《朱宽十、朱伯二、朱信五杜卖阴基地契》）；民国

---

① 刘道胜：《众存产业与明清徽州宗族社会》，《安徽史学》2010年第4期。

·105·

十五年（1926），江西新建县的颜荣公子孙也"缘因张家栽粮用费不敷无处借办"，将祭田出当与颜儒品（《颜荣公子孙等当屯田及取赎契》）。到晚清、民国时期，宗族众存产业流入市场的趋势大为加速，一方面活跃了土地交易市场，加速了土地产权流转速度；另一方面使原本成规模的宗族众存产业不断分崩离析，为土地的分散化经营提供了条件。这些情况的发生，与宗法关系萎缩，个人的地位和作用的提高是密切相关的，有利于削弱宗法关系在土地买卖中的束缚作用，使土地买卖能在更大范围进行，让更多的人在限制更少的情况下获得更多自由的买卖支配权。

中国传统社会是典型的身份社会，身份对人们意味着某种权利，同时也受到诸多限制。在契约文书中，立契人主体资格、立契人权利的行使都受到身份的制约，立契人只能依附于群体（宗族），个人并不是社会的基本单位。但是，在近代社会大变革的时代，由于经济、文化、思想的巨大冲击下，社会自主机制和相对独立的"自我"正在形成，主体意识、自由意识、平等意识、竞争意识等自主性品格不断强化，个体通过自己的意志和后天的努力挣脱家庭和群体的既定网络，而为自己创设新的权利义务关系，也获得了更多的权利与自由，因而契约文书中的立契人也越来越多地体现为具有独立意识的个体，展现了时代的巨大进步和社会的深刻变迁。

第三节 冶城彭氏收租票所见清末民初家族与地方社会的互动

收租票是我国明清时期由于土地租赁关系的进一步发展，由官方或民间土地所有者向佃农或土地租赁者出示的一种收据。目前，国内并没有专门研究明清时期收租票的论著，只是在相关的土地契约研究中略有提及。江西省博物馆馆藏近二十件清末民初时期奉新县冶城村收租票，记录了清光绪末年至民国初期收取稻谷的情况，是研究这一时期乡村变革与社会变化的重要依据。

第二章 身份与权利：契约文书中的宗族与社会

一 冶城彭氏及彭氏祠堂收租票概况

（一）冶城的自然环境

奉新县地处江西中西部，属江南丘陵。永乐《奉新县志》载："奉新，古海昏之地，而晋更曰'新吴'焉，在豫章西山之西，越岭之东，山川秀丽，风俗淳美，便工商之业，通物产之利。"奉新县冶城村距县城约32千米，距省会南昌约132千米，冶城村地处南潦河沿岸，地势平缓，水系发达，河流纵横，土地富饶，资源丰富，交通便利，自古以来是奉新农副产品和手工业产品的主要集散地。

南河（旧称南潦河）全长128千米，其中奉新境内达93.3千米，自西南向东北几乎贯穿奉新全境，南潦河冶城段处于中游流域，地势平坦，水流平缓，是冶城对外物流交通主要依靠的重要航道。明清至民国时期，冶城地区所产的干古纸是奉新最有名的土特产，已有数百年的历史，全县造纸工厂在清乾隆六年（1741）至民国二十七年（1938）最为鼎盛，造纸工业遍及冶城周边地区，相传有"千碓万槽"之称。此外，全县的烟丝工场亦集中产地罗市镇冶城地区，从业人员近千人，内外销售额达170多万斤。在繁荣的贸易下，冶城的交通更加繁忙，往来船只甚多，有时多达900条船，20吨大帆船可经由赣江溯流而上，常年通航。冶城在明清时期已经成为南潦河上的重要贸易码头了。

（二）冶城彭氏

彭姓为中国最古老的姓氏之一。奉新地区彭姓氏族是当地的望族，唐玄宗时，为避安史之乱，彭宣彭构云迁居袁州宜春，彭姓开始称盛于江西省境。在今奉新县甘坊镇田南地区仍有一座老宅，宅前后有三进屋堂，两旁立有两座石狮，威武庄严，大门上有一块匾额，上书"彭氏宗祠"四个大字。堂屋中挂有一副对联，上联"李纲罢相，累及外家，忆先世辟地西江，六七族椒衍瓜绵，若江若黄，祸我翻成福我"；下联"至正肇修，迄兹民国，仰前徽发迹南宋，十二次梨灾枣火，即彭即蔡，宗同不必姓同"。可见，奉新彭氏与北宋末年宰相李纲为姻亲关系。另外祠堂内有大量文字记录，包括彭氏合修族谱，重修族谱碑文，彭氏贤达人物列传等二十余篇。

彭氏族谱：彭氏百世派

祖志芳名远	慈贤大业昌	传家敦孝友	报国秉文章
恒念贻谋久	咸思被泽长	居仁承厚道	立品发荣光
忠正维伦纪	义高重烈扬	谦和生瑞彩	敏慎有祯祥
继述能称善	修为定见良	鸿才如特达	秀士迈寻常
圭璧辉金屋	芝兰茂玉堂	熙朝崇硕彦	万载寿安康

详细记述奉新甘坊、上富、罗市（包括冶城）等地彭氏先人的发展脉络及成就。甘坊彭氏族谱中有"谦和生瑞彩，敏慎有祯祥"之辈分，而在《宜春禅宗志》中亦有冶城彭氏子孙名讳的记载："慈云寺，在进城乡（今罗市镇）冶城，彭瑞麟母涂氏捐建。"为瑞字辈彭氏子孙。可以说，彭氏是冶城地区比较有名望的大户宗族。

（三）冶城彭氏收租票

江西省博物馆馆藏冶城收租票共计18张，时间是光绪二十五年（1899）至民国三年（1914）共十六年中两位交租人向彭氏祠堂交租的记录。如下表：

表2-1　　　　　　　　冶城收租票简况表

序号	交租人	时间	数量	田地名称	备注
1	邹德昌	光绪二十五年拾月十三	叁石贰斗五升	慈云	
2	邹德昌	光绪二十六年拾月初五	贰石捌斗	慈雲	
3	邹德昌	光绪二十八年十一月初三	三石〇八升半	慈雲	
4	邹德昌	光绪三十二年十月十三日	贰斗三升	慈雲	
5	邹德昌	光绪三十二年十月十三日	三石〇斗六升	慈雲	

第二章 身份与权利：契约文书中的宗族与社会

续表

序号	交租人	时间	数量	田地名称	备注
6	邹德昌	宣统元年十月二十五日	叁石叁斗	慈雲	其中新租贰石七斗零半升，旧欠五斗零半升
7	邹德昌	宣统二年十一月九日	贰石九斗十二升五合	慈雲	其中新租贰石八斗八升，旧欠壹斗四升五合
8	沈耀谱	宣统二年十一月十五日	贰石十六斗八升十合	树人	其中新租壹石七斗六升五合，旧欠壹石九斗贰升五合
9	沈耀谱	宣统二年十二月十八日	旧欠五斗	树人	
10	邹德昌	辛亥年十一月十三	壹石十六斗七升	慈雲	其中新租壹石八斗，旧欠八斗七升
11	邹德昌	民国元年三月三十	旧欠五斗整	慈雲	
12	沈耀谱	民国元年十月十五日	壹石玖斗贰升五合	树人	
13	沈耀谱	民国元年十月十五日	贰石七斗叁升五合	树人	
14	邹德昌	民国元年十月二十五	伍斗七升	慈雲	
15	邹德昌	民国二年二月二十日	贰斗五升	慈雲	
16	沈耀谱	民国二年十月二十八日	七石十斗七升	树人	其中新租七石五斗三升，旧欠五斗四升
17	沈耀谱	民国二年十一月初八日	壹石柒斗	树人	
18	沈耀谱	民国三年九月初七	壹石八斗贰升	树人	

收租票为白色半书形制，如光绪二十六年（1900）十月初五日的一张收租票（图2-1）从右至左为：合同串票地字第二十九号（钤圆形图章，待识别）。收票：冶城彭氏祠，今收到邹德昌麻寿交所布本祠慈云新田租红谷二石五斗大。委系灯净光谷过扇上仓，并无钱票准折等情，合给执票存据。光绪廿六年庚子岁十月初五日发票。

文书形式是仿官府文书样式，类如八字门。中国古代几乎所有的官衙大门左右，都要列两道砖墙，沿门侧呈斜线分列往左右前方延伸，像个"八"字形状。大门敞开不闭，砖墙似乎也成了两扇门板的延伸，

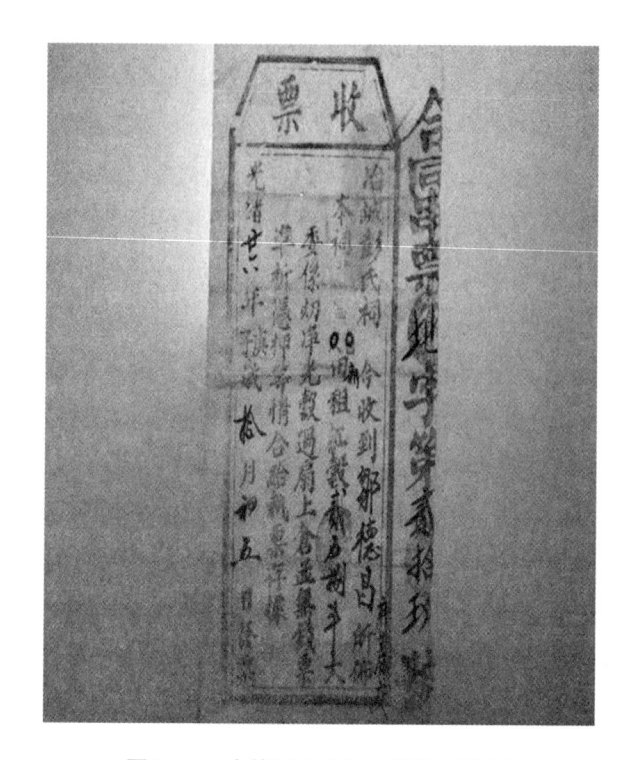

图 2-1　光绪二十六年　邹德昌收票

这就是"衙门八字开"的由来，从收租票的形式看，几乎完全仿照"八字门"的形式，这也是家族势力借助官府权威的一种体现。

从上表我们可以看出，交租人为邹德昌、沈耀谱二人，此二人连续多年交租，可以说明其租佃关系是相对稳定的。邹德昌从光绪二十五年（1899）至宣统三年（1911），在长达16年的时间里几乎一直没有中断向彭氏祠堂交租。我们甚至可以猜测，彭氏家族掌握有该田地的田底权，佃户是否已经拥有田面权。

交租的作物主要为红谷，兼有白谷，祠堂所收的租子分为两个部分，一个是邹德昌所承租的慈云田，另一个是沈耀谱承租的树人田。每次所交粮食的数量亦不相同。最多的达七石十斗七升，而最少的一次则为二斗五升。从这些简单的信息来看，我们可以从侧面了解到从光绪二十五年（1899）到民国三年（1914）这段时间里，哪一年是丰收年，哪一年是歉收年。从而反映出当时的天气状况和经济社会发展形势。

二 冶城彭氏的族田管理

族田，是我国古代社会宗族族产的重要组成部分。目前，学界普遍认为"族产的出现始于北宋"①。朱熹在《家礼》中有设立墓祭田之条，其目的是敬奉祖先，"初立祠堂，乃计见田亩每完取二十分之一，以为祭田。亲尽则以为墓田，宗子主子，以给祭用。如上世未置田，则合墓下子孙，计数而给之，皆立约闻官，不得典卖"。南宋奉新的甘氏家族则置"赡茔田土"，并"专置一簿载收管"②。则完全是受到朱熹等人的影响了。清人认为："祠堂者，敬宗者也；义田者，收族者也。祖宗之神依于主，主则依于祠堂，无祠堂则无以安亡者。子孙之生依于食，食则给于田，无义田则无以保生者。故祠堂与义田并重，而不可偏废者。"这段论述形象生动了说明了族田的作用及其对整个家族的重要意义。③ 张研先生认为族田"是我国封建社会晚期一种重要的土地所有形式，与族权有着直接的关系"④。可以说，族田的发展是与明清时期当地的社会文化变动分不开的，除此以外还与当地手工业和商业活动的发展水平有着重要的联系。

当然，族田不仅仅是祭祀田一类，其作用就不限于抚恤同族一种，它更集祭祀、恤族和教养等多重功能于一身。⑤

（一）田产分类

族田的经营可分为两部分：一部分为族田田产的经营，另一部分为族田租入的经营。⑥ 从笔者所收集到收租票来看，彭氏祠堂所出租的慈云田和树人田显然属于第二类。我们从祠堂族田的名称中可以窥视每一

---

① 许华安：《试析清代江西宗族的结构与功能特点》，《中国经济史研究》1993年第1期。
② 《奉新甘氏族谱》卷末《甘氏族田考》。
③ 张永铨：《先祠记》，《皇朝经世文编》卷66。
④ 张研：《清代族田经营初探》，《中国经济史研究》1987年第3期。
⑤ 刘和惠：《徽州土地关系》，安徽人民出版社2005年版，第64—65页。
⑥ 张研：《清代族田经营初探》，《中国经济史研究》1987年第3期。

块田的具体作用,如树人田取其"十年树木,百年树人"的教育理念作为整个家族子弟教育之用。而慈云田,从《宜春禅宗志》记载:"慈云寺,在进城乡冶城,彭瑞麟母涂氏捐建。"可以看出,慈云田很有可能是彭氏家族供养寺庙之用。

(二) 田产管理

在族田的管理中,彭氏祠堂采用了当时社会普遍实行租佃制度,在租佃方式上又分为佃仆制度和一般的租佃制度。从收租票上来看,邹德昌从光绪二十五年(1899)至宣统三年(1911),在长达16年的时间里几乎一直没有中断向彭氏祠堂交租。因此,笔者认为邹德昌可能为彭氏家族的佃仆。(当然,我们也不排除邹德昌获得永佃权的可能)佃仆又称为世仆,即世世代代为仆。正所谓"主仆之严,虽数十世不改""佃仆隶属于某姓某族,则成了某姓某族的公共之仆。在族田经营中使用佃仆也就成了十分自然的事"①。如在安徽《荥阳潘氏族谱》中记载着该家族共计17户世仆,世世代代都听从主家的分派、调遣,都租有主家的族田耕种。而从所掌握的收租票来看,沈耀谱租种时间相对较短,对他可能是采用的一般的租佃方式。两者的承租额应相差不多。

上文提到每年佃户所缴纳谷物数量相差悬殊,有无灾荒年间地主减租的可能?笔者认为有这种可能。在所见的在租佃契约中,租金(租额)通常由地主与佃户协商约定,一般以实物租为主。如契约中,均是约定"面议每年秋收实交光头早谷"等稻谷实物。在租额上,往往采用定额租的方式,如民国二十四年(1935)十一月《江西某地黄长寿租田立额铁板租字》,其契文如下:"黄长寿租到汪振泰边晚田一墈,丈计官民粮田五亩正,大小二号,其田凭中面议秋收之时缴纳无□□谷四十箩正",租谷"送至上门过车交数,不得少交升合,倘有丰歉之年,两无加减"。通过"铁板租"这一名称,形象地表达出"倘有丰歉之年,两无加减"这一定额租的本质。这和前引契约中的

---

① 张研:《清代族田经营初探》,《中国经济史研究》1987年第3期。

第二章 身份与权利：契约文书中的宗族与社会

"不得少欠升合""荒丰并无加减，并不得缺少升斗"含义是一样的。

我们再看定额租。定额租是租佃契约中纳租的主要种类，并不意味着对分成租的排斥。据民国时期的社会调查表明，在江西九江地区就流行分成租。田主与佃户事先并不约定租额的多少，而是俟秋收时节根据具体情况加以协商分成，如在九江县，"九江民间赁借田地，有纳稞、纳租。纳稞者，即撼亩纳钱若干。纳租者，于收获时，由赁借主先期邀请赁贷主到场，分取籽粒，赁贷主得四成，赁借主得六成。名曰'东四佃六'"①。如果说九江县的"东四佃六"是一种按照比例的分成，彭泽县的租佃分成的方式更加具有协商的意味，彭泽县习惯"凡租户承种他人之田地，不先立契约，只于田谷将熟时，由业主就地查看。如与租户立约，租额通常每亩田完乡间通行之八折桶谷二石。查看时，视田谷之优劣，双方订明折扣。至收割后，照订定之数完纳，如订定九折，则每亩田即纳谷一石八斗。明年以后，亦如之，间亦有完纳全租者"②。彭泽县租佃田地时纳租中存在的"折扣"现象，在赣南地区也有，"赣南民间凡向人借田承耕者，所立借耕字，虽载有每年实纳租谷若干字样，然习惯上鲜有照约履行者（大约仅纳七折、八折不等）。又借字内虽载明租谷于新出时一次交清，然而赣南一带，田亩每年可莳早、晚禾各一次，于早禾收获时先纳租谷一半，至晚禾登场再还一半，田东亦不否认之"③。租佃关系中的这些"折扣"和拖欠现象，表面上是对契约文书条款的违反，实际上却是构建东佃关系的一种手段，有利于缓和东佃矛盾，从而为此社会关系的稳定。

笔者根据赵冈先生的《清代粮食亩产量研究》一书中，得出清代道光年间（1820年至1830年）宜春府稻谷平均亩产量在3.51石/亩。江西全省的稻谷平均亩产量在3.44石/亩。④ 从光绪二十五年（1899）

---

① 前南京国民政府司法行政部编：《民事习惯调查报告录》，第573页
② 前南京国民政府司法行政部编：《民事习惯调查报告录》，第588页。
③ 前南京国民政府司法行政部编：《民事习惯调查报告录》，第565页。
④ 赵冈：《清代粮食亩产量研究》，中国农业出版社1995年版，第19—32页。

和光绪二十八年（1902）为水旱较少年份，邹德昌所租种的慈云田分别交租红谷三石二斗三升，红谷三石〇八升半大，是最接近丰年数据的年份。根据当时社会普遍执行的出租田"五五分成，或六四分成"的条件下，邹德昌所租种的慈云田的面积大概在 1.75 至 1.87 亩左右，其每年所收稻谷不超过五石四斗。沈耀谱在民国二年（1913）上交稻谷是该批收租票中数量最大的，达七石十斗七升，根据道光年间宜春府稻谷平均亩产，其耕种的彭氏祠堂树人田的面积估计在 2.27 亩至 2.32 亩，耕地面积越大，其付出的辛劳越多。沈耀谱当年所收获的稻谷大概只有 13 石左右，而交租却占据大半的收成。可见，当时彭氏家族对佃户的剥削是十分严重的。如果是遇到水旱年份，每年交租不齐，宗族并没有像官府一样出台减免稻谷的一些政策，相反还要补足所欠稻谷。光绪三十四年（1908），婺源铅山、崇义、上犹、崇义等县水灾，万载夏秋大旱①。《清史稿·本纪二十五》亦记载"十二月己亥，并免山西、陕西、江南、浙江、江西、湖广、广东、福建等省逋赋，是岁，免直隶、山西、江西、福建、广东等省十二州县灾赋有差"。在收租票中显示宣统元年、宣统二年邹德昌、沈耀谱所交的稻谷中很大一大部分是积欠，即应为所缴纳光绪三十四年的稻谷。沈耀谱的在宣统二年所交的稻谷中，旧欠比例达一半以上。佃农生活压力之大可想而知。

在十八张收租票中，积欠补交的租票集中在宣统元年、二年，从侧面可以看出奉新治城等地在光绪三十二年至光绪三十四年间频繁的灾害天气，是与史料记载相符合的。

此外，每年的交租时间基本是在每年的农历十月十五日左右，或延迟至十一月十五日，这也是一般每年稻谷收割结束的季节，最晚的是在腊月二十八日，这也从侧面反映出每年的年关是大户收租的最后期限，而对佃户来说，每年的年关是难以迈过的一道坎。家族势力对佃户逼迫之切可见一斑。

---

① 徐文开：《江西历代水旱灾害辑录》（四），《江西水利志通讯》1987 年第 3 期。

三 冶城彭氏与地方社会的互动

（一）慈云寺、慈云田及彭氏家族对地方事务的参与

冶城彭氏家族主要是针对当地教育做出了一些贡献，根据《奉新县教育志》记载："民国十一年（1922）进城乡（今上富）和奉新乡（今罗市）合办进化小学，校址设在罗市冶城西北隅，为彭姓捐助的'秋浦别业'。有四个班，一、二年级为单班，三、四年级为复式班，五、六年级为复式班，教师十余人，学生为一、二百人。"彭氏家族应是利用族田来供给学校的老师和学生的开支，该校在1950年前后才关闭，并入到社会主义的教育事业中。奉新的冶城中专一直以来是奉新县及周边地区当地最重要的教育机构，而学校并没有在县城，而是在冶城村，有记录显示该校亦是在进化小学原址的基础上，在当地浓厚氛围下创办起来的。可见冶城地区百姓对教育事业的重视程度。该校直至21世纪才整体搬迁至奉新县城。

彭氏家族对于宗教的信仰和寺庙的建设也是格外热衷。在《宜春禅宗志》记载："慈云寺，在进城乡冶城，彭瑞麟母涂氏捐建。"彭瑞麟是奉新彭氏的子孙。笔者认为，收租票中所提的慈云田就是供养慈云寺的田地。《宜春禅宗志》另一条记载"百丈普显寺，奉化乡监生彭茂捐田租拾伍石。"根据这条资料结合我们所了解到的彭氏族谱"芝兰茂玉堂"。得出彭茂亦为冶城彭氏家族子孙。根据推算，15石田租是6亩地一年的产量。邹德昌所租的田地近五年的田租才负担得起的。捐建寺庙是中国古代大家族崇信宗教的一种重要形式，而建设寺庙是一笔不小的开支。这也体现江西富家大户有捐建家庙的传统。冶城彭氏家族应不仅捐建两座寺庙，还每年提供粮食供养整个寺庙的开销，可见彭氏家族的经济实力是非常雄厚的。

（二）时代变革对彭氏家族的影响

1911年辛亥革命爆发以后，清王朝灭亡，彭氏祠堂所刊发的收租票也亦随之发生改变。收租票上清末与民国，钤盖的印章与票据时间的涂改，纪年的方法（年号纪年与干支纪年）折射出了社会变革中彭氏

家族的心态。

原印刷为"时间：宣统　年　岁月日"；后墨书辛亥岁，在宣统二字上书写"新"，在岁字上书写"亥"字。遮盖"宣统"二字（图 2 - 2）。时间为十一月十三日，这一时间正是全国各地纷纷宣布脱离清王朝统治的动荡时期，九江于 1911 年 10 月 23 日在同盟会会员林森、蒋群等人策动下，建立九江军政府，而南昌等地却效忠清政府，彭氏家族感辛亥革命之猛烈，遂在收租票上将宣统二字遮盖。反映出地方大户、望族对于变革的心态。而在另一张收租票上的时间记录是三月初十日，祠堂则直接将印有宣统年号的字样直接更改为民国元年（图 2 - 3）。

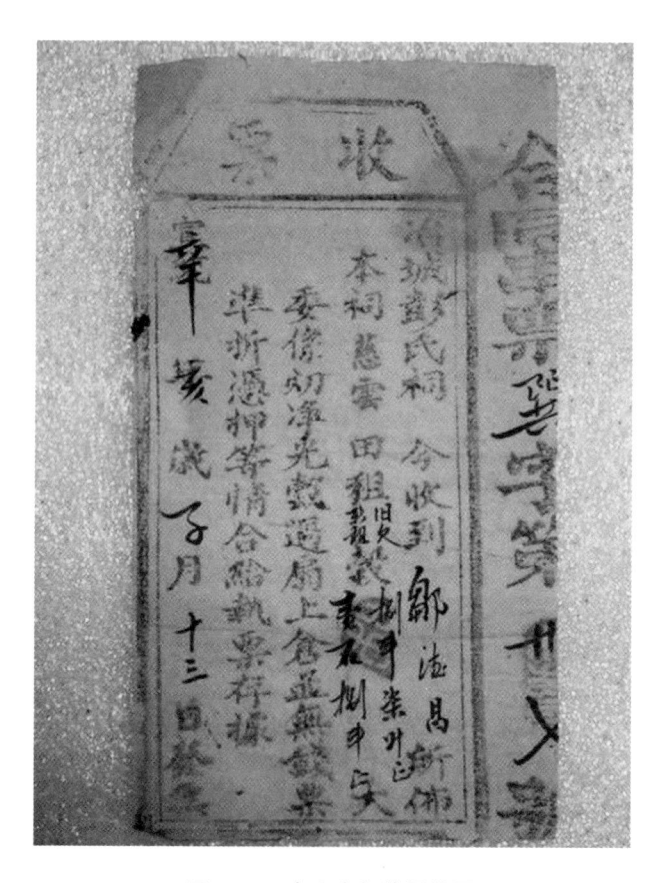

图 2 - 2　辛亥岁邹德昌收票

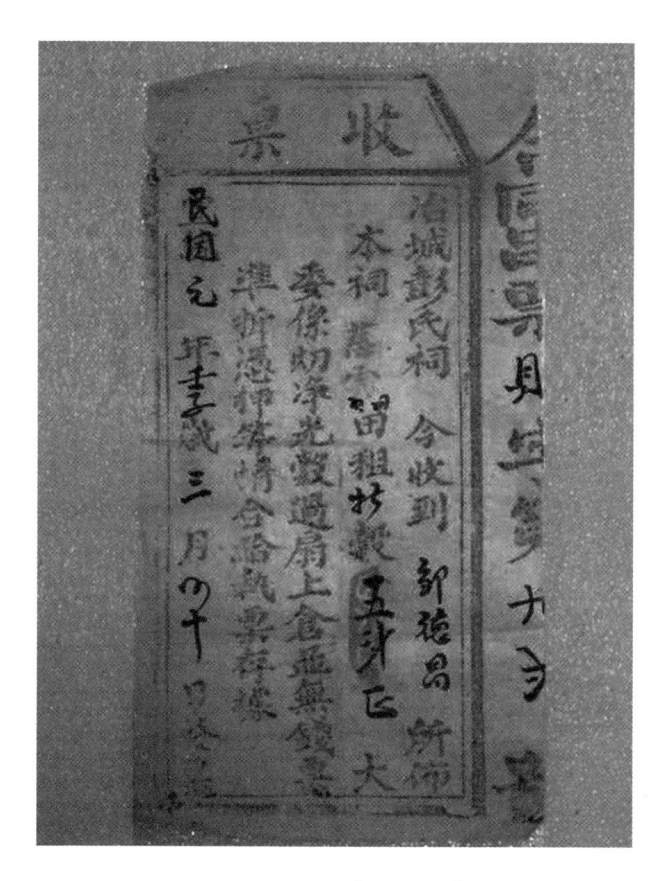

图 2-3 民国元年邹德昌收票

改朝换代业已完成，而压在佃户身上沉重的租子却依然未见改变。从数据来看，沈耀谱所上交的稻谷，在民国元年后还略有上升。

江西省博物馆馆藏的这批收租票仅是全国各地收租票的一个缩影，由于资料所限，仅就奉新地区的收租票作一些简要说明，收租票不仅是祠堂与佃户间的租赁关系，更反映出当地乡村变革，社会变化的各种细节问题，是对基层社会研究的一种补充。

第三章

致力农耕：广昌县乡村地主张殿酬的个案研究

第一节 张殿酬所处的时代与区域环境

一 江西省广昌县基本情况

广昌县地处武夷山西麓，位于江西省东部边境，为赣、闽两省交界县之一，清属建昌府，今隶属抚州市。广昌县东邻福建省建宁县，南接石城县，西连宁都县，北毗南丰县。① 广昌居赣、闽、粤之交通要冲。广昌县境四周环山，全境地形为由南向北倾斜的箕形盆地，旧志说"昌邑僻处上游，地势益高，重山大岭，居三之二"②，其地势由南向北倾斜，盱江贯穿全县，县城坐落在县境中央、盱江边的小盆地里。全县属亚热带季风气候，气候温和湿润，雨量充沛，四季分明，光照充足，积温较高，无霜期长。③

广昌县建县于南宋绍兴八年（1138），因"道通闽广，郡属建昌"而得名。④ 元代，广昌属江西行省建昌路。明洪武二年（1369）九月改为建昌府，直至整个清代广昌均隶属建昌府。

---

① 同治《广昌县志》卷1《沿革志·疆里附》。
② 同治《广昌县志》卷2《风俗志》。
③ 广昌县志编纂委员会编：《广昌县志（1991—2000）》，方志出版社2010年版，第1页。
④ 同治《广昌县志》卷首《广昌县志旧序》。

第三章 致力农耕：广昌县乡村地主张殿酬的个案研究

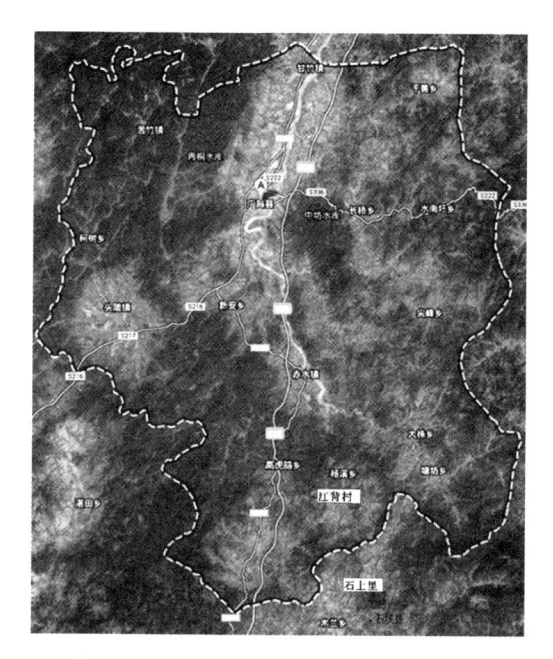

图3-1 广昌县地形图（资料来源：据谷歌地图截图修改）

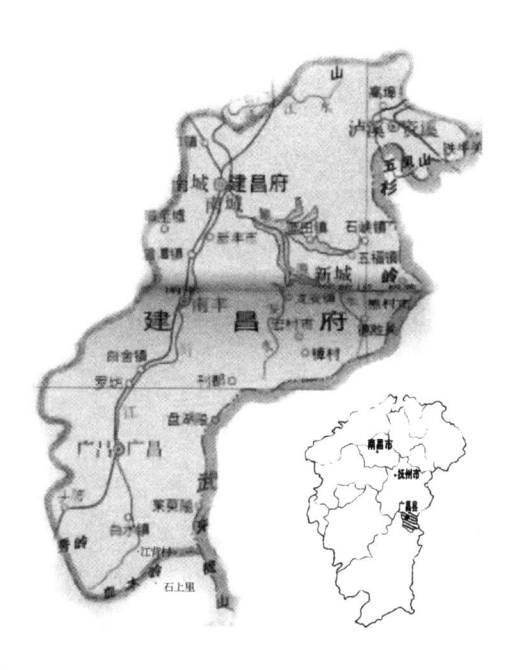

图3-2 清代广昌县区位示意图（据谭其骧主编《中国历史地图集》改绘）

二 清代中期的广昌县社会经济

广昌县自宋代设县之后，广昌县盱江河谷盆地也逐步得到开发。如广昌县城所在的盱江镇，在县境南部，此处盱江中游盆地，宋绍兴八年（1138）始为县治。① 广昌县更多的村镇开发、兴起于明清时期。尽管"昌邑僻处上游，地势益高，重山大岭，居三之二"②，但是在明清时期，开发的热潮仍然汹涌而来，如苦竹镇，明永乐年间周姓建村于河湾沙洲上，得名沙河湾。又处邻近南丰、宁都二县之隘口，设苦竹隘。③ 隘口的设置，充分说明苦竹镇处于闽赣交通要道上，由于人员往来日趋频繁、军事价值渐显。自明清时期，从福建和省内其他地域的移民逐步增多，广昌县的开发也逐步从盱江河谷盆地转移到县境其他支流两侧的台地和山区，户口日繁。如大禾村，在广昌县盱江镇南17千米，属赤水镇，明代温姓从石城迁此建村，以处形圆如锅之山坳，得名大锅，后谐音改今名。④ 杨溪乡，在广昌县南部，东、西部高山，中部河沟，属山区，明代王姓从本里杨家排移此建村，初名王家，因勤劳致富，乡人称颂，又地处祖居之下名下模。⑤ 从以上村落的地理环境和命名由来可以看出，明清时期广昌县的开发已经逐步从盱江河谷转移到了盱江上游的山区，其中不乏山坳、圲埠、沙洲、溪河等环境，说明了明清时期开发的范围已经扩大很多。

随着土地的日益开垦，山地、水洲、岗地等多种类型的土地都得到不同程度的开发利用。同治《广昌县志》记载说："邑俗农人三时作苦，一时休息，今则无片刻之暇，往时多荒土，今则高而山、卑而洲，皆视其宜而垦之，渐成膏腴，靡有遗地。"⑥ 从往日的荒土，到清代的

---

① 崔乃夫主编：《中华人民共和国地名大词典（第2卷）》，商务印书馆2000年版，第2360页。
② 同治《广昌县志》卷2《风俗志》。
③ 崔乃夫主编：《中华人民共和国地名大词典（第2卷）》，第2361页。
④ 崔乃夫主编：《中华人民共和国地名大词典（第2卷）》，第2361页。
⑤ 崔乃夫主编：《中华人民共和国地名大词典（第2卷）》，第2362页。
⑥ 同治《广昌县志》卷1《风俗志》。

第三章　致力农耕：广昌县乡村地主张殿酬的个案研究

高山之巅、水涝之洲，都已开垦，其适宜开垦的地方，均已经成为膏腴之地。

广昌物产丰饶、资源富庶。在物资方面，广昌地处山区，其山上之产颇多，仅竹木一项，数十种之多，其中"乌桕（其实可油为烛）、苦楝、茶子（其实可油）；而近山之阴植杉松，梧桐最茂，土人多利之；竹有筀竹（可丝为器）黄竹、班珠、紫竹、猫头竹（竹本多大器室诸用皆利之）"①。其地物产丰富，人们因地制宜，开发、种植的物产所获也颇为丰富。广昌所产通芯白莲为历代贡莲，曾经销往长汀、厦门、漳州、汕头、汉口、九江、南昌，并由香港转销东南亚等国家。清代广昌的烟草也颇具盛名，据研究，"清嘉庆年间，广昌已成为江西的重要产烟地，主产区为驿前、赤水、头陂，又以驿前出产的晒烟质量最佳，产量最多，种植面积最大，向以'驿烟'著称于世"②。清光绪三十一年（1905），广昌"出口货以夏布为大宗，杉木、泽泻、烟叶、冰糖次之"③。

盱江从南向北贯穿广昌县，不仅是广昌县唯一的水运交通线，而且是与福建、广东地区沟通的重要物资水运交通线，从赤水运下水货物有广昌的烟叶、泽泻以及生猪、稻谷和毛边纸。运上水货物有食盐、布匹、煤油、苧麻、桔饼、红枣、药材、陶瓷和抚州产的粉皮，还有浒湾油面、南丰柑橘及豆豉等。

随着明清商品经济的发展，明清时期广昌县的市镇经济也得到发展，出现了一批乡村墟市，据同治《广昌县志》记载，同治年间广昌县共有镇市10多处。④ 除前文所引的驿前由隋唐时期的普通村落发展为市镇、驿站之外。广昌地处"盱水上游，八闽两粤控扼于是"⑤，是

---

①　同治《广昌县志》卷1《食货·物产附》。
②　段绍镒：《三大特产久负盛名》，政协广昌县文史资料研究委员会编：《广昌文史资料》第3辑，1991年，第86页。
③　傅春官：《江西农工商矿纪略》，清光绪三十四年石印本。
④　同治《广昌县志》卷1《城池志》。
⑤　同治《广昌县志》卷首《旧序·顺治丙申邑人何三省修志序》。

经济、文化交流和对外贸易的交通要道，广昌县出现了一些规模较大的市镇和一批墟市。如前所述白水街（今赤水镇），别号银溪，"二水夹流，聚若城市"，是抚河船筏通往上游的终点口岸，也是工农土特产品聚散之地，曾有"小汉口"和"小上海"之称誉。① 商业市镇都是商品经济发达的标志，从一个侧面反映出当地农民与市场联系的密切，也印证了当地社会经济的平稳发展。

三 张殿酬的生活环境

张殿酬文书的写作地是广昌县南部金砂里江背村（今杨溪乡江背村），位于盱江源头的血木岭山区。杨溪乡地处武夷山脉腹地，地势东南西高，中、北部低，地形东南西高山连绵，中部河沟纵横，形成一条峡谷地段，以高山、丘陵为主，杨溪主干河有驿前港、杨溪港，还有江背溪、东坑溪2条支流。

张殿酬生活的金砂里江背村地处山区，虽然并无大块的河谷、盆地，但是其自然环境仍然较为优越，相对适宜农业开发：杨溪乡地处山间峡谷地带，有江背溪从中流过。在江背村的周围，还有不少著名陂塘，如"唐坊港，长上里牙梳山发源，由唐坊达张坊岭，合白水镇。石壁潭，在长上里，高三十余丈，上有海眼，时里人涤甑于溪因漂去至潭而没一日，人于石壁瞰海眼以绳钓出，即旧甑也"②。唐坊港和石壁潭的水源，在一定程度上也是山区大小溪流、陂塘交错的写照，说明当地存在不少溪河沟圳，灌溉条件较为有利。而"锅陂，在长上里，灌田四百亩，陂长唐正康"③，则说明广昌县长上里的农业灌溉条件更为优越，其锅陂灌溉面积达到四百亩，在江南丘陵地区，尤其是诸如盱江源头的广昌县，这算得上一个较大的陂塘；同时，锅陂还设有陂长，说明其陂塘用水制度明确，设有专门的管理机构和人员，对于农业的发展

---

① 姚仁杰：《赤水的变迁》，政协广昌县文史资料研究委员会编：《广昌文史资料》第3辑，1991年，第10页。
② 同治《广昌县志》卷1《山川志》。
③ 同治《广昌县志》卷1《陂塘》。

第三章 致力农耕：广昌县乡村地主张殿酬的个案研究

来说，这是非常有利的。

清代广昌县金砂里下辖下猷、鬼湖、杨家排三个村落；长上里下辖唐坊堡、大株、卜株、邱坊、麻溪、石壁潭、仙人井、溜岭、枧坑、滴潭10个村落。① 同时，在金砂里和长上里都有圩的设置，如"长上里，南六十里至九十里，村五十，唐坊有圩，为陆汛；大株有圩……金砂里，南六十里至九十里，村二十二，江背杨家排，有圩"。② 在张殿酬生活的金砂里和周边的长上里，就分布着唐坊、大株和江背杨家排三个圩市，而且江背杨家排恰好就是张殿酬所在的江背村，可以据此推测张殿酬家卷入市场的深度。

第二节 张殿酬田宅交易的范围与方式

一 张殿酬契约概述

清代雍正、乾隆年间广昌县张殿酬的家庭契约文书，总共65张，与张殿酬相关的交易（买、典、租、退、佃）契多达60张（另有秀通退田契1张、张晋锡公祠契2张、张永年契2张，且张殿酬与张永年系叔侄关系，如在乾隆三十六年（1771）正月《广昌县江背张永年兄弟卖江背桥下水田契》中，张永年兄弟曾将江背桥下等处水田共载老租三担柒斗正，额载民粮七升六合七勺五抄以时值契价铜钱二十两零七钱五分的价格卖给"本家殿酬叔"），张殿酬契约占全部契约的92.3%，因此，在契约文书的整理过程中，笔者将其定名为广昌张殿酬契约。

这一批契约中，最早一件是雍正元年（1723）金砂里黄氏将水田三担三桶租卖给张殿酬的活卖契；在张殿酬的交易活动中，时间最晚的一件是乾隆四十八年（1783），广昌县长上里塘坊坝佃户刘鼎卿承佃张殿酬水租三担陆斗的承佃字。从雍正元年（1723）至乾隆四十八年（1783），在长达六十一年间，张殿酬承受（买、典、租、退、佃）田、

---

① 同治《广昌县志》卷1《乡村》。
② 同治《建昌府志》卷1之3《疆里》，《中国地方志集成》本，江苏古籍出版社1996年版。

土、山、房、基地等活动一共 60 次，张殿酬的人生经历以及与其邻里的亲属关系，在 60 份契约中反映得十分清楚明白（见表 3-1 张殿酬承受产业频率统计表）。

表 3-1　　　　　　　　张殿酬承受产业频率统计表

年份	承受产业方式、类型与数量	当年交易次数	距上次承受时间间隔
雍正元年（1723）	买田 1	1	—
雍正十年（1732）	买田 1	1	9
雍正十一年（1733）	买田 1	1	0
乾隆五年（1740）	买田 1	1	7
乾隆七年（1742）	买房屋 1	1	1
乾隆八年（1743）	买田 1 买田房鱼塘 1 领佃田 1	3	0
乾隆十年（1745）	买田 1 买田庄屋 1 买田房鱼塘 1	3	1
乾隆十六年（1751）	买田 2 买房屋 1	3	5
乾隆十七年（1752）	买田 2	2	0
乾隆十八年（1753）	买田庄屋 1	1	0
乾隆十九年（1754）	买田 2 买山岗 1	3	0
乾隆二十年（1755）	买田 2 买房屋 1	3	0
乾隆二十一年（1756）	受吐退田 1	1	0
乾隆二十二年（1757）	买田 1 买田庄屋 1	2	0
乾隆二十三年（1758）	买田庄屋 1	1	0
乾隆二十四年（1759）	买田庄屋 1	1	0
乾隆二十六年（1761）	换田 1 田 1 受吐退田 1	3	1
乾隆二十七年（1762）	买田 2	2	0
乾隆二十八年（1763）	受逊让田 1 买田 1	2	0
乾隆三十年（1765）	买田 1 受典田 1	2	1
乾隆三十一年（1766）	租赁房屋 1 买田 1 受典田 1	3	1
乾隆三十二年（1767）	受典田 1 买田 2	3	0

第三章 致力农耕：广昌县乡村地主张殿酬的个案研究

续表

年份	承受产业方式、类型与数量	当年交易次数	距上次承受时间间隔
乾隆三十三年（1768）	买田 2	2	0
乾隆三十四年（1769）	买田 2	2	0
乾隆三十五年（1770）	受吐退田 1 买田 1	2	0
乾隆三十六年（1771）	买茶山 1 买田 3 受吐退田 2	6	0
乾隆三十七年（1772）	买田庄屋鱼塘 1	1	0
乾隆三十九年（1774）	受吐退田 1	1	0
乾隆四十一年（1776）	买荒山 2	2	1
乾隆四十八年（1783）	出佃田 1	1	6

从表中可以看出，在雍正元年（1723）至乾隆四十八年（1783）的 61 年间，张殿酬承受各种产业的年份有 30 年，通过买、典、租、退、佃等方式承受田、土、山、房、基地等活动一共 60 次。其中在雍正八年至十年、乾隆十九至二十年、乾隆二十四至乾隆三十六年间承受的频率最高，基本上时间都互相衔接，且每年承受产业均在 2 次以上，承受次数最多的乾隆三十六年，总共有 6 笔交易。另一方面，在雍正初年和乾隆末年，其参与交易的时间间隔较大，如自雍正元年买入一笔田产之后，直至雍正十年才买入第二笔，其中整整九年未参与任何交易；在雍正十一年至乾隆五年间有 7 年的间隔、乾隆十年至十六年间有 5 年的间隔，乾隆十七年之后的交易频率，一直保持着连续性，偶有中断，也不超过一年，尤其是在乾隆二十四年之后，其参与交易的频率明显提高，每年都在 2 件以上，其中乾隆三十六年更是达到六次的最高峰。按照雍正元年张殿酬十八岁开始参与承受活动计算，其在乾隆五年之前的交易，间隔时间较长，此后则偶有中断，基本上保持了较好的连贯性，乾隆二十四年之后，张殿酬参与交易的次数、频率保持长时间的稳定，说明此后张殿酬的经济实力不断增强。而乾隆二十六年至二十八年，张殿酬通过逊让、兑换获得土地，建造房屋，是其人生事业的最高峰，在此后的数年间，张殿酬参与交易的数量明显高出其他时期，也充分证明

其建造房屋是与其受让土地的经济实力一致的。乾隆四十一年至乾隆四十八年间，张殿酬有整整 6 年的时间没有受让产业，可能与其年事已高有关［按照雍正元年（1723）其第一次参与土地交易时 18 岁推算，至乾隆四十一年（1776），此时张殿酬已达 70 岁高龄］。乾隆四十八年之后，张殿酬退出所有土地受让的过程。

从契约形式看，张殿酬家族契约中有白契 37 张，占 56.92%，红契 28 张，占 43.08%。其中的红契，既有官方颁发的契尾，如清乾隆三十六年谢山璞卖田契尾①；也有使用官方统一印刷的格式契约填写的契文，上钤盖"广昌县印"，如清乾隆三十年二月廖惟善绝卖本村桃树圫等处水田官契纸（契尾遗失）；红契的第三种情况是民间自备纸张，约请中人书写、立契后割粮纳税的红契，如清乾隆十九年十一月《广昌县巴口桥桥会卖金砂里江背圙籐坑田及推粮契》。

白契从法律意义上来说是指没有钤盖官方印章的契约。白契的最常见形式，是民间自备纸张，约请中人参与签订，如清乾隆三十六年十一月《广昌县廖惟兴吐退上陌村三角塘田契》，这一类契约的内容以退字为主，内容一般较为简单，在立契的中人、在场人的人数上，也较上述红契更少。白契在形制还包括采用官方统一印刷的官契纸填写的契约却并未纳税的契约。如清乾隆三十一年十二月《石城县石上里联坊图温启周典卖广昌金砂里江背川圫坳水田官契纸》，这一份契约与前引清乾隆三十年二月《广昌县廖惟善绝卖本村桃树圫等处水田官契纸》的形制、格式完全一样，唯一的区别就是没有钤盖官方印章。从以上对红、白契约的分类可以看出，在张殿酬家族的交易中，红契约为 43% 强，白契比例却高达 57% 左右，反映出在民间的社会生活中，白契往往是中小交易的主要认证方式；同时，白契的书写一般较为随意，字迹也不如红契工整，内容也相对较为简略，这也可能与白契是民间私下小额的交易有关。

---

① 参见第一章对契约格式的描述。

第三章 致力农耕：广昌县乡村地主张殿酬的个案研究

二 张殿酬契约的交易范围

土地的交易范围是考察地权转移过程的重要参考指标之一。简而言之，交易范围就是卖主将坐落何处的产业通过交易的方式流转到买主手中。通过对交易范围的考察，可以看出产业坐落何处，是何地之人承买此产业；同时，通过对交易中买卖双方的身份分析，可以获取其社会关系信息，进而进一步了解传统社会中地权流转的人际关系范围。故地权流转的交易范围可以从产业的坐落空间范围和交易者的社会关系两个维度来考察。

在张殿酬的交易空间范围中，有产业原业主所处都图（即户籍）范围和交易产业的坐落位置两个要素，如果两个要素一致，即说明是本地人的本地购置产业；如两个要素不一致，出现了本都图之人在外地购置产业或外都图之人在本地购置产业的情况，那么，其在外地购置产业的原因和意图，就更加值得探究了。

张殿酬契约中，产业原业主所处都图（即户籍）范围和交易产业的坐落位置一致的有51张，不一致的（即在外地购置产业）有14张。从原业主所处都图（即户籍）来看，张殿酬契约的原业主大部分是石城县金砂里范围内的人物，其中原业主所处都图（即户籍）属于广昌县金砂里的有52张、广昌县长上里的2张、广昌县二图里的1张、广昌县文会里的1张，属于石城县的9张，且都集中在石城县石上里横坑和石上里联坊两个村落中。

从产业坐落位置来看，产业坐落范围在广昌县金砂里的有63张，坐落在广昌县千金里的有1张，坐落在石城县石上里的有1张。其中产业坐落在广昌县千金里的为清乾隆十九年十二月《广昌县何永茂卖千金里竹溪村等处水田契》，系广昌县二图里何永茂将其坐落在广昌县千金里竹溪村等三处的田产，共载早晚苦租贰拾陆担贰斗捌升，正耗民粮陆斗伍升柒合，卖给张殿酬为业。坐落在石城县的是清乾隆三十一年三月《广昌县张由矩赁石城县鲁家湾屋契》，张殿酬在此契中将其坐落石城县石上里郭山背鲁家湾的落厩壹间，又及东边下截正间壹间，共贰间租赁给其本家曾侄由矩居住常年,约定至冬交屋租铜钱四钱正。

张殿酬契约中,也有14张原业主里图与产业坐落不一致的,即外地人进入本地置业或本地人在外地置业的情形,兹列《表3-2 张殿酬契约原业主里图与产业坐落对照表》如下:

表3-2　　　　　　张殿酬契约原业主里图与产业坐落对照表

序号	名称	时代	原业主里图	产业坐落	对买主称谓
1	石城石上里横坑汪象文卖金砂里上畲等处水田契	清乾隆七年十二月	石城县石上里横坑	广昌县金砂里江背	张殿酬
2	石城联坊外甥温先鼎兄弟卖金砂里上畲水田庄屋契	清乾隆十年三月	石城县[石上里]联坊	广昌县金砂里上畲	张亲殿酬舅公
3	温先鼎兄弟暂卖广昌金砂里山寮等处水田契	清乾隆十七年四月	石城县[石上里]联坊	广昌县金砂里山寮	张殿酬舅公
4	巴口桥桥会卖金砂里江背匾簾坑田及推粮契	清乾隆十九年十一月	广昌县文会里巴口桥	广昌县金砂里江背	张殿酬
5	何永茂卖千金里竹溪村等处水田契	清乾隆十九年十二月	广昌县二图里	广昌县千金里竹溪村	张[殿]殿酬老伯
6	黄明德兄弟出卖水田金砂里上畲下横坑水田契	清乾隆二十六年九月	广昌县长上里焦畲	广昌县金砂里江背	张殿酬老爹
7	张由矩赁石城县鲁家湾屋契	清乾隆卅乙年三月	广昌县金砂里江背	石城县石上里郭山背鲁家湾	叔祖殿酬
8	石城县石上里联坊图温启周典卖广昌金砂里江背川垅坳水田官契纸	清乾隆三十一年十二月	石城县石上里联坊图	广昌县金砂里江背	张殿酬舅公
9	石城县温先程兄弟典广昌江背川垅坳田官契纸	清乾隆三十二年三月	石城县[石上里]联坊都	广昌县金砂里江背	张亲殿酬老爷
10	温先明绝卖土名广昌金砂里东山埠门首坑田官契纸	清乾隆三十二年十二月	石城县石上里都图三甲	广昌县金砂里东山埠	张殿酬舅公
11	石城联坊温晋周卖广昌江背川垅坳水田契	清乾隆三十四年十二月二十日	石城[石上里]联坊	广昌县金砂里江背	张亲殿酬旧[舅]公
12	石城联坊温启周温晋周卖广昌江背川垅坳水田契	清乾隆三十六年三月	石城[石上里]联坊	广昌县金砂里江背	张亲殿酬舅公
13	石城石上里陈明周伯侄卖广昌金砂里上畲新屋门首车碓塅早田等契	清乾隆三十七年十二月	石城县石上里	广昌县金砂里上畲	张亲殿酬旧[舅]公
14	刘鼎卿承佃江背张禹功祠长上里黄竹苑田契	清乾隆四十八年七月	广昌县长上里塘坊坝上	广昌县长上里黄竹苑下	张禹功祠张殿酬老爹

第三章 致力农耕：广昌县乡村地主张殿酬的个案研究

从上表可以看出，在 14 份原业主都图与产业坐落不一致的情形当中，石城县石上里温启周兄弟、温先程兄弟均在广昌县金砂里江背拥有产业，并且陆续将其产业卖给张殿酬。同时，张殿酬在石城县石上里郭山背鲁家湾也有一处房产，租赁给其侄子张由矩居住。而在广昌县境内，张殿酬在广昌县长上里黄竹菀下有田产，将其佃与广昌县长上里塘坊坝上刘鼎卿耕种。也就是说，在这些契约中，其交易绝大部分都是集中在本里本图范围内，即便有少数原业主的居住地与产业坐落不一致的，也会因为路途遥远、管业不便等原因出卖，比如乾隆十九年十一月《广昌县巴口桥桥会卖金砂里江背匾籐坑田及推粮契》：

> 立文契巴口桥桥会内经管易益三、刘二酉等，金砂里黄佑乾祠乐**助**晚田壹拾柒担贰斗伍升，登簿入会，**榖**净枱桶，额载正耗民粮肆斗叁升壹合贰勺伍抄，坐落金砂里江背一处，土名匾籐坑，今因田坐枭远，收租不便，会内会同施主列位商议，将契内所开塅号田租壹拾柒担贰斗。其田要行出卖与人，今得中人说合到金砂里江背张殿酬处近前承买，当日凭中三面言议，受到时值契价吐丝纹柒拾两正（广昌县官印）。即日契价两交明白，其价银公议，随向就近之处，仍复置租田以赡桥会。所作交易，俱系情愿，固无公私相逼，亦无重复典卖等情。所卖其田，系黄祠施出物业，与别处并无干涉。如有来[历]不明，会众管□。田上税粮，即便割入得业人户内输纳。自卖之后，买主永远照业，各无返悔。今欲有凭，立此文契为据。
>
> [外批] 今收到契内价银一应收足为照。
> [外批] 批明老契与别处相连未便缴付。
>
> ……
>
> 立亲供户丁黄及三，今将金砂里黄鹂祠户民粮肆斗叁升壹合贰勺伍抄，除入本里张世隆户内输纳，中间并无多推少收。所除是寔。立此亲供为据。
>
> 立亲供户丁黄及三（押）

在这份契约中，巴口桥桥会所处的位置在广昌县文会里（今盱江镇南部）①，而其产业坐落在金砂里江背，两者距离大约30千米，故巴口桥桥会在日常管理中，"因田坐枭远，收租不便"，将此田产出卖给张殿酬为业。其中的"因田坐枭远，收租不便"，正是乾隆《建昌府志》所揭示的"有小买者，主佃两不合，必待佃人自弃去，故往往逋租，远乡之佃尤甚"。② 由于路途遥远，田主管业不便，因此将远乡之田"移远就近"就成为田主采用的一个办法。乾隆十年三月《石城联坊外甥温先鼎兄弟卖金砂里上畲水田庄屋契》，即为"移远就近"，石城县石上里联坊人温先鼎兄弟，自愿将水田壹处，坐落土名广昌金砂里上畲之水田、庄屋出卖与人。石城县石上里联坊，在今石城县木兰乡东北部陈联村，该地新河由北向南流过，沿河地带较平坦，境内东南部多山，北部与广昌县接壤部分丘陵起伏，③ 距离广昌县金砂里江背村现公路里程约为11千米。对于这些原业主与产业坐落的空间距离来说，其范围已经远远超出了传统社会农民的耕作半径④，而且江背村与石城联坊又正好在血木岭山脉之中，是盱江与琴江河的分水岭，故其交通条件并不优越。因此，广昌县文会里巴口桥桥会和石城联坊温先鼎兄弟等人将田产出卖给张殿酬也在情理之中了。

从产业交易的人际关系范围来看，契约文书中的称谓是反映其社会关系的重要表现。张殿酬本人参与的契约文书一共有60张，其中与其家族内部（兄、弟、嫂、侄、侄孙以及外甥等姻亲）共计32张，与其他人员之间的交易28张。具体而言，在家族内部，张殿酬与其兄弟间

---

① 据同治《广昌县志》卷1《津梁》记载："巴口桥，在文会里，宋知县硅岩建。"同书卷1《乡村》记载文会里下辖文会堡、巴口桥等25个村落。文会里即今广昌县盱江镇文会村。
② 乾隆《建昌府志》卷8《风俗考》，清乾隆二十四年刻本。转引自戴鞍钢、黄苇主编《中国地方志经济资料汇编》，汉语大词典出版社1999年版，第33页。
③ 温涌泉：《客家民系的发祥地：石城》，中国作家出版社2006年版，第69—71页。
④ 李埏先生指出："根据经验，按一般行进速度，从村庄到田间往返大约一个时辰的途程为最大限度。过此以往，便觉往返费时太多，运载费力太大，管理不便，不移居接近耕地，便太不合算了。这一个时辰的行进时间可叫做'耕作半径'。用这个半径，以村落为圆心画一个圆，圆周便是这个村落中农民所能耕作的最大范围。"（李埏：《"耕作半径"浅说》，《不自小斋文存》，云南人民出版社2001年版，第599页）

第三章 致力农耕：广昌县乡村地主张殿酬的个案研究

交易 8 张，张殿酬作为长辈，叔侄间交易 11 张、被称为"叔祖叔公"的 5 张；同时与张殿酬交易的还有其姻亲，如石城县温氏兄弟，均称张殿酬为舅公，共有 8 张（含 1 张称之为"张亲殿筹老爷"），家族内部交易小计 32 张。在家族内部的交易中，与张殿酬血缘关系最为密切的是其胞弟张东筹，张东筹于清乾隆十三年（1748）十二月将本里刘坑等处水田卖给"同怀胞兄殿酬"为业，当议时值契价铜钱柒十三两三钱正，且该契为红契，钤盖有广昌县官印。其次为清乾隆二十六年（1761）一月《广昌县张陶轩兄弟换水田契》，张殿酬之侄陶轩兄弟，将父手授分水田一处土名坐落江背［龙］兴湾上手黄竹苑下田三坵，换与血叔殿酬，自换之后，任凭叔依字照业监［建］造。其他对张殿酬的称呼，包括"同怀兄殿酬""血叔殿酬""本家兄殿酬""家弟殿酬""本家弟殿酬""本房殿酬""本房殿酬兄""本房叔殿酬""本家叔殿酬""本家叔父殿酬""叔祖殿酬""张殿酬叔公""张亲殿酬舅公"等，从这些亲属间的称谓来看，张殿酬在其一生的大多数交易中，是在家族内部完成的，其中不乏自己的同胞兄弟、亲侄子等。另一方面，在张殿酬契约文书中，并无"其田未卖之先，佀问亲房、支人等，无人承买""未卖之先，请问亲房人等，有钱不愿成交，方行此卖"以及"其田未卖之先，佀问本亲支本房，无人承受""先佀过亲房族内戚友人等，无人承受"等语句，张殿酬作为"同怀兄""血叔"，享有对这些产业优先购买的权利。正如据学者考证的，"最开始的时候是买卖双方进行房地交易、订立契约必须约会卖方田邻，作为证明该地所有权易手的公开形式，以后又逐渐产生了买卖前先须问房亲的制度，并被法律所认可，成为契约交易中的一个重要制度"①。从张殿酬的交易中也可以推断，在雍正至乾隆时期，亲邻优先权一直在执行。

在家族外部的其他社会关系中，张殿酬参与的交易一共有 28 件，其中称之为"老爷"的有 7 张（含 1 张"老伯"）、称为"田主张殿

---

① 叶孝信、郭建主编：《中国法律史研究》，学林出版社 2003 年版，第 351 页。

酬"的有7张，直呼其名书为"张殿酬"的有16张。"老爹"是乡土社会对老年男子的尊称，表明二者并不存在血缘/亲缘关系，而"田主张殿酬"的称呼，多存在张殿酬的"吐退"和租佃契约（"借田"契）中，表明的是一种东—佃之间的关系，据同治《建昌府志》记载："新城之民，农之家什九农无田，什七耕人之田而输其谷曰佃。"① 张殿酬契约中的"吐退"文书即为租佃关系之一种。至于在契约文书中直书"张殿酬"的，大多是金砂里江背村人的黄姓、周姓、许姓、谢姓、廖姓等姓氏，其中在江背村，黄姓有"黄佑乾祠"、周姓有"周定公祠"、许姓有"许汝铭公祠"、谢姓有"谢仲宗公祠"，而张氏则有张晋锡公祠、张禹功祠、张彩臣公祠等三座宗祠，从宗祠和姓氏的分布来看，张氏无法在江背村掌握绝对的统治权。据同治《建昌府志》记载："金砂里，南六十里至九十里，村二十二，江背杨家排，有圩。"② 江背有圩市，则更加表明江背村与市场的联系密切，其地方商品经济的活跃，在江背，没有哪一个姓氏能够像在传统的单一姓氏村落中一样获得绝对话语权。因此，黄姓、周姓、许姓、谢姓、廖姓等姓氏在与张殿酬的交易中，直呼其名，也反映出交易在主体之间地位的平等性。

三 张殿酬契约的交易方式

清代土地流转非常频繁，流转的名称也很多，在同治年间编纂的《广昌县志》中，就记载说：邑俗"往时多荒土，今则高而山、卑而洲，皆视其宜而垦之，渐成膏腴，靡有遗地。其农田有主者，谓之大买，立契纳税。过割契价甚便宜。农与农私相授受，谓之小买，并不立契，只写吐约顶约，以免纳税。过割契价较之大买者，加三四倍。无小买者，谓之皮骨皆管，或佃与人耕种，谓之借佃，始得田主为政"③。无论是大买、小买还是吐约顶约，都是田产流通的具体名称，在张殿酬

---

① 同治《建昌府志》卷9之4《艺文志·（孔鼎）新城县重修蛇师陂记》。
② 同治《建昌府志》卷1之3《疆里》。
③ 同治《广昌县志》卷1《风俗志》。

第三章 致力农耕：广昌县乡村地主张殿酬的个案研究

契约中，从雍正元年（1723）至乾隆四十八年（1783），在长达六十一年间，张殿酬承受（买、典、租、退、佃）田、土、山、房、基地等活动一共60次，较同治《广昌县志》指出的方式更加丰富。现按照其土地的承受方式，分类如下。

（一）买卖契约（39张）

卖契是传统社会中土地交易最为常见的一种表达方式。在张殿酬65张契约中，却有39张买卖契约，张殿酬获得土地、庄屋等产业的主要方式即是买卖。但是，在日常生活中，土地等产业的"买卖"又是人们最为熟悉而含义最为含混的产业流转方式。原业主所用的交易词语包括"杜卖""卖""绝卖""断卖"等，交易实质又有"杜卖"和"活卖"的区别。兹将张殿酬契约中的卖契列表如下：

表3-3　　　　　　　　张殿酬买卖契约一览表

序号	契约名称	时代	产业详情	契价	性质	备注
1	张步周卖金砂里上陌庙前等处水田契	清雍正十年十二月	自己续置水田三处，共载老租伍担整。额载民粮壹斗贰升伍合	纹银壹拾贰两整	红	其田民粮，即便割入买主户内输纳；悔者罚银五钱与不悔人用
2	张政才卖金砂里上陌陈坑水田契	清雍正十一年十月	载租壹担，额载民粮贰升五合	铜贰两陆钱整	红	所有田上民粮，即便割入买主户内输纳；悔者罚银五钱，不悔人用之。
3	张质聪卖金砂里江背龙兴湾房产契	清乾隆五年十月	祖手受分房屋一所房间及楼下基地等，及荒坪六股之壹	铜钱壹十柒两肆钱正	红	[外批]主口母张阿朱（押）
4	石城石上里横坑汪象文卖金砂里上畲等处水田契	清乾隆七年十二月	共租玖担柒斗肆升净。共载民米贰斗肆升叁合伍勺	铜钱肆拾贰[两]	红	所有田上民粮，割[入]买主户内输纳；悔者罚[银]贰两与不悔人用
5	张文周兄弟卖广昌金砂里麻窝等处水田契	清乾隆八年二月	父手受分授田三处，共载老净租叁担贰斗柒升	铜钱壹拾壹两伍钱正	红	田上额载民粮捌升壹合伍勺齐，其粮原买主世隆户内，未曾过割。任凭买人永远掌业

续表

序号	契约名称	时代	产业详情	契价	性质	备注
6	张阿朱母子卖广昌金砂里上畲门首等处水田庄屋鱼塘契	清乾隆八年二月	授分祖手水田三处，载老租肆担拾斗正，额载民粮壹斗壹升贰合伍勺。庄屋正间壹间，鱼塘水碓依租均照	铜钱壹拾捌两［叁］钱整	红	所有田上民任凭买人收入户内输纳；任凭买人永远掌业；悔者罚银伍钱与不悔人用；［外批］批明节牲依上年交纳
7	李阿唐卖桃愿（源）菖地窠契	清乾隆八年八月	今因夫死难以安葬，手受别荒山壹面	钱伍钱	白	其山原有祖壹种［冢］，方圆除出壹丈五只［尺］，卖主照管；悔者罚银壹钱另与不悔人用
8	石城联坊外甥温先鼎兄弟卖金砂里上畲水田庄屋契	清乾隆十年三月	水田壹处二处，横屋上一间，鱼塘一口，节牲一只，共载净租壹拾贰石整，额载民粮叁斗正	铜钱伍拾叁两整	红	
9	谢凤来兄弟卖官坑糯坑子等处水田契	清乾隆拾三年四月	父手续置水田五处，共载老净租陆担捌斗贰升五合，额载民粮壹斗柒升零陆勺	契价铜钱贰拾捌两正	红	悔者罚银壹两与不悔人用。［外批］立亲供人谢凤来兄弟，今将金砂里谢贵兴户内民粮壹斗柒升零陆勺推入本里张世隆户内输纳
10	张东筹卖本里刘坑等处水田契	清乾隆十三年十二月	受分父手及自己续置水田七处，共租壹拾伍担陆斗壹升五合正。各处田上庄屋、鱼塘车碓，依租均照。额载民米叁斗九升零三勺七抄五撮	当议时值契价铜钱柒拾叁两叁钱正	红	其田上民粮，即便割入买主户内输纳，不涉出卖人事。佃人曾秉乘、谢敬敏，各节牲一只，俱归买主收
11	王达先卖本里上陌等处水田、庄屋契	清乾隆拾六年十二月	水田二处，共载老净租捌担正，额载民粮贰斗齐；庄屋、鱼塘、车碓依租均照，节牲二年一只，节牲依租均照	铜钱叁拾陆两正	白	悔者罚钱一两与不悔人用
12	张亦衢卖金砂下畲门首塅上等处水田契	清乾隆拾柒年壬申岁五月	父手受分水田二处，原载老租四担八斗零，内将壹担正要行出卖	铜钱肆两捌钱	白	所有田上民粮，额载贰升伍合，任凭买主过割，不涉卖人之事。所有庄屋、鱼塘，依租均照

第三章 致力农耕：广昌县乡村地主张殿酬的个案研究

续表

序号	契约名称	时代	产业详情	契价	性质	备注
13	谢乔岳卖长排等处水田庄屋契	清乾隆十八年十二月	父手受分水田，原载老净租陆担壹斗叁升整，额载民粮叁升贰合伍勺。另庄屋、寮屋及上畬井下鱼塘壹口陆分之壹。又及塘堘与天若相共，各照壹半，又及外田上塥茶木在内	契价纹银贰拾伍两正	白	悔者罚银叁钱与不悔人用。[外批]立亲供谢乔岳今将谢应选户内民粮叁升贰合伍勺退入本里张世裕户内输纳
14	廖英士兄弟卖金砂里塘北毛子窠山岗契	清乾隆十九年七月	将父手受分山岗	契价铜钱捌两正	红	任凭买主择穴安[葬]，卖人不得生端异说；悔者罚银五钱与不悔人用
15	巴口桥桥会卖金砂里江背匾籐坑田及推粮契	清乾隆十九年十一月	晚田壹拾柒担贰斗伍升，额载正耗民粮肆斗叁升壹合贰勺伍抄，契内所开墩号田租壹拾柒担贰斗	受到时值契价吐丝纹柒拾两正	红	立亲供户丁黄及三，今将金砂里黄鹏祠户民粮肆斗叁升壹合贰勺伍抄，除入本里张世隆户内输纳
16	何永茂卖千金里竹溪村等处水田契	清乾隆拾九年十二月	共载早晚苦租贰拾陆担贰斗捌升，正耗民粮陆斗伍升柒合	契价足铜钱壹百叁拾贰两正	红	各无返悔，悔者罚银一（两?）与不悔人用
17	谢凤来父子卖金砂里上畬田及庄屋等契	清乾隆二十年十二月	父手授分水田贰处，共载老净租肆担整，额载粮壹斗；庄屋地贰值头上壹间	契价铜钱拾捌两伍钱正	红	悔者罚银五钱不悔人用。[外批]立亲供字人谢凤来、（男）荣英，今将金砂谢凤来户内民米一斗，推入本里江背张世裕户内输纳
18	张九翔卖青山周定公祠内水田及庄屋等契	清乾隆二十二年十二月	自己买到青山周定公祠内水田肆担正，庄屋、鱼塘、车碓，依租均照额载，民粮壹斗	时值契价铜钱二拾两正	红	悔者罚银□□与不悔人用。[外批]本家侄张九翔，今将金砂里张世典户内民粮壹斗，割入张世丰户内
19	张象谦卖水田、庄屋契	清乾隆二十三年十一月	自己续置水田（两处），原载老租贰担捌斗，庄屋坐落上下坊坪，依租均照额载民粮柒升	铜钱壹拾肆两伍钱正	白	任凭买人收租照业，其田上民粮即便割入买主户内输纳；二家各迴[返]悔，悔银伍钱，与不悔人之用

续表

序号	契约名称	时代	产业详情	契价	性质	备注
20	张维九卖麻窝门首等处田契	清乾隆贰拾四年五月	将自己续置水田二处，共载老净租七担捌升，所有庄屋、鱼塘、车碓，依［租］均照节牲每年壹只，额载民粮壹斗玖升四合五勺	时值契价纹银肆拾两零伍钱	白	悔者罚铜钱伍钱与不悔人之用
21	黄明德兄弟出卖水田金砂里上畲下横坑水田契	清乾隆二十六年九月	父手授分水田一处，原载老净租伍担斗整，额载民粮壹斗叁升七合五勺	铜钱贰拾陆两叁钱正	白	其田上民粮，即便割入买主户内输纳；悔者罚银五钱与不悔人用
22	谢山璞、张朝周卖竹园下田契及推约	清乾隆贰拾柒年四月	将自己续置水田，原载老租二担令［零］，内将外下首田外截，载租贰斗伍升，载民粮陆合二勺五抄	契价及顶耕铜钱陆两陆钱正	红	悔者罚铜钱伍钱与不悔人用。［外批］田上民粮六合二勺五抄，今将金砂里谢有宗户民米三合一勺二抄五撮。张诚户民米三合一勺二抄五撮，即便推入本里张世丰户输纳，三家不得多推少收，立（此为）照
23	张九皋兄弟卖江背竹园下首早田契	清乾隆二十七年七月	父手受分水田原载老租壹担正，额载民粮贰升五合	纹银陆两正	红	其田上民粮，即片割入买主［户内］输纳；悔者罚钱伍钱与不悔人用
24	谢仲宗公祠卖祠内水田契	清乾隆廿八年十一月	原载老净租叁担正，内将贰担伍斗额载民粮陆升贰合五勺，又及庄屋坐落东树□鱼塘依租均照	契价铜钱拾贰两伍钱正	白	其田上民粮割入买主户内输纳；悔者罚银伍钱不悔人之用
25	谢孚先绝卖上陌猪牯潭塅上田官契	清乾隆三十一年十一月	自情愿将父手受分水田，原载老租叁担整。额载民粮柒升伍合	得受时值价银铜钱伍拾两伍钱正	红	自卖之后，永无回赎增找。［外批］立亲拱［供］本里上［畲］谢孚先，今将金砂里谢朝先户内民粮七升伍合推入本里张永顺户内输纳，二家不得多推少收

第三章 致力农耕：广昌县乡村地主张殿酬的个案研究

续表

序号	契约名称	时代	产业详情	契价	性质	备注
26	廖惟善绝卖本村桃树圫等处水田官契纸	清乾隆卅年二月	水田二处，原载老租壹担陆斗整、节牲壹分六毫	得受时值价银铜玖两整	红	自卖之后，永无回赎增找。额粮民粮肆升整，即便割入金砂里张永厚户内输纳，粮存本里廖永户
27	王肃南、[王]纲顺兄弟绝卖金砂里上陌等处水田、屋场鱼塘等官契纸	清乾隆三十二年	今有受分水田四处。原载老租十担正。又庄屋四间，学堂场壹所，鱼塘壹口，车碓场依< 均照。额载民粮二斗伍升齐	得受时值价银铜钱伍十捌两正	红	自卖之后，永无回赎增找。额粮除金砂里王尚达户，米二斗伍合齐，入金砂里张永顺户，折银十两
28	温先明绝卖土名广昌金砂里东山门首坑田官契纸	清乾隆三十二年十二月	今有父置分授水田壹处，原载老净租三担肆斗伍升整	得受价银壹十捌两整	白	自卖之后，永无回赎增找
29	王纲耀兄弟卖本里上畬雀子崠水田及推粮契	清乾隆三十三年二月	祖手受分水田，原载老租柒担零贰斗伍合正。额载民粮壹斗柒升伍合六勺贰抄伍撮齐	时值契价铜钱肆拾两正	红	其田上民粮，即便割入买主户内输纳；悔者罚钱伍钱与不悔人用。[外批]田上民粮金砂里王尚达户内推入本里张永顺户内输纳
30	杨翰兰卖江背桃源坑水田及割粮契	清乾隆三十三年十月	今有水田壹处，原载老租肆担贰斗贰升，正额载民粮壹斗零陆合贰勺伍抄齐	时值契价铜钱贰拾叁两肆钱正	红	悔者罚钱陆钱与不悔人用。[外批]卫（为）除根究供户丁金砂里下陌杨翰兰，今有杨先胜、（杨）国政户内民粮壹斗零陆合贰勺伍抄齐，割本里张永顺户内输纳
31	王元爵卖本里上畬鹊子崠水田契	清乾隆叁拾肆年拾壹月	父手原买王宅水田水田，原载老租壹拾肆担零肆升。内王宅除租柒担零肆（外批：贰）升止买柒担零贰升，当额载民粮壹斗柒升伍合伍勺	时值契价足纹银肆拾捌两整	红	田上民粮，原存卖主王文佚户，即便割入买主户内输纳；悔者罚银二两整与不悔人用
32	张九思卖本村社被堎上水田契	清乾隆三十五年十一月	自己续买水田，原载租壹担正，额载民（粮）柒斗叁斗齐	时值契价铜钱陆拾陆两正	红	其田上税粮，如遇大造，即便割入买主户内输纳；悔者罚钱壹两与不悔人用

· 137 ·

续表

序号	契约名称	时代	产业详情	契价	性质	备注
33	张永年卖上鸳鸯岩寨等处茶山契	清乾隆三十六年正月	自己续买茶山三处	时值契价铜钱壹两伍钱正	红	悔者罚银钱与不悔人用
34	张永年兄弟卖江背桥下水田契	清乾隆三十六年正月	自情愿将父手受分水田，载租贰担四斗伍升，常年节牲壹只，又一处载租壹担贰斗伍升，共载老租叁担柒斗正。额载民粮七升六合七勺五抄	时值契价铜钱贰拾两零七钱五分	红	其田上民粮，即便割入买主户内输纳。一定之后，二家各无返悔，悔者罚银五钱与不悔人用。[外批]批明桥下庄屋壹只
35	石城联坊温启周温晋周卖广昌江背川垇垇水田契	清乾隆叁拾六年三月	祖手分授水田壹处，原载老租肆石叁斗贰升	时值契价铜钱壹拾贰两伍钱	红	其田自卖之后，任凭买人永远掌业收租，卖人不得异说。其田上民粮，买人收回本户输纳，不涉出卖人之事
36	谢山璞卖田契尾	清乾隆三十六年	张殿酬买谢山璞田二斗五升	用价银柒两玖钱，上纳税银二钱三分柒厘	红	注：此系广昌县发给新业户张殿酬的契尾，本契遗失
37	石城石上里陈明周伯侄卖广昌金砂里上畚新屋门首车碓墈早田等契	清乾隆三十七年十二月	父手续置水田二处，共载老租拾担五斗，额载民粮二斗六升二合五勺齐。田上庄屋坐落新屋前廊，东西二边一半，横屋西边（二）值，依租均照。鱼塘二口，灰寮、园地、车碓，俱依租约照	契价银肆拾玖两整	白	二家各无返悔，悔者罚钱乙两与不悔人用
38	许汝铭公祠出卖江背水口外荒山契	清乾隆四十一年七月	合嗣子孙商议，将江背水口外荒山壹片出卖	时值契价铜钱六两正	红	[悔者罚钱]五钱与不悔人]用
39	许汝铭公祠出卖江背水口外荒山契	清乾隆四十乙年八月	合祠子孙商议，将江背水口外荒山壹片出卖	时值契价铜钱壹两正	白	悔者罚钱叁钱与不悔人用

在张殿酬的39张"卖"契中，既有名副其实的"卖契"，即通常所说的杜卖、绝卖契。杜卖是所有契约文书中交易性质最为明显的一

种。如上表第 37 号,清乾隆三十六年（1771）的《谢山璞卖田契尾》①的主要内容是：张殿酬买谢山璞田二斗五升,用价银柒两玖钱,遵例每两纳税银三分,上纳税银二钱三分柒厘,经过纳税之后,广昌县发给新业户张殿酬此契尾作为凭证。而上表第 1 号,清雍正十年（1732）十二月《广昌县张步周卖金砂里上陌庙前等处水田契》,张步周将自己续置水田三处,共租玖担柒斗肆升净,共载民米贰斗肆升叁合伍勺,以铜钱肆拾贰两的价格卖给张殿酬,同时约定"所有田上民粮,割［入］买主户内输纳,不涉卖人之事",还约定"悔者罚［银］贰两与不悔人用"。此契的契尾虽然遗失,其钤盖的印章却无可辩驳地显示出这是一张经过纳税过割的杜卖红契。

绝卖是杜卖的另一种表达方式。在张殿酬契约中,包含 3 张"绝卖契",其中有两张红契、一张白契,即上表中第 26 号、第 27 号和第 28 号。通过这三张绝卖契可以看出,27 号、28 号两张红契,是法律意义上的绝卖,不仅有田主与银主的交易,还有钱粮的过割。张殿酬在这两份契约中,都是银主,按照一般的惯例,作为新的业主,田产的赋税应该推收到新的业主名下,但是在廖惟善绝卖契约中,"额粮民粮肆升整,即便割入金砂里张永厚户内输纳,粮存本里廖永户"；在王肃南、［王］纲顺兄弟的这份契约中,"额粮除金砂里王尚达户,米二斗伍升合","入金砂里张永顺户,折银十两"。税粮并未推入张殿酬户,而张殿酬与新的纳税人张永顺的关系,则不能局限于具体的人物姓名。在明清的田赋中,接受"粮"的"户",既有可能是独立的民户（家庭）,也有可能是家族、宗族之"粮户",在明清的户籍图册中,"户"在更多上是作为一个纳税的单位而不是个体的人物存在。②

（二）典/典卖契约（10 张）

在张殿酬契约中,有 10 张典/典卖契约。其中有 7 张是通过名

---

① 参见第一章对契尾形制的论述。
② 以上观点可以参考：栾成显《明代户丁考释》,《中国史研究》2000 年第 2 期；林枫、陈支平《论明末清初民间户粮推收之虚实——以休宁程氏"置产簿"为中心的分析》,《厦门大学学报》2004 年第 3 期。

"卖"实"典"的方式交易的典契,另有 3 张真正的典契,即 2 张是石城县石上里温先程兄弟和温启周兄弟等人的典田契,1 张是本村廖永宁典田契。兹列如下:

表 3-4　　　　　　　　　　张殿酬典契一览表

序号	契约名称	时代	交易内容	契价	性质	备注
1	黄德茂卖江背塘坑口水田契	清雍正元年四月	自己续[至]置,原载老租叁担三斗整额载民粮九升三合	铜钱拾两正	白	其田不限年分,仍将原价收赎
2	张又良卖江背隆[龙]兴湾房契	清乾隆十六年十二月	父手未分所存之屋厢间下截壹间	屋价铜钱四两伍钱正。	白	不限年分,仍将原价对月收赎,价到字退,无有阻执。自卖之后,任凭买主居住。后日兄弟分屋之际,仍将原价对月以赎
3	张利文卖金砂里上畲吊钟沅田契	清乾隆十六年十二月	今将水田土民坐落上畲吊钟沅,原载老租贰担	当得铜钱陆两正。	白	其田任凭叔祖照业,民粮五升常年津贴与侄,不限年分,仍将原价对月收赎
4	温先鼎兄弟暂卖广昌金砂里山寮等处水田契	清乾隆十七年四月	水田壹处,共载老净租壹拾肆石肆斗整	铜钱肆拾叁两正	白	任凭买人掌业收租。其田粮米、杂派,随买人输纳卖人户内。其田不限年,只限对月,照依字内原价收赎,钱到字退
5	石城县温先程兄弟典广昌江背川圿坳田官契纸	清乾隆三十二年三月	原载老净租二十担零三斗二升,内将壹陆担正凭中出典	典价银铜伍十两正	白	自典之后,议定三年原价取赎。外批明中资壹千文,赎日补还。额粮肆斗正常年征贴
6	黄凤池卖金砂里上畲鲁家山等处田契	清乾隆二十年四月	田三处庄屋二间,共载老租壹拾捌担贰斗五升,内将陆担,额载民粮壹斗伍升	当日凭中出价铜钱壹拾捌两整。	白	所卖其田限至叁年收赎。如遇年分,不限年分,对月取赎。其田上民粮,常年依契津贴卖主户内输纳,其庄屋依租均照

第三章　致力农耕：广昌县乡村地主张殿酬的个案研究

续表

序号	契约名称	时代	交易内容	契价	性质	备注
7	张泰中卖黄连山坑口田契	清乾隆二十二年十二月	今因要钱还人，将自手购回父手原卖出水田，原共载老净租肆担正	契价铜钱壹拾肆两正。	白	所卖其田当日字载，不限年[分，只]依对月，仍得契内原价收赎，钱到字还，二无[阻]指
8	廖永宁典卖上陌黄连墈下分等处田官契纸	清乾隆三十年十二月廿七日	老租三担；又一处早田二坵，老租壹担正	典价银铜壹十肆两	白	自典之后，议定三年原价取赎
9	石城县石上里联坊图温启周典卖广昌金砂里江背川垅坳水田官契纸	清乾隆三十一年十二月	坐落土名广昌金砂里江背川垅坳，原载老净租捌担整	典价银铜二十肆两整。	白	自典之后，议定三年原价取赎。额粮常年津贴民粮二斗正。批明中资柒百文赎日补还
10	石城联坊温晋周卖广昌江背川垅坳水田契	清乾隆三十四年十二月二十日	今将祖手遗下水田壹处，原载老租肆石叁斗贰升	契价铜钱壹拾叁两伍钱正，	白	其田不限年分，只对月日照依字内原价收赎，钱到字还[外批]批明中资五百文，赎日补还

这 10 张典契均为白契，其中就包括用官契纸填写格式契，说明其从官府处购买了官契纸，却并未按照要求纳税。按照清代的法律，"又置买田业，例应随时过割投税"①，"典买田宅，凡典买田宅不税契者，笞五十，仍追契内田宅价钱一半入官。不过割者，一亩至五亩，笞四十，每五亩加一等，罪止杖一百，其田入官"②。另外，在清代的法律体系中，"典"与"卖"的一个重要区别就是是否有"回赎"的约定。清律明确规定了"典"的定义："以价易出，约限回赎，曰典。此仍还原价者，如典田宅也。"③ 由此可见，典当属于用益物权，"典"最明显的特征在于"可赎"。如果是典契，则必须在契内注明"回赎"字样。典之标的物在约定期限内不得回赎，但期限届至，则凭业主随时收赎，

---

① 同治《广昌县志》卷 2《赋役志·漕运附》。
② 《雍正朝大清会典》卷 156《刑部·律例七·户律二·田宅》。
③ 《大清律例汇辑便览》卷 10《户律·婚姻》，成文出版社有限公司 1975 年影印本。

因而民间有"典有千年""一典千年活"之说。乾隆十八年（1753）又定例，对典契与卖契予以特别区分："嗣后民间置买产业，如系典契，务于契内注明'回赎'字样；如系卖契，亦于契内注明'绝卖''永不回赎'字样。"① 可见，典是活卖，卖是绝卖。

典之权利义务也可能进一步发展而成"绝卖"，典权人依据时价支付差价与典主，过割土地所有权，推收税契，而成绝卖，如果是卖契，要在契内注明"永不回赎"字样。在上表的5号、6号和8号三张契约中，张殿酬正是用"典"的方式，约定"议定三年原价取赎"，出现了与法律相适应的一面，同时，在上表1号、2号和3号契约中，也有"其田不限年分，仍将原价收赎"字样，即出卖人在流转土地的时候保留了回赎权利，这种契约在交易中称为"口当契卖"，如上表1号清雍正元年四月《广昌县黄德茂卖江背塘坑口水田契》，黄德茂将自己续至［置］水田，原载老租叁担三斗整，额载民粮九升三合，以时值契价铜钱拾两正卖给张殿酬为业，其中就约定"其田不限年分，仍将原价收赎"。这种保留赎回权利的"卖"契，和典契在性质上没有多少区别。在取赎年限上，多是约定"其田不限年，只限对月，照依字内原价收赎，钱到字退"，但是也有规定具体取赎年限的情况，如第6号清乾隆二十年四月《广昌县黄凤池卖金砂里上畲鲁家山等处田契》就写明"所卖其田，限至叁年收赎"。

（三）吐退契约（6张）

吐退，犹出让、退还。《元典章》中就说农民"将见种官田地私下受钱，书私约吐退转佃"②。吐退是清代江西民间常用的土地交易方式之一，其主要目的是"丢粮"，在广昌县的交易习惯中，往往有"有买业之时即商同卖主，卖契之外另立吐约顶约，正契内载价十之二三，余价载入吐约顶约之内补足其数，先已预为减税"③。实际上，除了"丢

---

① 《皇朝政典类纂》卷380《刑十二·户律·田宅》。
② 陈高华等点校：《元典章》卷19《户部五·官田·影占系官田土》，天津古籍出版社2011年版，第671页。
③ 同治《广昌县志》卷2《赋役志·漕运附》。

第三章 致力农耕：广昌县乡村地主张殿酬的个案研究

粮"之外，吐退契约也是田皮买卖的一种方式。兹将张殿酬契约中的吐退文书列简表如下：

表3-5　　　　　　　　　　张殿酬吐退契一览表

序号	契约名称	时代	交易内容	契价	性质	备注
1	廖步先吐退半境塘田契	清乾隆二十一年十二月	将原领水田，要载租壹斗伍升	时值帮耕顶手铜钱二两正	白	所退所顶其田，二家各无返悔，悔者罚银壹钱与不悔人悔用
2	廖步先吐退塘北口田契	清乾隆二十六年（十二月）	将原领张宅水田，原载老租一担一斗	顶首铜钱陆两伍钱正	白	
3	廖惟尊吐退门口塅上田契	乾隆三十五年十一月初七日	父手受分水田，原顶张宅水田，载租壹担伍斗整	耕顶铜钱伍两陆钱整	白	其田不限年分，将原价对月收熟（赎），其田退主借转耕作。当年内交花利谷二担整。悔者罚银壹钱与不悔人之用
4	廖惟兴吐退上陌村三角塘田契	清乾隆三十六年十一月	将父手受分水田，大小伍坵，原载老租二担整	时值顶耕铜钱十壹两整	白	连年租税不清，只得将田退还田主成交张殿酬旧[舅]近前承顶耕作
5	廖惟尊吐退上陌下手塅上田契	清乾隆三十六年十二月	将父手受分水田，原领张宅水田，原载老租壹担伍斗整	时值顶耕铜钱玖两伍钱整	白	所退所顶，二家各无返悔，[悔者罚银]与不悔人用
6	廖惟发吐退上陌下手塅上田契	清乾隆卅九年十一月	将父手受分水田，原载老租三担整	时值顶耕铜钱十两整	白	其田不限年分，收赎仍将原价，对月收熟[赎]。其田退人借转耕作，常年交花利谷三担，不得短少升合

在上表的6张契约中，有不少田产的"田皮"和"田骨"分离的情形，退田者所退出的只是"田皮"，而"田骨"仍然在受田者手中，并且其所退"田皮"，原本来源于受田者。如清乾隆二十六年（1761）十二月《广昌县廖步先吐退塘北口田契》，廖步先所退之水田，其系"将原领张宅水田"，现在又退回给张殿酬，因而获得"顶首铜钱陆两伍钱正"，这一"退"之后，此田实现了"皮骨归一"，与此相同的还有清乾隆三十六年（1771）十二月《广昌县廖惟尊吐退上陌下手塅上田契》，该田虽然是

· 143 ·

廖惟尊之父"手受分水田",却是其父"原领张宅水田",也就是说,廖惟尊之父取得的只是该田的田面权,此时廖惟尊将其"退"给张殿酬,是名副其实的"退"。同时,在退田契中,还存在"先卖(典)后佃"的情况。如清乾隆十六年(1751)十一月《广昌县周及远兄弟吐退及借上畲吊钟坑田契》(田主系张殿酬家族之张晋锡公祠),此契实际上包括两张契约(或称两个步骤的交易),首先,周及远兄弟将田"退"(典/当)给张晋锡公祠,"当得帮耕铜钱壹十壹两正",并且约定"三年之外,原价对月收赎"。有"当价",有约定取赎的时间,此可谓典型的典田契;第二步,周及远兄弟为了继续耕作此田,再从张晋锡公祠手中"借"(佃)得此田,双方"当日面议花息陆担连租在内,丰凶两无加减,常年搦(净)交量,不得少欠,如有不清,任凭田主起田另召别佃,今欲有凭,立借田帖为照",此批注写明了田亩的坐落、田租数量、交租方式和违约责任,其中"凭田主起田另召别佃"明确地显示此为"佃"田契。因此,在这一张"退"契中,实际上是典契和佃契的结合体。

(四)租佃契约(1张承佃字)

在张殿酬契约中,租佃契约文书只有2份,其中一张是刘鼎卿承佃张殿酬田产的字据、一张是刘瑞万借张殿酬家族的张晋锡公祠水田所立借田契。承佃字即清乾隆四十八年(1783)七月《广昌县刘鼎卿承佃江背张禹功祠长上里黄竹苑田契》,其契文如下:

> 立承佃字长上里塘坊坝上刘鼎卿,今来承到金砂里江背张禹功祠张殿酬老爹处水租,坐落长上里黄竹苑下,载老租叁担陆斗正,其谷常年到秋面搦枱桶交纳,当日议租禹功祠收陆斗,殿酬处应收叁担。不致短少升合,所承是实,立契承佃字为照。
> 立承佃字刘鼎卿(押)
> 乾隆四十捌年七月卅日
> 在见承佃人张仁山
> 自笔

第三章 致力农耕：广昌县乡村地主张殿酬的个案研究 ◆◆

此契中，值得关注的有三点。首先，承佃人是长上里塘坊坝上刘鼎卿，而田主是金砂里的张殿酬，田产坐落在长上里黄竹蔸下。这说明早在清乾隆四十八年（1783）以前，张殿酬就已经将其田产并购的范围突破了金砂里，其土地交易并不限于金砂里一隅。其次，在契约中，刘鼎卿写明是"张禹功祠张殿酬老爹"名下的田产，但是在交纳田租的时候，这"老租叁担陆斗正"，其中"禹功祠收陆斗，殿酬处应收叁担"，从双方收纳的田租看，张殿酬与其张禹功祠存在共有田产的关系，形成共同占有的现象。第三，在契约的结尾，有"在见承佃人张仁山"的签名画押。按说张殿酬将此田转交给刘鼎卿耕种的时候，已经与原佃户张仁山解除了原有的租佃关系。在与广昌县相邻的石城县，在顺治二年（1645）曾经发生过佃户抗租的斗争①，顺治年间石城县之斗争，是否直接促进了广昌县租佃关系的缓和不得而知，但是从张殿酬将田产转给刘鼎卿耕种却要"在见承佃人张仁山"签名，或许是当时主佃关系的一种体现。同时，也不排除原承佃人张仁山作为中间人牵线搭桥的可能。

在张殿酬家族契约中，其田主虽然不是张殿酬，却是张晋锡公祠，与张殿酬仍然有密切联系。这一张用"借"田的方式表述的租佃契约。清乾隆十八年（1753）二月《广昌县刘瑞万借椒树排田契》：

> 金砂里上陌椒树排刘瑞万，今借到本里田主张晋锡公祠水田乙［壹］处，土名坐落椒树排门首路下。当日议定租及花息，庄屋、鱼塘、菜地等，每年至冬向搠交纳净谷肆担正。所借其田，常年花息清足，任凭田人耕佃数年。田主亦无异说，恐有一年不清足交，［其］田任凭田主另召别佃，承借人不敢阻执。今有凭，立借田字为照。

---

① 乾隆《石城县志》卷7《纪事志·兵寇》记载：顺治二年九月，"石马下吴万干倡永佃起田兵，本邑（指石城县）旧例每租一石，收耗拆一斗，名为桶面。万干借除桶面名，纠集佃户，号'田兵'，凡佃为之愚弄响应。初辖除桶面，后正租止纳七八，强悍霸佃，稍有忤其议者，径掳入城中"。

立借田人刘瑞万（押）

乾隆拾捌年二月吉日

见借人张维九

在中［张维九］

代笔人张泰中（押）

［吉语］田禾大熟

这种"借田契"虽然不是向张殿酬"借"得田产，却也表明张殿酬的生活中存在"借田"这种习俗。这一张"借"田契约的特殊之处在于，本来是租佃契约，却用"借"字的方式来表现。同时，作为租佃契约，本应写明租佃的田产四至、田产的赋税额，在本契中却都略过，只是简略的记载"到本里田主张晋锡公祠水田乙［壹］处"，"每年至冬向擒交纳净谷肆担正"，与一般的租佃契约相比较，显得格外简单。同时，借田契反映的是清代田产"皮骨分离"的情形，在清乾隆二十四年前后，江西建昌府就有此习俗，"农田皆有主者谓之大买；农与农私相授受，谓之小买；无小买者，谓之借佃，皆田主为政"。① "大买"是为杜卖，"小买"是佃农之间的私下相互转佃，而"借佃"则是契约中的"借田"，亦是租佃关系的一种。

（五）租赁房屋文书（1张）

张殿酬契约中的租赁文书仅有1件，即清乾隆三十一年（1766）三月《广昌县张由矩赁石城县鲁家湾屋契》。该契约是张殿酬之本家曾侄由矩，从张殿酬手中租得坐落在石城石上里郭山背鲁家湾东边上截落厫壹间，又及东边下截正间壹间，共二间用于常年居住，双方约定"至冬交屋租铜钱四钱正，不得短少"，"今赁之后，任凭居住修整，不得放败"。从契约的价格来看，仅有铜钱四钱正，意即折银四钱，如按照纹银与铜钱1∶1000的法定比价折算，也仅相当于400文铜钱，其中

---

① 乾隆《建昌府志》卷8《风俗考》，清乾隆二十四年刻本。戴鞍钢、黄苇主编：《中国地方志经济资料汇编》，汉语大词典出版社1999年版，第33页。

第三章 致力农耕：广昌县乡村地主张殿酬的个案研究

约定的"任凭居住修整，不得放败"反而更是该租赁契约的主要目的，即由张由矩代为照看位于石城县石上里的此处房产。

（六）兑换与逊让契约（各1张，共2张）

张殿酬契约中，土地的兑换与逊让文书一共两件，分别是清乾隆二十六年（1761）一月《广昌县张陶轩兄弟换水田契》和清乾隆二十八年（1763）正月《广昌县张九皋兄弟逊让坡湾下首田契》，均是因为张殿酬建造房屋之需要而进行，体现的是社会生活和家庭生活当中互助互利的温情一面，其具体内容在本书第一章第三节《交易的种类与地权变动》中，已有分析，兹不赘述。

（七）加找契约（1张）

如果典之后，买主无力取赎或者不愿取赎，则须另立一"加找契"，① 将此产业杜卖给现管业人，但是这种将典之后转为杜卖的"加找契"极为少见，在江西省博物馆藏契约文书中也仅有1件。

清乾隆二十年（1755）十一月《广昌县张志忠卖金砂里江背龙形[兴]湾房屋契》，张志忠有父首[手]分房屋壹间，所有厅堂、思厅、虬场、出路以及上首、下首荒坪、依屋均照先年典于叔父殿酬，"契再（载）不限年分收赎"，但是至清乾隆二十年十一月，"自己不愿收赎，劝叔父补价，当日面议，典价及补价前后共得钱伍两伍钱整"，于是立下《广昌县张志忠卖金砂里江背龙形[兴]湾房屋契》，将此房屋绝卖。

第三节　清代中期乡村地主的样板

一　张殿酬契约的特点

张殿酬契约是清代雍正至乾隆年间中国中部山区乡村社会土地流转的代表，其土地流转契约文书数量多、时间跨度长、类型丰富。

张殿酬契约文书共有65张，其中张殿酬亲身参与的承受（买、典、租、退、佃、兑换、逊让）等活动就有60张，此外有张殿酬家族的秀

---

① 见第二章第三节的论述。

通契 1 张、张晋锡公祠契 2 张、张永年契 2 张。这一组契约，从数量上来看，占到了江西博物馆藏契约文书的 4.5%（全省共 1442 件），占抚州地区契约的 47.8%（抚州地区共 136 件）。从张殿酬个人的契约数量来看，达 60 张之多，即便是在徽州文书当中，像这种归户性好、数量大、成规模地集中在一个人身上的契约文书，具有重要的研究价值。

张殿酬契约的另一个特点是时间跨度长。在张殿酬亲自参与的交易活动中，最早一件是雍正元年（1723），金砂里黄氏将水田卖给张殿酬的活卖契；最晚的一件是乾隆四十八年（1783），广昌县长上里塘坊坝佃户刘鼎卿承佃张殿酬水租三担陆斗的承佃字。从雍正元年（1723）至乾隆四十八年（1783）的 61 年间，正是中国封建社会最后一个盛世的后段，张殿酬的人生与雍正至乾隆的盛世时代相重合，也可以从一个侧面反映出康乾时代的风貌，同时，其历时之久也保证了"史"的独特价值，有利于研究十年到百年尺度的周期变化。

张殿酬契约的第三个特点是类型丰富。在我国民间契约文书中，明清契约文书占有突出的位置，明清时代是我国契约文书门类最多、使用最为广泛的时期，在张殿酬契约中也不例外。在这些契约中，张殿酬承受产业的方式有买、典、租、退、佃、兑换、逊让，其产业种类有田、房屋、庄屋、鱼塘等，这无疑是研究雍正至乾隆时期赣东地区乡村社会经济、社会史以及文化、生活史的一批不可多得的珍贵资料，而且张殿酬契约文书反映的社会经济制度与文化特征，既有地方性，又有普遍性，这些契约中记录的是赣东社会结构中人与人的关系，反映了时人生活的实态，保存了大量史籍文献根本没有记载的基层社会的原始资料，有利于推动区域社会史研究走向一个新的阶段。

总之，张殿酬契约不仅是一个关于"人"的活的历史，也是一个地区社会经济的反映。这一组契约，既能反映张殿酬作为一个个体，在 61 的时间里，通过 60 次承受土地（房屋），不断扩大自己的经济实力的过程；也展现了清代赣东山区乡村社会中存在的"皮骨分离"、生产方式、亲缘关系、宗族社会等带有普遍性的事物，通过这样一个具体案例，有助于研究清代赣东那个有些模糊的时空。

第三章 致力农耕：广昌县乡村地主张殿酬的个案研究 ◆◆

二 张殿酬文书的标本意义

张殿酬作为18世纪的中国农村乡村地主，在其数十年的经营当中，逐渐发家致富，积累起可观的家产。张殿酬的人生经历，其实也是中国传统社会的一个缩影。

当雍正元年（1723）张殿酬开始其人生第一笔土地交易时，仅花费契价铜钱拾两正；而在雍正十年（1732），其从张步周手中买入水田，其交易金额已经达到了铜钱肆拾贰［两］。乾隆十九年（1754），其从巴口桥会买得田产，价格再一步跃升到七十两正，同样还是在乾隆十九年（1754），张殿酬将其购买田产的范围从其居住的金砂里扩张到了千金里，而成交价格也再次飙升到壹百叁拾贰两正。从张殿酬不断扩大的交易范围和不断攀升的成交价格，反映出财富在其手中不断积累的过程。至乾隆二十六年（1761）至二十八年（1763）间，张殿酬终于在金砂里江背村龙兴湾"做造楼屋"，实现了其人生的一大跨越。要知道，"昌邑僻处上游，地势益高，重山大岭，居三之二。土尤坟垆，率不宜麦。岁秋稻一登场，山濯濯无别种，妇不机杼，无布帛。男不商贾，无贸殖，并无挈牧鱼盐负贩以为利，故邑无千金之家"①。如果说总体的山区自然环境制约了当地的经济发展，在居室服食方面，广昌县"往居室服食制，皆古朴。昌邑素秉礼义，无或紊者。明初，民舍编茅，男女服食从俭；成（化）宏［弘］（治）以来，承平日久，俗渐奢靡，明末尤甚。丧乱之后，士夫家风雨不蔽，布衣艰食，而贩竖编户，且衣锦绮，被珠翠，盛设珍错以相侈"②。从明代至清代，广昌县的社会风气有了较为明显的变化，张殿酬以数十年之积蓄，"做造楼屋"，有可能是"衣锦绮，被珠翠"中的一员。

张殿酬的发家致富，当然离不开雍正至乾隆年间广昌县和平、稳定的社会环境。一方面，在顺治初年石城县的佃户抗租的斗争中，"本邑

---

① 同治《广昌县志》卷2《赋役志》。
② 同治《广昌县志》卷1《风俗志》。

（指石城县）旧例每租一石，收耗拆一斗，名为桶面。万干借除桶面名，纠集佃户，号田兵，凡佃为之愚弄响应"①。但是在张殿酬及其家族契约中，仍然可以见到诸如"手面壹斗，年节四分""手面壹斗壹升，年节四分五厘"（清乾隆拾九年十二月《广昌县何永茂卖千金里竹溪村等处水田契》）和"常年节牲壹只"（清乾隆三十六年正月《广昌县张永年兄弟卖江背桥下水田契》）的记载，说明在经历顺治初年的佃户抗租斗争后，广昌县的租佃习俗并未发生根本改变，这对于"田主张殿酬"来说，无疑是有利的。另一方面，清代前期广昌县长期维持了军事、政治和社会的稳定，也没有遭受大的自然灾害。据同治《广昌县志》记载，清初的顺治、康熙年间，广昌县遭受的各种水灾、旱灾、饥荒、火灾、地震和骚乱一共有10次，而在雍正至乾隆年间，仅有5次，其中雍正年间2次，乾隆年间3次，且不乏"大有年""出粟助赈"的记载，如"乾隆元年，大有年；八年癸亥大饥，奉文赈恤，绅耆多出粟助赈；十三年戊辰，旱；十五年庚午，邑大水；二十一年，大有年"②。而乾隆五十七年六月，广昌县发生大水之时，"升米五分，沐恩赈恤"，此时张殿酬已经退出交易长达十余年之久。可见，在张殿酬生活的雍正至乾隆时代，总体来说虽有一些水旱灾害，但是官方应对及时，加之出现不少"大有年"，也为整个广昌的经济、社会发展奠定了较好的基础。

从张殿酬所处的环境来看，其虽然处于武夷山支脉血木岭的河谷山村，广昌"邑有形胜地险之谓，非佳山水游观之谓，昌故僻邑，因界壤深阻，数有寇攘"③，但是，从另一方面来看，广昌县却又并不封闭，"广昌形胜，据建武上游，南源奥区"，"且其山东西互通，南北辽绝"④。另一方面，盱江自南向北纵贯境内，盱江沿岸的广昌县治盱江

---

① 乾隆《石城县志》卷7《纪事志·兵寇》，《中国地方志集成》本，江苏古籍出版社1996年版。
② 同治《广昌县志》卷1《祥异》。
③ 同治《广昌县志》卷首《志略》。
④ 同治《广昌县志》卷首《图说》。

第三章 致力农耕：广昌县乡村地主张殿酬的个案研究

镇、白水皆为闽赣边界的重要市镇，白水镇市"二水夹流，聚若城市"①。其他的墟市星罗棋布，构成与外界交往的交通网。因此，在这个意义上说，张殿酬生活的环境，是中国传统社会生活环境的典型代表：依山傍水，农耕稼穑，独居一隅，却又与外界藕断丝连。正因为如此，张殿酬契约才能作为赣东地区乃至中国传统社会的一个缩影，其作为研究标本的意义也就更加丰富。

---

① 同治《广昌县志》卷1《城池志》。

第四章

大家族的财产：上饶方氏家族的土地交易

第一节 上饶方氏家族契约概述

一 上饶方氏家族及其契约文书概况

上饶、铅山方氏家族契约，共有144件，其中清代光绪朝25件，宣统朝18件，民国101件。时代最早的是清光绪十八年《张顺忠、顺雁绝卖田三联契》，时代最晚的是民国二十九年（1940）《李廷炳卖田三联契》。其中的交易地域涉及上饶县和铅山县，交易方式包括杜卖、当、绝卖、退、典等，交易的产业包括田、房屋、地基、山，以田产交易为主。此外，还包括书信二封，即民国（二十九?）年四月初十日《人骥致表姊杏姊信》（信封上书"专呈方元标先生启。步云氏□。"和民国（二十九?）年五月初一日《人骥致表姊杏姊借钱书信》。另有民国二十九年四月《方裕升推收田赋申请书》和民国二十七年（1938）《方元标方隆恩立述明字》各一件。

这一批契约文书中，较为突出的特点是交易的事主较为集中。如冠名为方慎斋的有21件、方锡福堂有19件、方锡寿堂有19件、方元标有19件、方璧祝祀有16件、杨雅卿（方杨雅卿）有13件、方和甘祀有9件、方璧如有8件、方达生祀有5件。在这些人物的名称中，既有较为常见的方慎斋、杨雅卿（方杨雅卿）、方璧如等个体姓名，也有如方锡福堂、方锡寿堂、方璧祝祀、方和甘祀、方达生祀等以"姓名＋堂"和"姓名＋祀"结构的家族组织。

这些个人和家族组织的交易记录中，存在以下特征：

第四章　大家族的财产：上饶方氏家族的土地交易

（1）该批契约地跨上饶、铅山县二县，如方锡福堂在不同的契约中，就有上饶县四十二都和铅山县十九都两个户籍，而且存在跨县交易的行为，如民国二十五年（1936）十二月《方恩承杜卖田三联契》，卖主方恩承，系上饶县四十二都四甲人，有田一塅坐落铅邑十九都，买主杨雅卿系与方恩承同县同都同图同甲，本契上钤"铅山县印"篆文官印，另钤盖有红色楷体"铅山县于民国二十六年十二月三十一日验讫"字样。可见方氏家族的产业横跨了上饶、铅山两县，方氏家族是清末民国时期上饶县的大家族。

（2）杨雅卿，在某些契约中又写作"方杨雅卿"。杨雅卿的交易活动时间特别集中，其中民国二十五年十二月8件、民国二十六年2件、民国二十七年1件、民国二十八年2件。从杨雅卿的交易行为可以推断，其本名为杨雅卿，冠以夫姓之后名"方杨雅卿"，而其主导交易活动的民国二十五至二十八年（1936—1939），可能正是方氏家族人员结构出现了较大的变化。

（3）该批契约中方氏家族的业主（买主），不仅包括一般意义的自然人，也有以家族名义出现的购买产业现象，如方锡福堂、方锡寿堂、方璧祝祀、方和甘祀、方达生祀。这些以"堂"和"祀"形式出现的家族财产关系值得深入探讨。

（4）这批契约的突出特点还包括大部分契约文书都有一个包装用的封套，封套的正面书写置买该项产业的时间、产业坐落、面积、田块数量、价格、卖主、买主、契约张数。背面书写该项田产的佃户姓名、交纳顶首钱数等信息，在其他地区的契约文书中均未发现此种现象，反映出方氏家族产业管业的严密性。

二　契约文书所见方氏家族概况

契约文书中，上饶方氏家族田宅交易的买主，主要集中在方慎斋、方锡福堂、方锡寿堂、方元标、方璧祝祀、杨雅卿（方杨雅卿）、方和甘祀、方璧如和方达生祀，共计129件，占方氏家族契约文书（144件）的89.6%，可见其集中程度，因此本书将其概括为"大家族的财产——方氏家族契约文书"。

(一) 方氏家族的具体位置

考察契约文书中记载的方氏家族地点,可以发现方氏家族所在地有上饶县四十二都三图四甲和铅山县十九都(三图)十甲两处。

方元标、杨雅卿、方璧如、方慎斋、方璧祝祀和方达生祀,户籍均为上饶县四十二都三图四甲。清代上饶县共分13乡62个都。四十二都属乾元乡(辖41—45都)。四十二都驻周墩(今尊桥乡周敦村)。方氏家族所在的上饶县四十二都三图四甲,即今上饶市广信区尊桥乡尊桥村芳村组。

据《上饶县地名志》记载:"芳村,方姓始居,名方村,方言谐音成今名。大队驻地,在坑底北偏东2.5公里的山岗上。"① 芳村,今属上饶市广信区(原上饶县)尊桥乡尊桥行政村芳村组。尊桥,明天启年间(1621—1627),福建南安县王姓始居于此,以针工为业,筹资建石桥,名"针工桥",后谐音成"丁公桥""尊公桥"。民国时期属第五区赵家乡。1949年为尊桥乡,1961年置尊桥公社,1984年复改乡,名称沿用今名。

方锡福堂、方锡寿堂、方甘和祀属铅山县十九都(三图)十甲。清代铅山县为9个乡、44个都。十九都三图十甲,清代属布政乡,辖石溪、银村、后洲、厚田、麻山孔、本地孔、李家庄、双头铺、江村、窑前、独田、螺狮山等地,今属青溪服务中心(原名石溪乡,驻石溪)孔家村方家自然村。查《铅山县地名志》:"方家,在石溪西南2.7公里的小山坞中,与上饶县前坊大队高坞垄交界。15户,74人。清末上饶县尊桥方姓建村已6代。"②

青溪,原名石溪乡,驻石溪,是上饶市广信区(原上饶县)与铅山县交界线上的小镇——石溪。石溪历史上一直是属于上饶市上饶县的一个地方,在上饶县志中就有石溪坊。1931年石溪从上饶县分到铅山

---

① 上饶县地名办公室:《江西省上饶县地名志》,1986年,第210页。
② 铅山县地名办公室:《江西省铅山县地名志》,1985年,第47页。

县,设立石溪乡,后来改为青溪镇。在方氏家族契约文书中,也有"今有彰祖遗下石溪鸣山庙街首方和林公店屋田基堂厅""任凭方璧如叔前去管业招租,彰祖子孙无得异言生端"①。在民国二十九年四月《方裕升推收田赋申请书》中也有"推出户名方裕升""现住四区保甲石溪村""业坐四区保甲土名雅塘口地方石溪"等记载。②

综合上饶县、铅山县两地方氏家族契约文书和两县地名志的记载,可以做出如下推断:上饶县尊桥,在明天启年间(1621—1627),因福建南安县迁来的王姓始居于此,王氏以针工为业,筹资建石桥,名"针工桥",逐渐繁荣成村落。清代早期,方氏在上饶县尊桥坑底(地名,今尊桥乡政府驻地)北偏东2.5千米的山岗上建村,得名方村,后因谐音、雅化成芳村,即今尊桥乡芳村组。随着方氏家族产业的扩大,方氏家族在石溪街首有方氏彰祖遗留下来的店铺,名"方和林公店",至民国三年十二月,由方氏彰祖子孙将其典给本房方璧如为业,"自当之后,任凭方璧如叔前去管业招租","彰祖子孙无得异言生端,日后彰祖祀众银便照契依字内原价取赎"。从契约中对方璧如称为"本房""叔"等字样,可以推断铅山十九都三图十甲方氏,系与上饶县四十二都三图四甲的方璧如为同房叔伯,铅山方氏系从上饶县迁徙而来,与《铅山县地名志》的有关记载吻合。

三 方氏家族所在地的社会经济概况

广信府是东南要冲,雍正《江西通志》卷四《形胜》引宋王雷修《信州城记》说:赣东北"牙闽控越,襟淮面浙";宋李弥大《法海院记》也称赞其地"当吴楚闽越之交,为东南望镇"③。信江水上交通"信江一道(水路),自三清、怀玉等山发源……至玉山县西门外大河关口滩大马头起(浙江货物由此下船,闽粤货物由此起驳,船只湾泊

---

① 民国三年十二月《方清渠等典店屋田基契》。
② 民国二十九年四月《方裕升推收田赋申请书》。
③ 雍正《江西通志》卷4《形胜》。

之所)……至沙溪镇二十里(船只暂泊)……至河口镇三十里,距府城计水程八十里(江浙闽粤商贩丛集,茶叶烟笋各贵聚集,大小船只亦多停泊)……至弋阳县南门马头(船只暂泊)五十里,距河口计水程九十里……自玉山经流出郡境止,统计水程四百三十里"①。江西信江流域与浙江、福建二省相毗邻,是明清时期三省经济、文化交流的枢纽,同时也是江西省市镇分布最为稠密的地域之一。② 其中明确记载沿信江干流或大的支流而建的市镇有铅山县的湖坊市、紫溪市、河口镇、石塘镇、陈坊市等。③ 工商业人口大量涌入、商业会馆频繁兴修、商运干道大规模扩建、政府派驻机构纷纷添设与升级,而且,在商品生产及贸易的基础上,不少市镇形成了各具特色的专业市场。信江流域市镇的发展既是该区域商品经济发展的必然结果,又反过来促进区域商品经济的进一步发展。④

便利的水陆交通带动了广信府和铅山县的经济社会发展。"自宋代以来,赣东北商品经济发展迅速,至明清已成为江西的富饶之地。赣东北商品经济的发展主要得力于这个地区水路的发达、物产的丰富、农产品的充沛和较浓的从商行贾之风,成为江西经济发达地区之一,对江西经济的发展起到了重要支撑作用,并推动了江西手工业的兴盛和农村经济的发展。"⑤ 明万历《铅书》记载:"以其通于江、达于河也,故凡天下之货又集焉………顾河口水奥商贾,驿毕藏好之数,迩有县佐分驻之议。"明费元禄在《显采馆清课》中记述:"河口,余家始迁居时仅二三家,今阅世七十余年,而百而千,当成邑成都矣……技艺杂耍,盖期舟车四出,货强所兴。"⑥ 河口镇以茶、纸贸易闻名天下,"河口商业繁盛,不徒为全县菁华,实上饶江流域之菁华。福建货物入连泗纸(按:

---

① 同治《上饶县志》卷4《城池志》。
② 叶群英:《明清信江流域市镇分布状况考察》,《江西师范大学学报》2008年第3期。
③ 同治《广信府志》卷1《地理志·山川》。
④ 叶群英:《清代中期信江流域市镇的发展》,《江西社会科学》2008年第6期。
⑤ 余龙生、赖春梅:《明清时期赣东北商品经济的发展与启示》,《上饶师范学院学报》2006年第1期。
⑥ 转引自韩小雄《晋商万里茶路探寻》,山西人民出版社2012年版,第31页。

第四章　大家族的财产：上饶方氏家族的土地交易

即连史纸）之类，亦于此销售，当沿海轮船未通以前，为福建武彝（按：即武夷）茶大市场。五口通商以后，武彝茶改由福州输出，河口商务稍减"①。铅山为江西明清时期四大古镇之一。万历年间，铅山县河口镇"估舶所聚，商务勃兴，人口约五万（其中茶丁、纸丁约两万余）"②。乾隆年间铅山县"河口码头货聚八闽川广，语杂两浙淮扬；舟楫夜泊，绕岸灯辉；市井晨炊，沿江雾布；斯镇胜事，实铅山巨观"③。

清乾嘉年间是河口茶市的鼎盛年代，河口镇红茶销售额"每年不下百万金"，到处都可见到茶庄、茶行和茶叶店。茶庄资金雄厚者多达数十万（银）之巨，职工多者达一二百人。清初，河口镇"茶叶均系西客经营，由江西转河南运销关外。西客者，山西商人也。每家资本约二三十万至百万。货物往还络绎不绝，首春客至，由行东赴河口欢迎。到地将款及所购茶单，点交行东，恣所为不问，茶事毕，始结算别去。乾隆间，邑人邹茂章以茶叶起家二百余万"④。

河口茶业的发达，茶市的繁荣，活跃了铅山地区及其邻县的经济和生活。乾隆年间铅山诗人蒋士铨描绘河口转运贸易盛况说："舟车驰百货，茶楮走群商。"⑤ 每年茶季，当地和附近农村妇女争相涌向茶市做工谋生。其热闹情景，清人程鸿益在《河口竹枝歌》中写道："狮江（即河口）妇女趁新茶，鬓影衣香笑语哗。齐向客庄分小票，春葱纤剔冻雷芽；千盘茶绕代香熏，一日青蚨二百文。抛却女红入尘世，桑鸠啼遍不曾闻。"⑥ 同治末年，河口仍为武夷山脉北坡茶叶贸易的大市场。"今建安茶叶多取道铅之河口镇"⑦ 作为闽浙赣皖四省茶叶的集散中心

---

① 林传甲：《大中华江西省地理志》，第五篇《地方志》第九十九章《铅山县·实业》，民国七年印本，转引自万鸣辜编著《江西旧地方志茶叶文献汇考》，江西科学技术出版社2019年版，第150页。
② 清《续文献通考》，转引自郑维雄主编《铅山县志》，南海出版公司1990年版，第51页。
③ 乾隆《铅山县志》卷3《市政》。
④ 彭泽益：《中国近代手工业史资料》，中华书局1962年版，第304页。
⑤ 同治《铅山县志》卷28《艺文·文征》。
⑥ 同治《铅山县志》卷29《艺文志·七绝诗·国朝》，转引自万鸣辜编著《江西旧地方志茶叶文献汇考》，江西科学技术出版社2019年版，第149页。
⑦ 同治《广信府志·地理·物产》。

和重要的外销茶加工中心，河口镇更是被称为"万里茶路第一镇"①。

连史纸也是河口镇的大宗产品。距铅山河口镇七八十里的石塘镇，是造纸作坊集中点。万历二十八年（1600），有"纸厂槽户不下三十余槽，各槽帮工不下一二十人"②，所产纸张均运来河口外销。铅山纸不仅产量多，而且纸质上乘，史称"铅山惟纸利，天下之所取足，故四山皆煮竹为生"③。铅山邻近的玉山、永丰、上饶诸县也盛产纸，但外销均需先由小船运至河口，俟重新包装后，再散之四方。广信府造纸局的设立，进一步提高了铅山在明朝上层统治中的位置，官宦使节来往频繁，采办纸张，刺激了河口市面建设的发展。④ 到嘉靖、万历时期河口已经是新兴的工商市镇，居民中"主户十之三，客户十之七"⑤。至光绪年间，铅山"纸张一项，从前洋纸未行时，每年可售银四、五十万两……乃因近年洋纸盛行，不免滞销亏折……近因洋纸盛行，售价不满十万"⑥。

咸丰年间，河口曾几度被太平军占领，太军天国战乱对河口镇的商业造成毁灭性的打击。咸丰六年八月五日，廉兆纶所属的广义军兵败沪溪，统帅郭守谦阵亡当天，此消息传到河口，全镇震动，随即迁徙一空，造成河口空市，太平军"初七日即到铅山之河口镇，焚烧房屋，掳掠船只。"⑦ 其中，最久的一次是在咸丰八年（1858）正月二十七日40多万太平军集结铅山，几乎占据铅山全境，至3月15日离去，历时48天。太平天国战乱后，河口经济缓慢恢复，但随着沿海口岸开放，传统的贸易路线衰落，以河口为代表的赣东北传统商业中心地位一落千丈。

---

① 施由明：《论河口、九江及江西茶叶与"一带一路"》，《农业考古》2015年第2期，第172页。
② 康熙《上饶县志》卷10。
③ 万历《铅书》《食货》第五。转引自陈益民编著《上饶市农业简史》，江西高校出版社2005年版，第113页。
④ 陈益民编著：《上饶市农业简史》，江西高校出版社2005年版，第115页。
⑤ （明）王士性：《广志绎》卷4。
⑥ 彭泽益：《中国近代手工业史资料》，生活·读书·新知三联书店1957年版，第483页。
⑦ （清）曾国藩：《边钱会匪围攻广信府城浙兵援剿解围折（八月三十日）》，《曾国藩全集2》，湖湘文库本，岳麓书社2011年版，第118页。

第四章　大家族的财产：上饶方氏家族的土地交易　◆◆

光绪三十年，铅山地原本"物产庶蕃，人心明敏"，"海禁未开之会，茶商纸贩靡集于斯，小民糊口非艰，谋生甚易，闾阎之殷富以此，习俗之浮惰亦以此。至今日茶市一跃不振，纸业日见衰微，诚恐一再委蛇，而困穷立志矣……今家无尺布之机，女无寸丝之缕，烟赌窃盗，游民遍壤"①。铅山知县梁树棠也指出："县属原本产茶，从前茶庄林立，自光绪二十年以后，茶商歇业殆尽"，"从前河口镇开设茶庄四十八家，可售价四五十万元，近年一蹶不振。刻下河口仅只茶庄一家"，"仅焙制萎茶，行销江浙等地，不及从前十分之一"②。

由于商业困顿、经济衰退，铅山当地的农业经济也颇受影响，光绪三十三年（1907），铅山"县属产米，不敷民食，全赖外县之米，贩运接济。该县恐于青黄不接之时，民以艰食受饥"③。同时期的上饶县则已"高阜处所种植茶树、山薯、杂粮等物，低洼之地尽属稻田"④。

上饶方氏家族就是这种艰难的社会背景下，展现传统社会的最后余晖。

第二节　方氏家族的生计

作为传统的地主大家族，上饶方氏家族的田宅交易，仍以传统的土地兼并形式呈现，其交易范围地跨上饶、铅山二县，交易方式包括卖、绝卖、杜卖、押、典、退等。而交易的主要方向，除6份房屋交易契约、1份山地契约、2份借贷契约外，田产交易契高达133份。

一　跨地区、专人专项管理的家族土地交易模式

从方氏家族现存的133份田宅契约来看，最常见的是本县都图内部

---

① （清）张赞霖：《拟办鹅湖织布公司条例》，《函告》，《江西官报》，甲辰年光绪三十年第十七期。
② （清）傅春官：《江西农工商矿纪略》，《铅山县·工务》。
③ （清）傅春官：《江西农工商矿纪略》，《铅山县·商务》。
④ 同治《上饶县志》卷5《山川志》。

的交易，方式家族在其居住地附近购买田产。宣统二年（1960）后，开始出现跨县交易的情况，其交易范围包括上饶、铅山二县，表明此时方氏家族的一支有可能已经迁往铅山县居住。

随着家族的迁徙，方式家族田宅交易的范围逐渐扩大到临近的铅山县。如清宣统二年十二月《杨占华杜卖田契》，首次出现契约地跨上饶、铅山县二县现象，此契的立杜卖契人是铅山县二图四甲杨占华，买地人上饶县四十二都〇图四甲方宪达。在民国二十五年（1936）十二月的《孔庆垣孔德生杜卖田二联契》中，居住在铅邑十九都圣裔三甲孔庆垣、德生，"今因无银应用，自意情愿将祖置遗下关书内民田一堰，坐落铅邑十九都，土名孔宅大门边，计田大小四坵，计租四硕正，共计官税二亩正；其田四至眼仝踏明"，"卖与上饶县四十二都〇图四甲方元标先生为业，契法币大洋六十元正"。

在方氏家族跨县的土地交易中，较为突出的现象是方元标专管与孔姓家族的跨地区土地交易。孔姓与方氏家族之间的土地交易主要集中在民国年间（清末宣统二年 1 份），共 7 份契约，分别为宣统二年（1910）孔庆堰与方锡寿堂在铅山县的交易；民国二年（1913）（孔泰林、孔郑氏与方锡介在铅山的交易）、民国六年（1917）孔宪廷与方达生祀在上饶的交易、民国十年（1921）孔淑钧与方慎斋在铅山的交易和民国十一年（1922）、民国十二年（1923）、民国二十五年（1936），铅山县孔宪彬、孔金龙、孔秋林、孔胜才、孔德生、孔庆垣与上饶县方元标的跨地区土地交易。从其时间跨度来看似乎在宣统二年至民国二十五年的 26 年间，方元标专管与孔姓家族的跨地区土地交易。

在家族内部的交易中，似乎也有专人管理。从目前统计情况来看，方璧如专管与方姓本族的土地交易，清光绪二十七年（1901）十二月《方御渠绝卖田三联契》中，立（绝卖田）契人为上饶县四十二都〇图四甲方斯渠等，买地人则为仝县仝都〇图四甲方璧如胞伯；清光绪二十八年十二月《方清渠绝卖田三联契》中，立（绝卖田）契人为上饶县四十二都〇图四甲方清渠，买地人仍然是同县同都〇图四甲方璧如；民国三年五月《方福旺、季学满关收地基价字》，立满关收字人为方福旺

第四章　大家族的财产：上饶方氏家族的土地交易

等，承买本房石门楼前祖遗火烧地基为方璧如叔弟；民国三年十二月《方清渠等典店屋田基契》，立典店屋田基契人为方清渠、方成兴、方定基，其将"彰祖遗下石溪鸣山庙街首方和林公店屋田基堂厅，每年实交彰祖祀众店屋田基焦租谷一石八斗五升""出典于本房方璧如叔名下"。在以上清光绪二十七年至民国三年方氏家族内部的田宅交易中，均由方璧如专管。

从其他契约文书较为集中的情况来看，方锡寿堂、方和甘祀、方璧祝祀则专管与外姓的土地交易，即与刘、童、吕、曹、李、乐、赵、苏、张、何、孔、曾、沈、周姓都有田宅交易，如民国元年《刘世义绝卖民田三联契》、民国二年《赵清节卖田三联契》、民国二年《乐兰养绝卖田二联契》、民国二年十二月《苏其贞卖田二联契》、民国二年《张碧璋绝卖田二联契》、民国二年十二月《何兆宗绝卖田三联契》。

从现存契约来看，方锡福堂则外姓本族的土地交易都有所经手。通过对土地交易的管辖范围，可以推断，在管理方面，方氏家族已经形成一定的土地交易管理制度，主张一人专管一方土地，以管理者（即买地人）所处之地为中心，就近管理临近之地的交易。

此外，契约文书中也存在方氏家族将族山顶（租）给异姓耕种的情况。如清宣统三年四月《张吴氏退客山字》，退客山字人张吴氏夫妇，"先年讨看方大（左火右鼎）公祀各边竹山一大障内合一半，坐落四十二都四堡，土名高牌，又墟土名树蓬，以及荒山熟地蓬基讨来看守，当日付过业主顶首洋银十一两正""因旧岁夫故，无人看守，托中情愿将山及地基一并退还方姓""其银成字之日，一并收足，无欠分厘，自退之后，任凭方姓前去自守或另布他人"。

二　上饶方氏家族的田宅交易时段

在上饶方氏家族的田宅契约中，按照交易时段来划分，较为集中的是清末民初（宣统二年至民国二年）。尤为突出的是清宣统二年，交易达15次；民国元年，交易达14次；民国二年，交易达17次。可见民国初年的方氏家族产业急剧扩展时期。此后，民国三年至民国二十年，

· 161 ·

方氏家族的产业交易似乎有个暂缓的过程,其中不少年份还出现交易量为0的现象(如民国十六、十七年)。民国二十四和民国二十五年,方氏家族的田宅交易再次迎来一个小高峰,分别达到10次和11次。兹将方式家族田宅交易按时间列表如下:

表4-1　　　　　　　　方氏家族田宅交易频率表

序号	交易年份	交易频率
1	清光绪十八年	1
2	清光绪二十年	4
3	清光绪二十二年	1
4	清光绪二十七年	1
5	清光绪二十八年	5
6	清光绪三十年	3
7	清光绪三十一年	6
8	清光绪三十二年	1
9	清光绪三十三年	1
10	清光绪三十四年	2
11	清宣统元年	1
12	清宣统二年	15
13	清宣统三年	2
14	民国元年	14
15	民国二年	17
16	民国三年五月	2
17	民国四年十二月	2
18	民国六年	5
19	民国八年八月	1
20	民国九年十二月	1
21	民国十年	2
22	民国十一年	3
23	民国十二年	2
24	民国十三年	4

第四章 大家族的财产：上饶方氏家族的土地交易

续表

序号	交易年份	交易频率
25	民国十四年	3
26	民国十五年	2
27	民国十八年	4
28	民国二十年	2
29	民国二十一年	2
30	民国二十四	10
31	民国二十五年	11
32	民国二十六年	3
33	民国二十七年十二月	1
34	民国二十八年一月	2
35	民国二十九年	6

在清末的43件交易中（清光绪十八年，至宣统三年）买主为方锡寿堂18次，锡福堂（即锡介）17次，方大（左火右鼎）公祀11次，方璧如为3次，方达生、方哲生各1次，方方锡介1次，方宪达1次，方裕兴1次。可见方氏家族以"堂""祀"的家族团体形式交易最为活跃。

其中清光绪二十年十二月《傅德龙卖田三联契》，卖主为铅山县四十一都十堡傅德龙，买地人为上饶县四十二都〇图四甲方锡福堂（即锡介），是一桩典型的跨县交易；且其田赋系由刘世报户推出，推出户名系本契之凭中之一。该项交易系前清光绪廿二年编列光字三万二百五十七号印契一纸，内载价一十九两正，完纳八厘税银一钱三分二厘；计开号亩：八十九号土名周城坂田，面积为一亩五分九厘八毛，计开粮坐四十二都〇图一甲刘世报户。该三联契包括光绪二十年本契1张、光绪二十二年印照1张、民国元年赣省财政司契税印照1张。

考察方氏家族民国初年的交易发现，上饶县四十二都〇图四甲方璧祝祀的交易活动主要活跃于民国元年（5次）和民国二年（11次），交易区域主要是上饶县四十二都（12次）、〇图（9次）；方和甘祀有两处土地分别是铅山县十九都一图十甲和上饶县四十二都○图四甲，主要交易活动时间是民国元年（7次），交易区域主要是上饶县四十二都（5次）和○图（3次）。

据时间前后而言，方锡福堂早于方锡寿堂早于方璧祝祀、方和甘祀，又有"方锡福堂是方锡介"的记载，由此可见"福堂""寿堂""祀"等是家族辈分的称呼，"福堂"应为这一时期方氏家族最高辈分，接着是"寿堂"，而后是"祀"。从"福堂"到"寿堂"，有同一处土地——铅山县十九都三图十甲外，从"寿堂"到"祀"又有同一处土地——上饶县四十二都○图四甲，有方氏家族发展壮大的趋势，故在民国清宣统二年至民国二年短短4年之内，方氏家族交易达48次之多。

三 上饶方氏家族田宅交易的范围

（一）家族内部交易

在方氏家族的契约文书中，方氏家族内部的田宅土地交易占有一定的比例。有土地之间的交易，也有居住房屋的交易。还出现了把土地、居住房屋全卖掉的情况。在原因中明确说明了"无银应用"（DSC1689、1584、1683、1783）。说明方氏家族内部各房之间的发展参差不齐，且贫富差距较大。某些方氏家族的自耕农（自耕自佃）难以维持生计，将土地出卖，说明当时（1937，1938年）的社会环境已经十分恶劣，小农破产情况十分常见。

在方氏家族的契约文书中，较为常见的是家族内部叔伯兄弟之间的交易。如清宣统二年（1910）十二月《方斯渠方御渠卖田二联契》，中交易双方为方斯渠和方璧如伯，此二者为伯侄关系；民国三年（1914）五月《方福旺、季学满关收地基价字》，立满关收字人为方福旺等，买地人：方璧如叔弟，此双方是堂兄弟，方福旺为兄，方璧如为弟。民国三年十二月《方清渠等典店屋田基契》，交易双方为方清渠、方成兴、方定基和方璧如叔，此前后两方是叔侄关系。将祖产绝卖给家族内成员，一方面可能真的是由于急需资金，暂不考虑今后的营生活问题，也有可能是为出去打拼而筹集资金，这些成员的名字在之后的契约中鲜少出现。

第四章　大家族的财产：上饶方氏家族的土地交易

（二）家族产业的外流

方氏家族与外姓之间的交易仅有一例，为方坚财卖给梁爱予位于上饶县五十都四堡的地，说明方氏家族内部还是较为团结一致的，尽量不使家族产业流向外人，这块土地不再方家的核心势力范围内。民国二十年（1931）《方坚财当田契》记载："今有祖置民田一垜，计田大小二坵，计租谷九硕正，原将该分租谷三硕正拨出"，"计开粮坐五十都图二甲方敦（？）华户"，"价法币七十元正"，"外批：一批此田自出典后，任凭梁姓起耕另佈（布）；又批才田出当后，所有田赋完全归出当人负责交纳；如在未经回赎前办理土地所有权登记，梁爱予一得凭契登记，此述；再批此田限五年照原价回赎。又批老契未捡"。在这份仅有的家族产业外流契约中，双方以白契的形式签订文书，同时约定"此田限五年照原价回赎"，也可见方氏家族对族产外流控制之严格。

（三）对外族产业的收购

方氏家族收购外姓田产占契约文书中的很大一部分，且主要田地集中在上饶县四十二都和铅邑十九都。说明方家的核心势力范围主要位于这两处地方。民国六年（1917）十二月《乐肇南绝卖田三联契》中，方达生祀收购了一块位于上饶县四十一都土名茶园土弄，"田大小十坵，计租十石有零""时值价龙洋一百四十元"的田产，其田产计开号亩，9号，面积分别为 0.15、0.975、0.17、0.25、0.57、0.732、0.469、0.557、0.3、总计 4.173 亩。从交易零碎的情况分析，可以推断出方家这种体量庞大的家族，在附近应该有相应的田产和佃户，以便进行统一管理。

第三节　宗族契约文书中的"祀"

族田包括祭田、义田和学田等类型，是宗族存在和发展的物质基础，也是宗族的重要外在表征。祀田是族田最重要的组成部分之一，有"祭田""墓田""祀产"等不同名称，主要用于祭祀先人，有多余的收入，分配给族人。学术界对祀田的关注主要集中在对其来源、性质、管理模式和作用的探讨。① 同时，祀田在契约文书中，又经常以交易人姓名为"某某祀"的形式出现，学术界对其性质还存在一定的争议。本节拟以清代至民国时期江西上饶地区方氏契约文书为例，分析土地交易契约、分关书和土地查验证书等不同的话语环境中"祀"的内涵，并希望藉此阐释"祀"作为宗族团体的本质。

一 上饶方氏宗族契约文书中的"祀"

上饶方氏，地跨上饶、铅山县二县，其中方锡福堂在不同的契约中，就有上饶县四十二都和铅山县十九都两个户籍。上饶、铅山方氏家族契约，共有144件，其中清代光绪朝25件，宣统朝18件，民国101件。早在清光绪十八年，上饶方氏就以方锡福堂的名义，从张顺忠、顺雁手中买得计租五担正的田大小十一坵，用去洋银三十两正。此后，方氏不断买入田产，至宣统三年，其交易已经达到42笔，其中以宣统元年、二年就有16笔。进入民国后，方氏土地交易更加频繁，仅民国元年，就发生交易14笔，民国二年交易17笔，此后方氏一直在扩张，目前所见，直到民国二十九年，方慎斋仍然将上饶李廷炳的自置民田二塅大小七坵计租五硕（共计二亩八分一厘四毛）收入囊中。

方氏土地交易地域涉及上饶县和铅山县，交易方式包括杜卖、当、绝卖、退、典等，交易的产业包括田、房屋、地基、山，以田产交易为主。该批契约中方氏家族的业主（买主），不仅包括一般意义上的自然人，也有以家族名义出现的购买产业现象，如方锡福堂、方锡寿堂、方璧祝祀、方和甘祀、方达生祀等，在交易的买主中，方璧祝祀16张、方和甘祀9张、方达生祀5张、方璧柯祀2张、方大燨公祀1张、方显遇祀1张。这些"堂"与"祀"，显然都是与宗族相关的组织，但是，

---

① 刘道胜：《明清徽州宗族"公匣"制度探析》，载《安徽省徽学学会二届二次理事会暨"徽州文化与和谐社会"学术研讨会论文集》，2007年；刘道胜：《明清徽州宗族的分房与轮房——以文书资料为中心》，《安徽史学》2008年第2期；周晓光：《明清徽州民间的众存祀会》，《安徽师范大学学报》2010年第2期；刘道胜：《众存产业与明清徽州宗族社会》，《安徽史学》2010年第4期；沈昕：《明清徽州祁门善和程氏宗族结构研究》，《安徽史学》2011年第3期。

在不同的语境下，"祀"的含义又存在区别。

二 民间立祀的传统与方氏祀产的来源

祀田，有不同的名称，诸如祭田、烝尝田，主要用于祭祀先人，有多余的收入，分配给族人，而在祭祖中又有所区别，有的田为祭全族祖先的，有的为祀某一房支先人，还有的特为某一祖先而设。[2] 祀田作为族田的一种，其来源包括族人捐置、遗产入公、分家的提留和族产收入的续置等方式。①

江西作为受宗族影响深厚的地区，一直都有聚族、置田、建祠、修谱、立祀的传统。乾隆朝协办大学士陈宏谋说："直省惟闽中、江西、湖南皆聚族而居，族皆有祠。"② 江西地区家族建立的祠堂中，除祭祀始祖的大宗祠外，还包括祭祀始迁祖、支祖和某位特定祖先的支祠，如江西省兴国家族"必建祠堂，祀始迁祖及支祖"③。而泸溪县的风气更甚，"世家巨族，率有祠，士庶家亦建祠堂，祀始祖以下各主有祀……或各为其支祖立祠，祔祀其支祖以下各主，又或为其祖父立专祠，皆有祭田，以供礼事。"④ 在抚州乐安流坑村，以"祠""书院"等名义存在的祭祀支祖、近祖的祠祀更为多见。如流坑村爵先公祠，是董学文为祖父爵先、父亲必华所建个人祠堂。从董学文开始，该房支进入了一个由商而富、由富而贵的阶段，乾隆四十年（1775）董学文由太学生加捐州同知衔，其祖父爵先、父必华同时赠儒林郎。两年后，"特建（爵先）公祠于四牌楼右，以修时祀"。这种（某）公祠，乡民们一般称之为小公祠，谱中则多称特祠，为数甚多。⑤

---

① 冯尔康、常建华著：《中国宗族史》，上海人民出版社 2008 年版，第 250—251 页。
② （清）陈宏谋：《寄杨朴园景素书》，载贺长龄、魏源编《清经世文编》卷 58，中华书局 1992 年版，第 1482 页。
③ 道光《兴国县志》卷 11《风俗》。
④ 同治《泸溪县志》卷 4《风俗志》。
⑤ 参见《坦然公房新谱事略》、《皇清敕赠儒林郎董爵先公祠堂记》，载道光四年（1824）修《抚乐流坑董氏坦然公房谱》。转引自周銮书主编《千古一村——流坑历史文化的考察》（第 2 版），江西人民出版社 2008 年版，第 330、351 页。

在这种风气的影响下，上饶及其下辖的铅山等地，也都有将分家析产所得田产和其他田产转作为某一支祖修祠立祀的记载：

> 翁学礼，字良胜，号云门。族叔某居上路坂，贫无依，礼为之置田五亩，养其生，叔殁，即捐为祀田，人多义之。（同治《铅山县志》卷十七《人物·善士》）
>
> 邓横林，四十九都浚哲子也。性孝友，继父志，承管荆林桥庙，后先尽美。构家塾，兴义馆，代岳丈罗某置祀，产居恒，拯贫恤苦，排难解纷，尤为乡里所倚重。（同治《铅山县志》卷十八《人物·善士》）
>
> 龚志先，号岸然，石湖村人……母族无嗣，邀母姊妹三家为外祖立祀置产，每年清明祭醮无亏，卒年七十。（同治《铅山县志》卷十八《人物·善士》）
>
> 杨停露，号晓堤，国学生，阳村人……凡乡里咸友，乏则周之，灾则拯之，尝拨田租为岳立祀，以银两为内侄偿债，佃有以契押银者，予以银，不受其契，并免其一岁之租。（同治《铅山县志》卷十八《人物·善士》）
>
> 生员诸国圭妻邵氏，十九于归，佐读洁膳，以孝淑称。结褵逾十载，夫赍志以殁。氏时年二十九。孝事舅嬉，慈育男女，持家勤俭，扩置田产为夫立祀。（同治《铅山县志》卷二十《节孝》）

在这些人的举动中，都是将自己所有的家产作为某一位近亲家属的祀产，为其当单独立祀。在上饶方氏契约文书中，就有方璧祝祀、方和甘祀、方达生祀、方璧柯祀、方大燫公祀、方显遇祀等共计35件文书涉及到个人立祀的问题。另外，在这些为个人所立之祀中，大部分都是在某人逝世之后，其近亲家属为其所立，如以"方璧祝祀"名义买入田产的交易一共16笔，其中民国元年5笔，民国二年11笔；以"方和甘祀"名义买入田产的交易一共9笔，其中民国元年7笔，民国四年2

第四章 大家族的财产：上饶方氏家族的土地交易

笔；以"方达生祀"名义买入田产的交易一共有 5 笔，全部集中在民国六年。这些同一"祀"名下买入的田产，在极短的时间内连续、大批量的买入田产，很有可能是为某一个人单独立祀而为。

在上饶方氏契约文书中，方达生最后一次参与交易活动是在清宣统三年（1911）。是年方达生、方哲生兄弟共同买到上饶李铨胜关内民田二垛，其契文如下（清宣统三年《上饶李铨胜绝卖田契》）：①

> 立绝卖契人上饶县四十二都○图八甲李全胜，今有祖置关内民田二垛，坐落而堡，土名沙底，计田四坵，计租三硕正。又垛土名包家坞，计田二坵，计租一硕正，共计租四硕正。当日佟问亲房，俱各不愿承交，方行［出卖与］方达生、方哲生名下管业，当日三面言议，得受时值价洋银三十四两二钱正。并无重叠典当，抑勒准折等情，如有来历不明，出卖人承当，不干买主之事。自卖之后，永无回赎增找。今恐无凭，立此卖契永远存照。
>
> 计开粮坐四十二都○图八甲李光茭户。
>
> 计开号亩：二百四十八号，土名沙底地，一亩二分七厘二毛；
>
> 二百四十八号，土名仝地，一亩二分七厘二毛；
>
> 奉宪颁发。
>
> 坐落　处　田（地/山/塘/屋/基）东至　照　西至　依　南至　旧　北至　管。
>
> 计开田地山塘屋基等字样，凡何项即于某项下推入，照此项出者注明无字。
>
> 五百四十二号，土名包家坞，山，一分正；
>
> ［外批：］每年交息龙洋九元正，如有利不清，任凭方姓推收入户起耕另佃，此述。
>
> ［又批：］银便取赎，不得以字为据，此述。
>
> 代填人：李全胜。

---

① 江西省博物馆藏契约文书。

凭中人：夏贤林、夏勤和、詹加全。

清宣统三年月日立绝卖契人李铨胜。

在宣统三年（1911）的这次交易中，方达生和方哲生共同买入田产。然而，在此后不久的民国六年（1917）十二月以"方达生祀"为名签订的6笔交易契约中，"方达生"已经变成了"方达生祀"，根据这一称谓的变化，可以推断，在到民国六年十二月，方达生已经辞世，同时，其子嗣用其姓名为之买田立祀，以资纪念。同时，在民国六年十二月之后，再也没有出现过以"方达生祀"为名的交易，因此，可以推断，在民国六年方达生子嗣在为其立祀之后，没有继续扩大这一支祖的祀田。

在皖赣地区，受《朱子家礼》影响，"初立祠堂，则计见田墓，每龛取其二十分之一，以为祭田"的影响，很多宗族都有取田立祀的传统，广昌县的宗族，"族力稍充，必立宗祠，墓祭之田家有之……邑遵朱文公家礼，家有大宗祠，堂小宗祠，堂俱建于中央最胜之地，而子姓环处焉，示重也。春秋各祭于小宗，冬至则合祭于大宗，皆有祭田"①。在明清时代，祭田总同宗祠联系在一起，一般宗祠多设有祭田。如在江西省，乾隆二十九年（1764），全省各族姓共建祠堂8994处，其中有祠田的6739处，占总祠数的79.93%，如将义、祀田一并计入，每祠族田平均按300亩计，全省族田共该2021700亩，而乾隆间江西田地总数为48571128亩，族田面积占全部土地的4.16%。②

三 契约文书中"祀"的多重含义

江西地区的祀田规模庞大，又和宗族结合在一起，影响深远。在日

---

① 同治《广昌县志》卷1《风俗志》。
② 李文治、江太新著：《中国宗法宗族制和族田义庄》，社会科学文献出版社2004年版，第192页。

第四章 大家族的财产：上饶方氏家族的土地交易

常的管理中，也存在一些问题。在不同的语境下，"祀"（包括"姓名+祀"的"某某祀"），具有不同的含义。简而言之，"祀"可以是具体的祀产，也可能指宗族的分支组织，在国家话语体系下，还有可能是指独立的民事团体。

（一）指代具体的祀产

以"某某祀"名义出现的"祀"，在民间话语中，尤其是涉及土地的时候，往往是指某一块具体的土地，是指为祭祀祖先而设置的土地，这种"祀"的祀田规模一般较小，用"某公祀"的表达方式来指代，既不会引起歧义，又能准确地说明该项田产的性质，故在民间生活中，均有此表达方式，如铅山县人傅壅，字美全，号松园，"其外祖万二振无嗣，壅出资为买祀，彦使祭扫不绝"①。傅壅为其外祖万二振所买之"祀"，即是指买入田产，为其单独立祀祭奠。在方氏家族文书中，亦有以"某公祀"的方式指称某项田产的记载：如民国二年（1913）元月初六日《上饶方璧如等押公祀田字》中，方璧如等"因无银应用，将本境彰公祀田一塅，坐落茶叶墩，计田大小二坵，计租二石，出押于方云旺叔名下，押过龙洋十九元正，面议长年交息焦谷一担七斗五升"，在契文的后面就批明"此银系彰公祀助于方斯斌丧葬之费，方斯斌没日一贫如洗，当日三房人等合议将此田出押于方斯渠名下，后来斯渠需银应用，又转押于方云旺名下，此述"。

从以上批注可知，该项田产原是以"彰公"为名所置祀田，属方氏三房人等所有。后来，族人方斯斌逝世，一贫如洗，于是，族众将此田押给方斯渠，为方斯斌换取一些丧葬费用。此后，方斯渠需银应用，而族众无钱将此项田产赎回，于是又将其转押于方云旺名下，并签订此项《上饶方璧如等押公祀田字》。从该"彰公祀"的流转过程可以看出，在方氏宗族内部的话语体系中，"彰公祀"就是指坐落茶叶墩的专为彰公祭祀用的田产。因此，在民间话语体系中，"某公祀"可以指代宗族为了祭祀祖先的需要而存留的坟山、祀田。

---

① 同治《铅山县志》卷17《人物·善士》。

(二) 宗族的分支组织

明代万历年间，官府开放民间立祠祭祀，平民不仅有了祭高曾祖先的权利，事实上还在祭祀始祖、始迁祖，民间开始出现立祠祭祀的高潮。如嘉靖年间抚州流坑村董蕃昌自建高坪祠，"高坪祠的出现，极可能对嘉、万年间直至清代流坑在'宗族庶民化'过程中出现的大量的在建设之初并非宗族祠堂的个人祠堂的建设，形成了极大的影响。而流坑村个人祠堂的建设传统，又引发了流坑村代代有祠、一人多祠、先有房下支祠后有房祠的特殊现象"。在清代，江西各地广泛兴建祠堂，如在广昌县，凡是稍有经济实力的宗族"族力稍充，必立宗祠。墓祭之田，家有之"①。

各宗族竞相立祠的直接结果，就是宗祠向个人购买田地、山场，作为祖先某某公祀名下产业，其田租主要用于祭祀某某公之用。这些新设立的祭祀支祖、近祖的宗祠都有祠名，大多以被祀奉祖先的名字来命名。如陈礼颂对潮州斗门乡的观察，"村里除共祀的陈氏及林氏两所宗祠，系以姓氏冠称之外，余下的宗祠皆属支祠，大都以所祀的祖派始祖的别号或'号'（读校）而命名"②。在江西地区，这种以祖先之姓名、字号命名的宗族组织，往往被称为"某某祀"，如前引民国二年元月初六日《上饶方璧如等押公祀田字》中，方璧如等"因无银应用，将本境彰公祀田一塅，坐落茶叶墩"出押。此后的民国三年十二月，方清渠、成兴、定基等，又将"彰祖遗下石溪鸣山庙街首方和林公店、屋、田、基、堂、厅，每年实交彰祖祀众店屋田基焦租谷一石八斗五升"，以龙洋二十七元正的价格出当给方璧如，并约定"任凭方璧如叔前去管业招租，彰祖子孙无得异言生端，日后彰祖祀众银便照契依字内原价取赎"。（民国三年十二月《铅山方清渠等典店屋田基契》）此处的及"彰祖祀众""彰祖子孙"无疑是"彰祖"

---

① 同治《广昌县志》卷1《风俗志》。
② 陈礼颂：《一九四九前潮州宗族、村落、社区的研究》，上海古籍出版社1995年版，第32页。

第四章 大家族的财产：上饶方氏家族的土地交易

的后裔子孙，他们在该项产业交易中，是以方氏宗族中的一个分支的形式出现，表现出方氏宗族发展的过程。

随着人口的不断繁衍，方氏后裔又陆续分立出许多新的支脉，并各立祀，形成一个个宗族的分支组织，在方氏契约文书中出现的方壁祝祀、方和甘祀、方达生祀、方璧柯祀、方大爌公祀、方显遇祀就是其中的代表。这种相对独立的分支"祀"，往往有独立的财产和组织机构，如清宣统三年（1911）四月《上饶张吴氏退客山字》：

> 立退客山字人张吴氏，今因先年讨看方大爌公祀各边竹山一大障，内合一半，坐落四十二都四堡，土名高牌；又墩土名树蓬，以及荒山、熟地、蓬基讨来看守，当日付过业主顶首洋银十一两正。兹当因旧岁夫故，无人看守，托中情愿将山及地基一并退还方姓，当日收转方姓顶首洋银十一两正。其银成字之日，一并收足，无欠分厘。自退之后，任凭方姓前去自守或另佈他人，恐口无凭，立退客山字为照。
>
> 一批：日后捡出老佈字不得应用。
>
> 立退客山字人张吴氏。
>
> 凭中人：方□林、张义仁、黄贤森、夏勤和、张碧翰、夏勤满、苏广锡。
>
> 代笔人：夏乾茂。
>
> 大清宣统三年四月日立。

在这一份退客山字中，方大爌公祀作为一个相对独立的宗族分支组织，拥有荒山、熟地、蓬基等产业，并且可以自由地出租、管理和支配，表明方大爌公祀在方氏宗族内部已经拥有一定的经济独立性，成为方氏大宗族之下的小分支。

在上饶周边的广丰县，也存在立祀、建祠，最终形成宗族之下的小宗族的情况，广丰县周作栋，字廷选，"事父母能得欢心。母卒，事继母如其母。族之始祖旧无省墓费，栋议以帅户田为始祖祀，又为六世建立祠堂，增蠲田若干亩"①。徽州婺源县潘焕章，字昆秀，豸下人，他认为为人子当知医理、地理，"习形家言，葬先世四代，独力修谱，为支祖贵文立祀建支祠，旁设光裕书斋，居乡排解，片言折服"②。这种单独为某一先祖立祀建祠的行为，经过漫长的演化，往往会形成巨大的宗族，如至今聚居在泰和、吉安两县交界处的整个梅冈王氏宗族，自南宋至清朝初年，经过不断地发展、分化，共形成了40个支堂，分别居住在44个村落中。③可见，经过这种漫长的演化之后，"某某祀"已久成为大宗族之下的一个相对独立的分支组织。

（三）国家话语体系下独立的民事团体

"祀"一般由享祀者、独立财产和管业权团体所构成，在长期的祭田设立、管理、收益分配和处分等实践中，以家法族规为中心，形成了诸多关于祭田的传统习惯。"祀"名下的产业，往往也是以"祀"的名义登记在官府的簿册当中，在完粮纳税的时候，"某某祀"即是一个独立的纳税单位，与其他的普通民户一样，需要承担相应的责任。同时，"某某祀"名下的产业，如果发生转移，在相应的法律文书中，"某某祀"也是以国家话语体系下的独立民事团体身份出现。如在清宣统二年（1910）十二月《铅山县孔庆墀杜卖田二联契之本契》中，铅邑十九都圣裔三甲孔亲墀，将承祖父遗下关内民田一垅，杜卖给方锡寿堂为业，其契文称：

> 立杜卖田契字人铅邑十九都圣裔三甲孔庆墀，今因无银应用，自意情愿竟将承祖父遗下关内民田一垅，坐落铅邑十九都，土名墓地，田一坵，计租一担，东至孔姓田，西至孔姓田，北至张姓田，南至孔姓田。又垅土名大门上，田一坵，计租一担五斗正，东至孔

---

① 同治《广丰县志》卷8《人物·孝友》，《中国地方志集成》本，江苏古籍出版社1996年版。
② 民国《重修婺源县志》卷33《人物七·孝友七庚申续编》。
③ 钱杭、谢维扬：《传统与转型：江西泰和农村宗族形态——一项社会人类学的研究》，上海社会科学院出版社1995年版，第60页。

第四章 大家族的财产：上饶方氏家族的土地交易 ◆◆

姓田，西至孔姓田，北至孔姓田，南至孔姓田为界。其田四至，眼全踏明，未卖日前，佺问亲房人等，俱各不愿承受，方行凭中立作一契出卖与仝邑全都三图方锡寿堂名下为业。当日三面言议，时值契价银洋二十两正。其银成契之日，卖者亲手一并收足，无欠分厘，所卖所买，俱系二意情愿，固非相逼，并无贪受准折等情，其田倘有来历不明，卖者一力承耽，不涉买者之事。自卖以后，任凭买者即行管业，推收入户，起耕另佈。卖者本家大小人等，不得异言阻挡生端，其田亦不得索找，永不得取赎，恐口无凭，立杜卖田契字为照。

一批：老契连牵未缴，日后捡出不得应用；

一批其粮官亩坐落铅邑十九都圣裔三甲孔庆墀户内推出一亩零五厘正；

又圣都孔海祀户内推出官粮三分正，任凭方锡寿堂推收入户。

契明价足。

立杜卖田契字人：孔庆墀。

凭中人：孔明喜、金元、宪福、明福、顺秀、黄贤森、方德铨。

代笔人：孔文朝。

宣统二年十二月日立。

孔庆墀出卖土地的这一份契约，实际上包括两项产业，一是坐落铅邑十九都，土名墓地，计租一担的田一垅，另一处是土名大门上，计租一担五斗的田一垅，故在其赋税推收之时，用批注的方式，表明每项田产应该缴纳的赋额，其中"圣都孔海祀户内推出官粮三分正，任凭方锡寿堂推收入户"一句，可知从原纳税人"圣都孔海祀"推出官粮三分到方锡寿堂户内。而从"圣都孔海祀"和"方锡寿堂户"的名称可知，以"堂""祀"为标志的宗族分支组织建立后，祠堂是祭祀祖先、代表祖先管理族众的机构，祠堂就成为宗族统一公产的所有主体。"圣都孔海祀"和"方锡寿堂户"这两者都是宗族的分支机构，"圣都孔海

· 175 ·

祀"在民间话语体系中,是孔氏家族的一个分支,在国家话语体系中,这是一个具有完全责任的纳税单位,"方锡寿堂户"的地位亦是如此。

作为大宗族的分支机构,"堂"和"祀"对外均以祠堂的名义承担独立民事团体的责任和义务,作为祠堂公产所有权主体,在行使所有权时,也是以团体的名义出现,而不需要该团体中每一个成员签名,据民国时期的调查表明,"靖安县民间习惯,凡数人共有之堂产,如有出卖或典当情事,其所订契约仅署某某堂名,其共有人并不分别署名签押,买典各主以旧例相沿,亦不苛求"①。在上饶方氏契约中,方氏家族以"某某祀"为名购入的祀产,在民国时期查验登记时,其查验证书上仍然用的是"某某祀"的名称,如民国元年十二月,方和甘祀买得方圣瑞民田四塅,共田大小二十七坵,计租二十五硕,时值价足钱二百七十千正,在签订契约时,用的是"方和甘祀"的名义。此后,在民国三年五月四日,由上饶县政府颁发的"查验证书"中,现管业人姓名仍然登记为"方和甘祀"。(见图一:民国三年五月"方和甘祀"查验证书)可见,政府对于"祀"这一宗族组织作为民事团体在资格上是予以承认的。其他如"方璧柯祀"在民国二年十二月李新贵杜卖田大小共六十三坵所颁发的查验证书,登记的也是"方璧柯"这一宗族组织的名称而非宗族内部某一自然人的名字。

在民国初年的涉及祭田的审判中,"大理院通过个案审理,根据西方法理和祭田惯例,从学术和惯例两个层面多所斟酌,将祭田定性为公同共有物……确立了作为祭田所有者的派下各房对祭田(公同共有物)享有各种权利"②。"祀"作为一种宗族内部的分支组织,是一种与祭祀相关的组织,在赋税和司法两个方面的国家话语体系下,都可以成为民法意义上的民事团体,这种团体的性质,与民间的会社一样,是成为宗族会社的一种形式,如"宁都风俗大抵聚族而居,各族之中多有众会。

---

① 前南京国民政府司法行政部编:《民事习惯调查报告录》,第589—590页。
② 李启成:《民事权利在近代中国的生成——以大理院审理祭田案件为中心的实证考察》,《比较法研究》2010年第6期。

其成立时,先由族人倡首捐集款项,订立簿籍、登载用途及其管理方法,以便世守。此种财团法人之作用,大约以办理公益及慈善事业为指归,如修族谱、供祭祀、修道路或建醮禳灾等类,皆为众会应办之事"①。

四 宗族祀产的其他作用

宗族社会延续着义庄宗族文化传统,宗族注重公益事业,有各种专门用途的宗族公产,祀田、义田和学田的功能分明。宗族祀产设置的主要目的是为了祭祀先祖。但是,当宗族祀产祭祀有结余或有族人需要救济的时候,祀产也会和宗族的义田、学田一样,调拨部分资产,用于对宗族内部贫弱的赈济和子弟的教育,以达到尊祖敬宗收族的目的。兹举数例如下:

> 泰和孙明,字启东,将三万缗钱"纳其半置田七百五十余亩,析亩半为一号,编诸册,计号五百有奇。族之聚者半千口,其贫不能自赡者,人给一号,许种不许售,生齿添则计口增授,病没及女出嫁则按号收回"。(同治《泰和县志》卷十八《正传·孙明》)
>
> 广昌县魏定国家族,乾隆十年"彼时祠产已有一千二百石,以为生息","今又垂十数年,祠产仅充至一千八百余石……将祠田拨二百石以为义田"。(同治《广昌县志》卷八《艺文志·(魏定国)伯庸公祠设立义田学田记》)
>
> 广丰县"俞仁修妻徐氏,年二十五夫故,无子,家贫,或劝他适,氏以死誓""伯叔氏觉而救之,悯其节且孝,抽拨本房祀租膳养之"。(同治《广丰县志》卷八之十二《人物·列女》)
>
> 万年县"刘景芬,溏滨人,性友顺……又为祖立祀田、膳学田共计租十余石,使大功以下咸被其泽。"(同治《万年县志》卷七《人物志·善士》)

---

① 前南京国民政府司法行政部编:《民事习惯调查报告录》,第6页。

婺源县胡正谟，"弟幼，食指日繁，乃弃举业侍父远贾……弟长，析产匀分，建怀仁堂，置田九十余亩以奉父祀，每岁减价贷祠谷于族人。"（民国《重修婺源县志》卷三十《人物·孝友》）

祀田作为宗族资产的一种，和义田、学田一样，在赡养寡孤贫困的族人，资助贫穷子弟入学等方面发挥了重要作用，通过赡族强化族人的向心力、凝聚力，达到尊祖敬宗收族的目的，同时也为壮大及发展家族，造就家族人才，提高家族的社会地位奠定了基础。这也是很多宗族历经千百年长盛不衰的秘诀所在。

宗族是一定的历史和社会条件下必然的产物。"祀"即是传统社会发展过程中出现的一种特殊的社会组织。在土地交易契约、分关书和土地查验证书等不同的语境下，"祀"有着不同的具体内涵，既可以指代有具体的祀产，也可能指宗族的分支组织，同时，在国家法律语言体系下，"祀"还是一个独立的民事团体，从本质上看，"祀"作为一种宗族祭祀组织，是以宗族共有物为基础的独立的民事团体。"祀"的出现，既是人们对宗法观念和家族意识构成的社会共同体的高度认同，同时又是一种根深蒂固的家族乡土本位意识，准确地把握"祀"的内涵和地位，对于认识宗族、把握传统社会的特点具有重要的意义。

第五章

乡村的崩溃：店宅房契与城乡经济

第一节　房产交易契约概述

一　城乡商品经济与房产交易的背景

明及清前期江西经济持续发展，闽粤等省几十万人口迁入江西，促进了赣南、赣东北、赣西北山区的开发，江西人口逐渐增多，南昌府丰城县，"邑生齿甚殖，承平时水种至六万户，然号繁剧"①。江西山区得到了持续的开发，明代人称赣西北"宁、武、奉、靖，饶于山泽"②，至清代，武宁县"其自闽楚来垦山者，初谓之棚民，今则尽为土著矣"③。

茶叶是江西地区的传统名牌产品。明、清时期江西茶叶长盛不衰，尤以明末清初，茶叶成为商品出口，取代丝绸。清乾隆二十四年至二十八年（1760—1764）占出口货物总值的91.9%。明万历年间，修水、浮梁、铅山、婺源等县，外商设厂林立。仅河口镇就有茶庄四十八家。清乾隆、嘉庆年间，河口制茶业工人达3万之多，年输出茶叶十多万箱（每箱50斤）。修水、武宁、铜鼓的"宁红"茶，发展尤快，品质上乘。④

---

① 同治《南昌府志》卷8《地理·风俗》，《中国地方志集成》本，江苏古籍出版社1996年版。
② 同治《南昌府志》卷8《地理·风俗》。
③ 同治《南昌府志》卷8《地理·风俗》。
④ 《江西省农牧渔业志》编纂委员会编：《江西省志·江西省农牧渔业志》，黄山书社1999年版，第367页。

其他如赣州府赣县"各乡亦有艺茶为业者"①。乡民"艺茶为业",说明当地种茶、制茶和茶叶销售已经形成一个完整的产业。

制糖也是江西地区的重要产业。早在康熙年间,南安府南康县(今赣州市南康区)就有"南康产糖蔗,岁煎糖"的记载。②到乾隆年间,其制糖技术有所提升,地方志记载:"南康产糖蔗,岁煎糖,与闽粤产相类。"③民国年间,"江西糖业居全国之第三位,仅次于广东、四川……而(江西)本省产糖以赣南为最著,除供应本省外,尚可运销湖南、广东、湖北、安徽诸省"④。

江西是烟草种植的重要区域。康熙年间,赣南各地种植烟草已经十分普遍,"烟草,各县皆种,而瑞金尤甚"⑤。同治年间,烟草的种植范围进一步扩大,"近南昌亦多种之"⑥。清光绪二年前后,江西赣州府"近赣属邑遍植之,甚者改良田为蔫畲,致妨谷收,以获厚利"⑦。江西烟草种植之风,至民国不衰,"本省瑞金、广丰、黎川、广昌、会昌等县,出产烟叶甚多,年约值七百万元以上。抗战前,此项烟叶多由粤、闽两省商人购运南洋等处推销"⑧。

在江西各地,还出产各种物产,带来丰厚的经济利益。如明成化末年,江西吉安府泰和县自福建汀州引进之青靛后,"不数年,蓝靛之出,与汀无异,商贩亦皆集焉"⑨。清同治年间,赣州府兴国县,"蓝利颇饶"⑩。江西山多,其出产之竹木也是获利之源。康熙间,南安府上

---

① 同治《赣县志》卷9《地理志·物产》,《中国地方志集成》本,江苏古籍出版社1996年版。
② 康熙《南安府志》卷3《地舆志·物产》,清康熙四十九年刻本。
③ 乾隆《南安府志》卷1《疆域·物产》,清乾隆三十三年刻本。
④ 民国《江西通志稿》,《经济略四·工业》,民国三十八年稿本,江西省博物馆1985年整理油印本。
⑤ 康熙《西江志》卷27《土产·赣州府》。
⑥ 同治《南昌府志》卷8《地理·土产》。
⑦ 光绪《龙南县志》卷2《地理志·物产》,第179页。
⑧ 民国《江西通志稿》,《经济略四·工业》。
⑨ 道光《泰和县志》卷11《食货志·土产》,清道光六年刻本。
⑩ 同治《兴国县志》卷12《土产·食货类》。

第五章 乡村的崩溃：店宅房契与城乡经济

犹县"多农少商、有竹木之户，乡市皆得其利"①。据民国时期统计，"江西盛产杉木，而以赣南、吉安为最著……在昔鼎盛时，除供销本省外，每年输出长江下游各省，为价常达七、八百万元"②。

其他如纺织业，据民国时期统计，清代至民国三十八年（1949）前后，"江西之第二特产则为夏布，名闻中外久矣……及至清末民初，本省夏布之畅销已至登峰造极，每年输出数量平均达一万五千担以上，约合九十万匹"③。造纸作为江西物产之大宗，据1926年统计："吾国产纸最盛之区域，以江西为第一……统计江西一省之纸产额，约占中国全国产额三分之一。"④ 至于其他物品的输出，清末光绪年间，"统计江西输出货物由湖口九江输出者，瓷器、茶叶、纸张、夏布、杉木、靛、烟叶、荸荠、蓖麻子、花爆、麻、牛皮、黑瓜子，合计岁额九百余万元"⑤。"统计其由南岭输出者，梭布、瓷器、花爆、薄荷油、红瓜子、火腿、板鸭，合计岁额二百九十余万元。"⑥

江西具有承东启西、沟通南北的优越区位条件，随着清代全国性商业大市场的建立⑦，多条商路经过江西⑧，在清代江西区域经济的恢复和发展基础上，江西的商业城镇也逐步崛起和兴盛，"凡江西之十四府州，九江滨江，南康滨湖，余俱有河流可通，支流多故船业盛。转运便

---

① 康熙《上犹县志》卷5《风俗》。
② 民国《江西通志稿》，《经济略四·工业》。
③ 民国《江西通志稿》，《经济略四·工业》。
④ 《江西制纸工业》，《中外经济周刊》1924年第59期。
⑤ 《调查报告：江西商务情形（节录江西商务议员傅春官报告）（续）》，《商务官报》1907年第2期，第12—19页。
⑥ 《调查报告：江西商务情形（节录江西商务议员傅春官报告）（续）》，《商务官报》1907年第2期，第12—19页。
⑦ 吴承明：《论清代前期我国国内市场》，《历史研究》1983年第1期。
⑧ 刘秀生在其《清代国内商业交通考略》中列举了10条全国性的重要商业交通干道，其中就有广州—杭州—北京—恰克图、西藏—云贵—湘赣—皖浙等重要商业干线经过江西。见刘秀生《清代商品经济与商业资本》，中国商业出版社1998年版，第162页。许檀《明清时期江西的商业城镇》（《中国经济史研究》1998年第3期）对九江、赣州、大庾、樟树、吴城、河口、玉山等城镇在明清时期全国的商品流通中起到重要作用进行了系统的论述。

故土货易出。而各州县之小埠，亦有交易之利焉"①。

赣北地区的南昌作为省城，"地界两河，港汊纷歧，舟楫四通，下襟鄱湖……上游百货，皆由两河出境"②，是省内重要商品集散地，引来许多外地商贾，早在乾隆年间就已经是"编户之民五方杂处，多以逐末为业。米粟半仰河西，半恃他郡，每日为市，粮无隔宿"③。

江西南部地区的赣江和南岭通道，一直是沟通中原与岭南地区的要道。赣州被视为两广门户："仕官商贾溯彭蠡而上者，未尝绝也。"④ 对于大庾岭商道沿线城镇的发展，咸丰年间人就评价说："国朝乾隆初，海禁尽撤，洋货骈臻，四方贸迁络绎，南安府当江广之冲，遂成一大都会，迄今百有余年矣。"⑤

二 店房契约的数量与分布

在江西省博物馆藏的1442件（套）契约文书中，与房屋有关（含店房、住屋、地基、厕所、园地及与田产相连的庄屋等）的契约共计302件，占全部契约的20.9%，其中以田产为主、庄屋作为附属生产设施出现的有12件，而其中又以张殿酬契约包含8件田房契为最多。若将此类田房契约剔除，纯粹的房契则只有289件，仅占全部契约的20%。

从地域的分布看，所有302件与房产有关的契约文书中，安义县1件，丰城县29件，奉新县1件，赣州14件，广昌县12件（均为张殿酬契约，其中纯粹的房屋契只有3件，包括张殿酬买入房屋2件、租赁房屋1件，其余9件均为与田、塘等相连的庄屋），广丰县2件，贵溪文坊公社10件，会昌县2件，景德镇5件，南昌156件，新建县7件，南丰10

---

① 《调查报告：江西商务情形（节录江西商务议员傅春官报告）（续）》，《商务官报》1907年第2期，第12页。
② 民国《南昌县志》卷4《方域》，成文出版社有限公司《中国方志丛书》本。
③ 乾隆《南昌府志》卷2《疆域·风俗》。
④ 同治《赣县志》卷4《形势》。
⑤ 民国《大庾县志》，大余县编史修志领导小组点校本，1984年，第13页。

第五章 乡村的崩溃：店宅房契与城乡经济

件，铅山 2 件，清江县 21 件，上饶县 13 件，余干县 1 件，另有安徽泾县 1 件，位置不知的 14 件。从分布数量来看以南昌最多，达到 156 件，占到了全部房契的 51.66%；其次为丰城县的 29 件，占全部房契的 9.6%，其他的清江县、贵溪文坊公社、赣州、上饶县和南丰县的数量都在 10 件以上，具有一定的研究价值。尤其值得注意的是景德镇的 5 件（套）房契，虽然数量不多，但是却都是 1941 年至 1946 年间景德镇瓷业厂房典卖字据，是景德镇瓷业商人转让瓷业车间的真实记录，"再现了当时瓷都的末路映象""是当时景德镇千百家业主衰败的一个缩影"。①

从房产契约的时间分布上来看，也是与江西省博物馆藏契约文书的时间分布保持一致，清代契约共有 149 件，其中乾隆年间 12 件，道光 8 件，咸丰 5 件，同治 7 件，光绪 104 件，宣统 12 件，清代具体时间不明的 1 件；民国 144 件，新中国成立后 9 件。在所有的房产契约（含田房契）中，最早的还是广昌县张殿酬契约，即乾隆五年（1740）十月《广昌县张质聪卖金砂里江背龙兴湾房产契》。除张殿酬契约之外，最早的是清道光六年七月建昌府新城县（今黎川县）中田里陈氏杜卖其在南昌惠内唐塅上大街店面楼屋二进的契约《南昌陈姓众位杜卖店屋契》。房契中最晚的是 1964 年 4 月 20 日《南丰（？）曾禾仂杜卖房屋契》。此外，1963 年 3 月 30 日《会昌县陈春根卖房屋契》，"今因体弱多病，钱粮紧逼，贷借无门，土改时分得之房屋一间"，以人民币六十元出让给他人；另一件是 1963 年 10 月 16 日《会昌县陈正芽卖房屋契》，其因"钱粮紧逼，经济困难，将土改时分得之房屋"，以人民币一百一十元出售，为土改之后的卖房契约。

值得注意的是，在这些房产契约中，包括了天主教堂在南昌购买房产的记录。清末，天主教堂在南昌罗家塘、松柏巷和南昌县的谢埠街、茌港以及安义县都有教堂。江西省博物馆藏契约文书中，就保留了天主教堂在南昌城区内罗家塘府义仓前、谢埠上街和茌港以及安义县等地购

---

① 刘禄山：《从邵氏置业契约看抗战时期景德镇瓷业的衰落》，《近代中国与文物》2006 年第 2 期。

买房产的契约照片。这些教堂契约，最早的是光绪七年（1881）三月《南昌谢埠上街李一招杜卖土库房屋契三联契》，最晚的是民国十二年（1923）十二月《南昌谢埠中街胡长仑杜卖店屋三联契》，对于研究清末天主教在南昌及其周边地区的活动具有重要的价值。

从空间的分布和房产本身的内容和特点来看，江西省博物馆藏的这一批房产契约可以分成乡村房产契约和城镇店宅房契两种类型。乡村房产契约与乡村农业生产和日常生活联系密切，其房产大多数以普通的居民住宅以及其他生产、生活用房密切相关；而城镇店宅房契的主要特点在于其建设在市镇或城市当中，大部分是以店铺的形式出现，其使用功能与乡村房产存在显著差别。因此，本书将江西省博物馆藏房产契约分为乡村房产契约和城镇店宅房契两种类型进行分别论述。

第二节 乡村房产交易

一 乡村房产出售内容与特点

房产是乡村社会中除土地之外，普通农民最为珍贵的财产之一。尽管在旧社会大多数人的居住条件并不好，如农民的居住，大多以土坯房屋和茅屋为主，此外，即便拥有自己的栖身之处，也并不意味着可以将其永远使用，与土地等不动产一样，在农民需要进行借贷、典当之际，房屋也往往成为其交易的对象。

由于传统社会的家族分家等现象而产生的共宅异爨现象，以及乡村社会中房产与农村生活相适应等特点，乡村房产交易存在着以下几个方面的特点：

首先，房屋作为最基本的生产、生活设施，往往附有晒场、园地以及水井等附属设施。在乡村房产的交易过程中，如果出售住屋，往往会将附属的用于生产、生活的其他如牛圈、厕所、厨房等附属设施一起出卖。如民国三十年（1941）二月《南昌县李庚子杜卖房屋及基地砖墙园地契》：

第五章 乡村的崩溃：店宅房契与城乡经济

立杜卖房屋及基地砖墙禾场园地文契人李庚子，南昌县四十二都四图，今有祖父遗下己份之业，坐落八房公巷东北角，坐北朝南，民屋一所一房，厅拖砖墙等等，上连椽瓦，下及石磉地基，凡土内土外寸木寸石寸铁一并在内。屋面前土禾场一个，屋左边园地一塅，坐落四址另开于后。情因家用不足，无处措办，是以母子兄弟合家商议，情愿将此业出卖，未卖之先，伩过亲支人等，无人成交，然后请中出卖与本房李一班叔名下前去创造管业无阻。当日三面言定，实卖得受时值价国币一百元整。比日洋契两相交讫，实是一色国币。并非谋买逼勒债负准折等情，亦无重叠典押之弊。如有好歹，买者自见。来历不明，卖人一力承担，不干买者之事。自卖之后，永无回赎增找，二家各无反悔，如有悔者，干罚契内价洋一半与不悔人用。恐说无凭，特立此杜卖房屋及基地砖墙禾场园地文契永远存据。（下略）

李庚子的这一份杜卖契中，交易包含的内容十分丰富，不仅包括"民屋一所一房"，还有附属的"厅拖砖墙等等"，在房屋本身之外，还有"屋面前土禾场一个，屋左边园地一塅"。在出卖房屋及禾场、园地的同时，与其相关的道路通行权也一并出卖给新业主，其"头门后进出无阻"。与此类似的还有民国三十三年（1944）十二月《奉新县第九保办公处士绅杜卖房屋契并收字》，第九保办公处士绅将其查封朱文理之店屋一所一栋三间，以及店前凉棚、店后厨房及猪圈、余地等，一并作价国币三千六百元正出售。这种将禾场、园地连同正屋一起进行交易的方式，保持了房屋及其附属结构的完整性，对于新业主的生产、生活提供了极大的便利，对于维持农业生产的完整性和生活的便利性有极大的帮助。当然，也有少数人，由于经济状况并不是很窘迫，只需要出住屋附属的一部分即可，因此，在契约文书中也会见到将住屋附属设施中的一部分如厕所、厨房、牛圈等单独出售的情形，如清光绪十年（1884）十一月《贵溪文坊公社张正其、正武杜卖仓屋、牛栏契》：

立杜卖仓屋、牛兰契人七十都二图九甲张传发户丁正其、正武，今因无钱用度，情愿将父手关书己业，仓屋一值，又牛栏一个，坐落老屋禾基边仓，又牛栏楼屋边，目［且？］今四界不必开明。凭中说合出卖与本都图甲张芳盛户丁正国兄边为业，当日实卖得时值契价七扣□□典钱十七千文正，其钱立契之日一并亲手收足，无欠分厘。有钱不愿成交，方行别卖。所卖所买，二意情愿，故无公私相逼，亦非准折等因。如有来路不明、股不清，不干买人之事，卖人一力成当。所卖是实，今欲有凭，立卖新契永远管业存证。（下略）

在这一份契约中，张正武兄弟将其仓屋、牛栏出卖与人，其中写道"今四界不必开明""典钱十七千文正""立卖新契永远管业存证"，或许可以推断，在此之前，张正武兄弟已经先将此屋典与他人，此次无意回赎，故重新立下"新契"。张正武兄弟此番出售的只是作为生活附属设施的仓屋、牛栏。值得注意的是，这些附属设施，不管是作为住屋的一分出售，还是单独出售，其买主都是"与本都图"范围内的人，其承受的目的也是便于自己使用。

其次，由于与农业生产相适应的缘故，庄屋往往是作为田产的一部分出售，在契约文书中尚未发现单独出售庄屋的情形。在农业生产的过程中，庄屋的主要作用一为地主供佃户居住的房屋。① 地主要盖"庄屋"以广招徕异乡的佃户，凡有较为大块的水田须出租的地主，基本上都建有"庄屋"，没有"庄屋"的田是难以招来远客租种的。二是在远离居地的田地间修建的房屋，供农忙时临时居住或安排庄户居住打理农田，如在东乡县，为防备窃贼夜间盗取塘鱼和瓜豆，同时兼为夏夜田地看水之用，在田间常设有小屋，谓之"夜厂"，时人记录"有宿于田

---

① 乾隆时有人说："盖北方佃户，居业主庄屋，其牛、犁、谷种间亦资养于业主"（清档，朱批奏折，财政类，乾隆四年八月初六日两江总督那苏图奏。）在南方，皖南地区的佃仆"种主田，葬主山，住主屋"，说的就是由地主为其提供庄屋居住。转引自吴承明《什么是自然经济》，《经济研究》1983年第9期。

第五章 乡村的崩溃：店宅房契与城乡经济

塘间者曰夜厂，以树为龛，而卧其中，若小屋然。盖岁旱则以水车输水于田，筑塍蓄之，夜有私开其塍而注于彼田者……则私放之水，其攘利而害稼尤甚，设此所以为守。守瓜豆之成熟者亦然"①。因此，作为农田的附属设施存在的庄屋，并没有独立的使用功能。在进行田产交易的时候，往往会将庄屋等作为田产的附属设施出卖。如张殿酬契约中，张殿酬参与的60件交易，通过各种方式承受产业，其中只有3件纯粹的房屋契约（包括2张买入、1张租赁），而其承受的产业中，包括庄屋的却高达9件。②可见，在张殿酬所在的广昌县生产习俗中，庄屋是作为田产的附属设施存在，并不具备独立交易的价值。在民国七年年春季《贵溪文坊公社龚富山、晓山杜卖庄屋、田契》中，龚富山、晓山将自手续制晚田一大墩，计官民粮四亩正，以七五龙洋一百二十元正的价格，出卖给张树义户丁启生为业，其中详细载明田亩的坐落、租额等内容，对于庄屋，只是用"又庄屋一所，计四拼一排一应在内"这样含混的语句一带而过。此契中详田产而略庄屋，是因为庄屋是作为田产的附属设施存在，庄屋一旦与田地分离，其使用价值将会大打折扣，甚至毫无使用价值；而田地如果没有庄屋这一类的附属设置，其农业生产的便利性也会受到影响。

再次，房屋作为交易对象，多为共宅，往往出卖的只是自己所有的分家时得到的一部分，很少有全部，并且在交易中多有对公共空间使用权益的特殊约定（如附属设施的使用权、道路的通行权）。如清光绪七年十一月《南昌县涂宣德堂杜卖屋契》：

> 立杜卖屋文契人涂宣德堂，南昌县三都二图十甲，今有祖父遗下祖先堂东边房屋一所，堂屋其龙口一半，上连椽瓦、楼板、门壁，下连石磔、基地拖步，其后门一半。是以母子商议，请凭中出卖与仝县全都全图仝甲涂令才老名下永远管业，当日三面言议，得

---

① 同治《东乡县志》卷8《风土志》，清同治八年刻本。
② 参见第三章表3-1"张殿酬承受产业频率统计表"。

受时值价九一四钱六十八千文。其业并无[重叠典卖,]亦非逼勒准折等情。如有来历不明,出卖人承管,不干买主之事。自卖之后,任从管业无阻。永无增找回赎,今恐无凭,立此杜卖屋契永远存照。(下略)

在涂宣德堂的这份杜卖房产文书中,其出卖的只是属于自己的"祖父遗下祖先堂东边房屋一所,堂屋其龙口一半",而且该房产的四至中也标明"西边其龙口堂屋一半界",因此,在此契约中,因为共同使用堂屋的关系,其道路通行权尤为值得关注,在官契纸印刷的契文之外,又通过批注的方式强调"祖先堂楼屋红白喜事一直向南出入无阻"。与此类似的还有清咸丰三年(1853)十二月二十四日《南昌县百龄杜卖房屋基地契》,百龄因钱粮紧急,无从出办,"将祖父遗下分授己名下东首房屋一边,堂楼屋一半,房一间,钱厅子一个,靠厅子横巷子一条,天井一个……□大门一道一半,屋后厨房五一重,内栈三间",一并出售,共卖得"价课纹银五十两正",由于其所卖之大宅,"其屋前后四重",出入须经过他人之地,故在契约中强调"但逢婚姻丧葬大开中门,通道出土行走无阻,闲日各有便门行走,出入公巷红石门前后巷门两搭十六分之一朝□地出入行走",此外,在契约中还特意批注"池水井挑水无阻"。可见"水井确乎是中国乡村外部装备的一个重要特征"①。在南方农村,雨量较充足,江河湖泊多,还有星罗棋布的大小塘堰,获取生产和生活用水主要通过水井与水塘获取,故在契约文书中约定"塘下洗衣服、井上吃水各无阻"(清道光十三年十一月《南昌县蔡桂兴杜卖房屋并地基契》)也就显得非常必要了。

二 乡村房产出售的买主与价格、交易模式

买主集中的本都、图、甲的范围之内,很少出现外地人(外都图或者外村人)来本村购买房产的情形,如前引清咸丰三年十二月二十四日

---

① [美]明恩溥:《中国乡村生活》,午晴、唐军译,时事出版社1998年版,第41页。

第五章 乡村的崩溃：店宅房契与城乡经济

《南昌县百龄杜卖房屋基地契》，百龄将其房屋卖给"卖与房叔德在章名下子孙永远为业"；清光绪十年（1884）十一月《贵溪文坊公社张正其、正武杜卖仓屋、牛兰契》的卖主是七十都二图九甲张传发户丁正其、正武，买主是"本都图甲张芳盛户丁正国兄"。更常见的做法是将房产卖给本家族内部的人员，如民国三十年（1941）二月《南昌县李庚子杜卖房屋及基地砖墙园地契》中，南昌县四十二都四图李庚子将房屋卖给"本房李一班叔名下前去创造管业无阻"。同时，在契约文书中，也经常可以看到诸如"促过亲支人等，无人成交，然后请中出卖与人"之类的语句，说明亲邻在交易中也还享有一定的优先权。在本章所引契约中，只有清道光十三年（1833）十一月《南昌县蔡桂兴杜卖房屋并地基契》的交易范围超出了本都图，卖主蔡桂兴属六十一都二图，而买主周明发、周明资兄弟属于六十都二图。据民国《南昌县志》记载，南昌县西乡，"宋名嵩安乡，管七都共五十四图"，其中就包括六十都、六十一都所辖各图①，因此，这样算来，蔡桂兴与周明发、周明资兄弟的交易虽然不在同一都图，却仍然在南昌县西乡的管辖范围内，因此，本例交易仍然可以算作在是本地范围内的交易。乡村交易的范围集中在本地的小范围当中，除了宗族势力的影响，对交易有所限制之外，更为重要的原因是，在乡村社会中，人员的流动性很弱，而南方的村庄往往是聚族而居，一个村落只有一个姓氏，别的姓氏即使在此购买房产，由于没有相应的土地，难以融入当地宗族，也很难在此立足。

从现存房产交易的价格来看，也低于田地的价格。在张殿酬契约中，有其两次买入房屋的契据，其一是乾隆五年（1739）十月《广昌县张质聪卖金砂里江背龙兴湾房产契》，张殿酬从张质聪手中买得"屋一所，中栋西边正间前各壹间，又横屋弟［第］贰植、下头上壹，又楼屋中栋东便前各壹间，及楼下基地在内""所有楼上私厅、正屋、厅堂、屋坑、出路、求场上下左右、荒坪六股之壹"，价格仅为"契价铜钱壹拾柒两肆钱正（广昌县官印）"；张殿酬在乾隆二十年（1755）十

---

① 民国《南昌县志》卷3《乡都》。

一月的《广昌县张志忠卖金砂里江背龙形［兴］湾房屋契》中，将侄子张志忠原先典给自己的"父首分房屋壹间"买断，张殿酬"补价"后成交，"典价及补价前后共得钱伍两伍钱整"。从价格来看，张殿酬所费资金并不多。而其所买的田产，价格最高的一项，耗资为"契价足铜钱壹百叁拾贰两正"，（清乾隆拾九年十二月《广昌县何永茂卖千金里竹溪村等处水田契》），其他价格在四五十两之间的也为数不少，①由此可见，在同时代、同地域、同一个人的多次交易中，房产交易不仅在频率上远远低于田产交易，在价格方面，也比田产要低很多。

与田产中的"皮骨分离"类似的是，在房屋的产权结构上，也存在"皮骨分离"——即房屋的所有权和土地的所有权分离现象。如民国三十二年（1943）四月二十七日《南昌县魏瑞琪杜卖茅屋契》：

> 立杜卖茅屋文契人魏瑞琪，南昌县七都一图一甲，今有自创制茅屋一所，坐落新江魏村六号，及稍有家具等件。因拟想另谋生活，是以凭中出卖与仝县七都一图仝魏运麦名下永远管业，当日三面言议，得受时值价法币八百元。其业并无重叠典卖，亦非逼勒准折等情。如有来历不明，出卖人承管，不干买主之事。自卖之后，任从管业无阻，永无增找回赎。今恐无凭，立此杜卖茅屋契永远存照。计开比日银契两相交讫。
>
> ……
>
> 一外批明此屋基地系熊先茂君民田，前瑞琪内系向其每年纳谷一担五斗，自售屋后，纳租概由魏运麦君交与瑞琪无阻。（下略）

在魏瑞琪的这张杜卖茅屋契中，魏瑞琪"自创制茅屋一所"，所占据的地基却是"熊先茂君民田"，因此魏瑞琪"向其每年纳谷一担五斗"。也就是说，魏瑞琪与熊先茂之间是一种租佃关系，该地基的所有权在熊先茂，而地基的使用权在魏瑞琪，魏瑞琪因此使用权而衍生出该

---

① 参见第三章表3-1"张殿酬承受产业频率统计表"。

茅屋，因此对于茅屋这一实体来说，其地基的所有权仍然在熊先茂，而作为房屋的所有权则在魏瑞琪，因而形成了房屋的"皮骨分离"。

在交易方式上，与土地契约一样，房产契约也是多种交易方式并举，杜卖契和典契都是常见的房屋契约。杜卖房屋契约在前文已举数例，而典卖房屋契约，在交易的方式上，与一般的典卖土地契约并无多少差别，也都有"押"和"典"的不同名目。如清同治十二年（1873）二月初十日《江西某县蔡荣兴押园地契》：

> 立杜卖园地文契人蔡荣兴，室人去世，今因家下用数欠决，年岁饥荒，无从出办，只得仝子商议，将祖手遗下园地一块，坐落蔡宅，东止蔡姓地为界，西止墙为界，南止蔡地为界，北止巷为界，以上四止开载明白。情愿请中说和出卖以［与］周滕高老名下子孙永远为业。当日三面言定卖得时值价钱五千文足。比日钱契两相交讫，其园地未卖之先，俱问本姓亲族人等，不愿成交，方行出卖，所作交易，其地并无重契典押不明，并非逼勒准折等情之类。如有此情，卖者自理，不干买者之事，所有出路往前巷行走无阻，自卖之后，二家不许返悔，如有悔者，甘罚契内价钱一半以不悔人用。恐口无凭，立杜卖园地永远存据。
>
> ……
>
> ［外批：］其园地实押得本足钱四千文足。当日三面言定管业断利，限止十年回赎。潘地栽菜、大造草居无阻。
>
> 又再批：园地块坐落蔡宅，东止蔡地为界，西止墙为界，南止巷为界，北止周姓公山为界。此地实押得本足钱一千文足，此钱管业无息，内有栋树二头，苗从地断。
>
> 同治十二年二月初十日立杜卖园地文契人蔡荣兴

这是一份以"押"为名的"典"契，但是实际上却是两份契约：开头部分写成一份杜卖契，在杜卖契的后面，再写上一份典契。在典契中，蔡荣兴以园地的使用权为押，从周滕高处获得"足钱一千文足"，限于十年取赎,期间"此钱管业无息"。如若十年之后,蔡荣兴无力取赎,则周滕高可以将契纸后半部分的典契裁去,将其作为杜卖契管业。当然,周滕高应当按照杜卖契的价格将"卖得时值价钱五千文足"的部分补偿给蔡荣兴。这种做法在田产的交易中也是很常见的。因此,从交易方式上来看,土地交易与房产交易并无明显区别。

第三节　城镇店宅房契交易

商业市镇的兴起是商品经济发展的表现,明清时期各地的墟市数量已经达到一个新的高度。清光绪二年前后,江西赣州府龙南县,"坊乡内为墟者十有六……各墟间有兴废无常者。墟期或一四七,或二五八,或三六九日不等。墟之大者,邻邑邻省货物皆至"。① 同在赣南的长宁县(今寻乌县),"村市,俗谓之圩,皆三日一集"②。在众多的墟市中,聚集了来自四面八方的商贾,同时,更多的店房也因之兴起,在上饶地区,"城镇商业住户,多是临街的双层木料结构楼房,排门店面,有的内设厅堂、后门"。③ 这种店房的建筑、构造和交易,表现出与乡村房产明显不同的特点。在乡村、市镇和南昌等不同等级的市场中,其经济规模、辐射能力、经济地位不一,④ 因此,在研究房产交易时,必须考虑房产所处的位置,是普通的乡村,还是商贸繁盛的市镇,抑或是处于繁华的都市,在不同的地点房产结构、功能和价格相差甚远。因此,本书将房产契约按照其所在地的商品经济发展程度,将馆藏房产契约文书分为市镇商铺(如契约文书中南昌县广福墟、谢埠街等地)、具有较强

---

① 光绪《龙南县志》卷2《地理志·坊乡》。
② 光绪《长宁县志》卷2《舆地志·厢堡》。注:长宁县今为寻乌县。
③ 上饶地区地方志编纂委员会编:《上饶地区志》(上册),方志出版社1997年版,第1644页。
④ 施坚雅模式包括集市体系理论和区域体系理论,前者主要研究中国乡村社会,以《中国农村的市场和社会结构》为代表;后者主要研究中国城市化,以《中华帝国晚期的城市》为代表。参见施坚雅《中国农村的市场和社会结构》,中国社会科学出版社1998年版;施坚雅主编《中华帝国晚期的城市》,中华书局2000年版。

第五章　乡村的崩溃：店宅房契与城乡经济

聚集能力的地方城市（如赣州是赣南地区的区域性中心城市）和较大区域的都会性城市（如南昌为省会）分别做考察。

一　南昌县的店铺交易与市镇经济

在清光绪年间，人们已经认识到商业在城镇中的作用："市镇之设，所以聚商贾，通货财，便日用，利民生也。"① 南昌府南昌县是江西省的"首府首县"，时人曰："村居稠密，每七、八里或三数里，辄有墟市。每市所属皆数千户，大者近万余户。而市肆多者不过数百，所积之货皆日用之需，其运售于远道者独谷米，其来则以棉花。虽曰鱼米之乡，实耕织为业。市多滨河，西成之后，远贾争集，帆樯林立。人多醉饱，则景象殊熙熙然也。"② 南昌这种"每七、八里或三数里，辄有墟市"的盛况，即是建立在"远贾争集，帆樯林立"的基础上，得益于便利的交通和富饶的物产，南昌地区商业发展，涌现出一大批商业市镇。

据同治《南昌府志》卷六《地理·市镇》统计，南昌县已经有"礼、射、御、书、数"五个字号的 33 个市镇，与南昌县相邻的新建县也有 29 个市镇，其中的一些市镇在明代即已引起人们的关注，如南昌县河泊所，坐落四十八都一三四图地方距城四十里，明代王直《过江西河泊所诗》就写道："河泊虽卑散，身闲似列仙。公庭依水市，官税在渔船。"③ 而同属南昌县的市汊镇，"濒河为市，西南通瑞河，东南通两广，下通省会以达于湖。对河为丰城，稍西即新建。商贾辏集，帆樯如织，为本邑一大镇，设有巡检把总"④。正是由于这些市镇作为乡村与城市的连接点，沟通了城乡之间的物资、信息交流，促进了社会经济的发展。在馆藏契约文书中，涉及的一些商业市镇店房契，也折射出市镇商人的沉浮。

广福圩，坐落于南昌城南面的赣江—抚河平原上，东与三江口镇一

---

① 民国《南昌县志》卷 4《方域志下·市镇》。
② 民国《南昌县志》卷 4《方域志下·市镇》。
③ 同治《南昌府志》卷 6《地理·市镇·南昌县》。
④ 同治《南昌府志》卷 6《地理·市镇·南昌县》。

水相隔，南邻丰城县，西接南昌县冈上镇，自清朝道光年间设墟后就商贾云集，故冠名"广福"。同治《南昌府志》记载："广福墟，坐落六十六都、六十一都地方，距城七十里"。① 与广福墟、万舍街类似的商业市镇还有谢埠市，"坐落四十二都四五十一图，并四十都八图、十二、十三图地方，距城三十五里，濒河"。② 而与谢埠相邻的茌港市，"在城东南五十八里"，③ 此地"地临大河，上通抚建，下达省会，地密人稠，一四七日（集市），百货辏集，远近皆至"。④ 这些市镇，尽管名称不一，"墟、店、塘、铺，称名不一，实即市也"。⑤ 在馆藏契约文书中，就有罗志远堂连续在广福墟购买店铺的记录。清光绪二十四年冬月（十一月），罗志远堂从李沐和等人手中买得坐落广福圩西南角的土库楼房店屋二所，用去"九三八平价银六十两正"，此两处店屋时开洪兴、元兴两个商号。次年九月，罗志远堂再度出手在广福墟购买店房，即清光绪二十五年九月《南昌县万福荣杜卖店房并地基契》，罗志远堂此次购入"店屋四所，前后三进，院子一个"，价格为"九三八平价足银一百四十六两五钱正"。

罗志远堂在广福墟购进房产的同时，光绪年间还在南昌县的万舍市也有购入房产的记录。万舍街，又称万舍市，坐落于南昌城南的赣抚平原，坐落五十三都一三六图地方，距城五十里。⑥ 此地濒临万舍河，水运交通便捷，"曹溪在南昌县西南八十里，其派分自三江，流至万舍合西洛水"⑦。此地农业生产发达，有水利工程名曰万舍圩，"本作万石，在四十七都暨五十二都上北港地方，滨万舍河，有龙头、象尾石闸各一座。圩长一千五百五十丈零四尺，宽六尺，高七尺"⑧。清代的万舍街

---

① 同治《南昌府志》卷6《地理·市镇·南昌县》。
② 同治《南昌府志》卷6《地理·市镇·南昌县》。
③ 《南昌县要缺冲繁难》，《江西官报》1904年第12期，第8—11页。
④ 同治《南昌府志》卷6《地理·市镇·南昌县》。
⑤ 《南昌县要缺冲繁难》，《江西官报》1904年第12期，第8—11页。
⑥ 同治《南昌府》卷6《地理·市镇·南昌县》。
⑦ 光绪《江西通志》卷57《山川略二·川一·南昌府》。
⑧ 光绪《南昌县志》卷6《河渠中》，《中国地方志集成》本，江苏古籍出版社1996年版。

第五章 乡村的崩溃：店宅房契与城乡经济

同时还是一个重要的商业市镇，清末开展商会建设时，江西设有商务总会，各县均设分会，南昌县辖乡镇，则设商团，作为商会的基层组织，万舍市商团即于民国元年成立。① 抗战时期，南昌县政府还一度迁驻万舍街，也从侧面证明了其繁荣。

商业的繁荣，带来商人投资兴业的热情。在馆藏契约文书中，就有罗志远堂在万舍街连续购买店铺的记录。清光绪二十一年（1895）十月，南昌万舍市河街的彭保斋、彭寿斋兄弟将"自手创造店房一所，坐落万舍市河街，前后共计二进"，以"时值价九三八平足银二百两正"的价格卖给熊梅轩为业（清光绪二十一年十月二十日《南昌彭保斋彭寿斋杜卖土库店屋并当契》）：

> 立杜土库店房并基地文契人六十三都七图彭寿斋、保斋，今因生意维艰，借代无门。是以兄弟商议，情愿将自手创造店房一所，坐落万舍市河街。坐北朝南，通前直后，共计二进。上连椽瓦，下及基地，门窗、户壁、间栈、周围砖墙以及寸木碎石等等一并在内，央中说合出卖与五十三都二图熊梅轩四房名下子孙永远为业。当日三面言定，实卖得时值价九三八平足银二百两正……
>
> 见卖祖母郑氏
>
> ……
>
> 光绪二十一年拾月二拾日立杜卖土库店房基地文契人彭寿斋、保斋同押。
>
> 契价足领。
>
> 外批：此店房实系口当契卖。所有地基原系彭姓公业，当众言明每年交纳地租九六典钱七串文正，此钱慨归出典者自理，不以承典者干涉。今当到契内价银二百两正，言明照月一分五厘行息，每年共计交息银三十六两正，逢闰加增。以租作息，其息银按三节凭摺交付，不限年月，本息俱到回赎。当时佃出中人酒水钱三千文，

---

① 周德华辑：《南昌纪事》卷1《建置类》，成文出版社有限公司1975年影印本，第26页。

如周年回赎，出典者认；两年回赎，二家平任；三年回赎，则归承典者全任。此批。

此业卖与北头罗志远堂管业矣。

双方在契约中约定"此店房实系口当契卖，所有地基原系彭姓公业，当众言明每年交纳地租九六典钱七串文正，此钱慨归出典者自理，不以承典者干涉"，彭氏甚至设想到日后回赎时，"当时典出中人酒水钱三千文，如周年回赎，出典者认；两年回赎，二家平认；三年回赎，则归承典者全认"。此后，彭氏兄弟很可能从熊梅轩手中赎回了该项产业，故契文后的"口当契卖"的"当契"部分并未被熊氏裁去，该契也并未投税。但是，好景不长，至清光绪二十九年（1903）六月，彭保斋、彭寿斋兄弟将此房产杜卖给罗志远堂为业，故其在当契的后面无奈的添注"此业卖与北头罗志远堂管业矣"。

彭保斋、彭寿斋兄弟清光绪二十九年六月的卖契如下（《南昌县彭保斋杜卖店屋并砖墙契》）：

立杜卖店屋并砖墙文契人彭保斋，今有自手所制［置］，坐落万舍市河街店屋一所，上连橼瓦、楼板、枋楞，下及门壁、柱礅、石砖，寸木寸石一并在内，四址载后。现因需银应用，无从办措，是以合家商议，先佟问亲族，无人承受，自愿央中说合出卖与罗志远堂名下承买管业，当日三面言定九三八平市足银洋四百两正。比日即入手收讫，并无短少分厘，其后店屋实是情愿出卖，并非谋买、债务逼勒，亦无重契典押以及来历不明、分授不清等情。若有前情，卖者一力承担，不干买者之事。自卖之后，任从买者管业自开另租拆毁改造，一概无阻，永无增找，不得回赎。恐口无凭，立此杜卖店屋并砖墙文契存据。（下略）

万舍市是南昌县重要的商业市镇，罗志远堂在此花费了九三八平市足银洋四百两的代价将彭保斋的店房收入囊中以后，较当年将该店房当

第五章　乡村的崩溃：店宅房契与城乡经济

给熊梅轩的价格翻了一倍。万舍街作为与市汉街、岗上街并称冈上镇三大街市，其商业竞争也相当激烈，要想在此持续发展，需要有相当雄厚的经济实力。而罗志远堂在短短的几年之中，先后在广福圩、万舍市等市镇通过三次交易购入店房7所，共耗去九三八平市足银洋六百零六两五钱，显示出罗氏家族巨大的经济实力。

但是，清末动荡的时局和罗志远堂人员的更替并未给其带来好运。距光绪二十九年一次耗资四百两购入彭姓店房之后，仅仅过了六年，由于家族发生重大变故，罗志远堂开始出售在万舍市和广福圩的房产。清宣统元年五月，罗志远堂"因需银应用，无从措办"，将"父手所置坐落万舍市河街，店屋一所共计两进"，即光绪二十九年买入之彭姓店房，同样以"九三八平市足银四百两正"的价格卖给了南昌县六十都上二图的周爱莲书屋名下为业（清宣统元年五月《南昌县罗志远堂杜卖店房并砖墙二联契之本契》）：

> 立杜卖店屋并砖墙，南邑六十一都二图文契人罗志远堂，今有父手所置坐落万舍市河街，坐东向西店屋一所，共计两进。上连椽瓦、楼板、枋楞，下及门壁、柱磉、砖石，寸木寸石一并在内，四止开载于后。现因需银应用，无从措办，是以合家商议，先佥亲族，无人承受，自愿央中说合出卖与邑六十都上二图周爱莲书屋名下承买管业，当日三面言定，实卖价九三八平市足银四百两正……
>
> 钤印：（椭圆形红印）南昌县验契所年月日验讫。（红色长条印）现奉通令白契呈验，即生效力，概免补税七月限□□□查。
>
> 见立母氏万。
>
> 宣统元年五月日立杜卖店屋并砖墙文契人罗志远堂花押。
>
> 外批：此店屋通前及后地基系彭补堂公祭祀公业，每年归买主交出九六典钱七串文正，分为春秋二祭，前三日交纳，不干卖主之事。特此批明。

宣统元年契中写明该产业是"父手所置",而此时罗志远堂将其以原价出售,说明罗志远堂原来的买主已经逝世。宣统二年三月,罗志远堂"因钱漕紧急,无从出办",再次将其"祖手遗下"的"坐落广福圩西南角土库楼房店屋七所,计数间"一次性全部出售给周迪吉堂为业,共卖得"九三八平价银四百两正"(清宣统二年桃月《南昌罗志远堂杜卖土库店房并地基二联契》)。

与广福墟相似的还有谢埠街的市镇经济。李日顺在谢埠街有"父手遗下坐落谢埠市大码头之东,厕屋一所,计粪缸十五口",另有"基地一块,东西南三面红石泊岸",按照一般的经济规律,处于谢埠这种抚河沿岸的港口市镇,有一片靠近码头、泊岸的土地,建有厕所,"计粪缸十五口",其作用自然是供往来之客商使用,既可以收取一定的费用,又可以收集人畜粪便,供农田之用。这也从一个侧面反映出谢埠街作为商业市镇的繁荣,建立厕所也可以成为一种产业来谋取利润。但清光绪九年十一月李日顺"为因钱粮紧急无处措办",将其杜卖,"时值价纹银七十五两正""任凭起业挑粪收租管业无阻"。(清光绪九年十一月《南昌县谢埠街李日顺杜卖厕屋基地红石泊岸三联契》)李日顺的厕屋作为为公众提供便利的场所,尚能"挑粪收租",而光绪十四年十一月李广发、李荣华将其"祖父遗下分受己业坐落谢市大码头之西,东西三丈四尺,南北八尺"的厕屋基地出售,仅得契价"文银四两正"。(清光绪十四年十一月《南昌县李广发李荣华杜卖厕屋基地二联契》)在以上契约中,无论是"店房""谢埠街""大码头"还是"厕屋",都是依附于市场的商品经济的产物。这些商业市镇首先是四乡农副产品的集散中心,作为市场起着支配、调节农村经济生活的杠杆作用。其次,由于商品化程度愈来愈高,由此产生出经营固定店铺的村市,四乡居民纷纷到市镇上交易并定居,开设店铺,成为专业工商业者。此外,市镇在集散农副产品的过程中逐步建立起比较完备的商业、市场体系,以后牙行、商业字号、钱庄、银号、当铺、票号以及后来的会馆、工商公所等商业、金融信用等组织和机构逐步出现,把地方经济纳入整个更大的市场体系当中。

第五章　乡村的崩溃：店宅房契与城乡经济

从以上市镇房契可以看出，较之乡村房契，市镇房契呈现出以下特点：在交易标的上，市镇房契以店宅契为主，市镇店宅多为"土库房屋"，店宅在结构上呈现出前店后宅的格局，建筑结构动辄数进，罕见乡村之茅舍，规模比乡村交易一二间之零碎交易显然要大很多，更有动辄"土库楼房店屋"数所的大规模交易，价格往往在百两以上，在资本投入上，市镇房产的投入量也是乡村房产无法企及的。在交易房产的租金计算上，城镇房产显然更加注重店房带来的收益，如在前引清光绪二十一年月二十日《南昌彭保斋彭寿斋杜卖土库店屋并当契》中就写明"今当到契内价银二百两正，言明照月一分五厘行息，每年共计交息银三十六两正，逢闰加增"。此处强调"逢闰加增"正式计算商业借贷利息的普遍方式，显示出城镇商业思想的深入。在交易的范围上，乡村房产主要集中在本图本村，而市镇店屋的交易已经明显超出了本市镇的范围，如罗志远堂在万舍市和广福圩就都拥有多所店屋。从光绪二十四年小规模的买入店房，到光绪二十五年在广福墟一次性买入店屋四所，再到宣统二年三月又一次性将广福墟的七所店房全部出售，罗志远堂的兴衰令人目不暇接，却也反映出清末社会的急剧变迁和市镇的艰难转型。

二　赣州房契与城市经济

赣州是赣南地区的中心城市，一直以来就是江西与广东、福建、湖南等地交易的商贸中心和政府所设赣关所在地，被视为江西通往两广的重要门户："赣郡十川均流，其源远者与闽粤接，既合于郡城之北为赣水出滩，以达于彭蠡，而赣郡实为两粤门户，仕官商贾溯彭蠡而上者，未尝绝也"。[①] 清末，赣州"为通粤之要道，城内繁盛，凡万余户"。[②] 在晚清至民国时期，赣州城市经济依然保持了昔日的繁荣。据傅春官宣统年间报告，"综计各埠，惟九江为通商口岸，商务日增；此外赣州出

---

① 同治《赣县志》卷4《形势》。
② 《调查报告：江西商务情形（节录江西商务议员傅春官报告）（续）》，《商务官报》1907年第2期，第12—19页。

产尚富,又毗连粤境,商业未衰"。① 赣州的商业经济的繁荣,在契约文书中也有所表现。

(一)赣州店房的交易习俗

在江西省博物馆藏契约文书中,有赣州城市店房契约文书 12 件,涉及店房、口岸、住宅、货栈等多种物业形式,为便于讨论,兹将其分别列表如下:

表 5-1　　　　　　　　　赣州店房交易简况表

序号	契名	时间	产业来源	产业详情	价格	押议钱及违约金
1	吴春英杜卖店房口岸二联契	清光绪五年三月二十八日	父手遗下分授己业	店房一大所,直进三栋半,共计大小九间	时值杜卖店房正价纹银一百八十两正,税银五两四钱	
2	徐是宾杜卖店房三联契	清光绪二十一年十二月初五	父手分授己业	店房一所,铺面二个,大小厅房共计五间,并楼上谷仓三间,右边前房内有太平门一合;店房并地基、口岸等	实价库平足色纹银七百四十一两正,并包头画押诸色等礼一并在内;交纳三分税银二十二两二钱三分	
3	葛吉堂刘卖房契尾	清光绪二十四年			价银六百一十两,税银一十八两三钱	
4	黄联奎卖店房并口岸三联契	清光绪二十五年八月	将祖父分授己业,	栈房一所,相连房屋一所三直,共十一间;又房屋前后二栋,共七间;又批瓦雨亭一座	库平足色纹银五百四十两;交纳三分税银一十六两贰钱	
5	刘远庆堂允议杜卖店房契	清光绪二十九年(癸卯)十二月初十日	母手所置	店房一所并晒坪晒楼,猪椆当街铺面并口岸前后数栋,及经手增造共计前后五栋	正价毫边三百十元正,包头画押各色开销一并在内	交付押议字毫边二十元;本月立契兑；悔者罚花边二十元
6	刘章焕允议杜卖店房地基口岸契	清宣统二年四月初四日	父手所置分授己业	店房二所,计铺面二间,及有经手增造,共计三间	时值正价七三毫洋四百大元正,包头画押各色开销一并在内	押议字七三毫洋一十元正;言定本月日立契兑价。悔者罚毫洋二十元

---

① 《调查报告:江西商务情形(节录江西商务议员傅春官报告)》,《商务官报》1907 年第 1 期,第 18—20 页。

第五章 乡村的崩溃：店宅房契与城乡经济

续表

序号	契名	时间	产业来源	产业详情	价格	押议钱及违约金
7	罗姜保罗有润杜卖店房地基口岸二联契	民国三年四月二十九日	祖手天仁所置	店房一所，直进四栋	时值正价毛边六百二十元正，包头画押各色开销一并在内	当付押议字边三十元正；悔者罚边十元正
8	福闽乡祠聚庆社议卖店房契	民国二十年正月四日	上手遗下	店房二处，共计大小三栋	毫洋边一千一百六十大元正，另加二十元，共计毛洋一千一百八十元正；包头画押一切各费一并在内	付押议字毫洋边二百九十元正；以庚午阴历腊月朔日完契；悔者应出违约金三百元
9	卢德珍卢德琳杜卖店房地基口岸四联契	民国二十五年十月二十一日	将祖父遗下	店房一所（含前后两进房屋，前向空地一块）及营业码头口岸	允议字：价毫洋一千一百元正，包头画押各色开销一并在内；本契：时值价国币八百元正	押议字毫洋一百元正，在正价扣除，言定三月卅日立契兑价
10	刘萧氏杜卖店房二联契	民国二十九年	祖上所置店房分授己业	房店一所，店面左边深四尺，右边直进三栋，右堆栈一栋厕所一间	法币四千五百元正，包头画押应从正价款内扣除	押议字法币一千元正；三星期内立契，悔者罚法币五百元
11	申四德堂杜卖房屋并地基契	民国三十年	己手所置	周围一连两栋共计大小二十余间	法币一千五百元正，包头画押出屋礼一并在内	
12	王钟慧缘绝卖房屋及基地土坪契	民国三十八年二月	己手所置	周围一连两栋，大小二十余间	加炼赤金一十七两整，包头画押出屋移牌一并在内；价款炼金十四两当日交付	将价款一部计炼金三两留俟付现住各户全部迁出空屋即兑

在上述 12 张店房交易契约中，对赣州房屋的坐落、走向、结构、环境有极为详细地描述，透露出大量赣州城市商业活动的历史信息。从契约文书可以看出，赣州城市房契并无南昌市镇房契中的"土库房屋"，其显著特点是"店房地基口岸"大量出现。清代赣州城内街道房屋主要是砖石瓦房与楼房，前有门店，后临口岸、码头的两层楼房为其典型形态。船是赣州最为重要的交通工具和生活设施，清人写道："赣

州城外赣水漩，竹屋家家傍岸悬。江水涨时高百尺，开窗平看往来船。酒坛山上起春风，春树春花绿又红。上水下水多少客，一年半在小船中。"① 船舶靠岸需要码头，赣州城内最重要的基础设施就是"口岸"与"码头"，"赣属十二邑，皆据贡江上流，凡舟行至郡者，日无虑数千百艘，悉泊东关以上，后至者恒苦拥挤不前，风急浪涌，互相抨击，每多不测之虞，故各邑咸自占马头，以为舣舟登岸之所"。瑞金作为小县，也在明天（启）崇（祯）间建立起太子码头，至清雍正二年，又加以重修。② 作为因赣江而生的城市，赣州居民的生活不能离开码头，"在古城赣州，沿着章、贡、赣三江岸边有着大大小小的二、三十个码头，有供路人渡船用的过渡码头，也有专用码头。一般说来，来赣州的船只都是按所载货物定点靠站，这种码头就是分门别类的专用码头。这种专用，有两个含义：货物专用，地域专用"③。码头是赣州居民日常生活的一项基础设施，据不完全统计，赣州城区的码头即有12处之多。④ 这些店房契约中，多附有码头、口岸等设施，显示出赣州作为章、贡二水交汇的赣江第一都市的城市环境特点和赣州作为工商业城市民居的生活形态，反映出赣州已经逐步完成从乡村型的居住环境向商业街市连排店居环境的转变。

签订"允议字"是江西地区契约文书签订过程中的一项独特习俗，⑤ 其中又以赣州地区最为突出。上表开列的12件契约文书中，就有5件签订有"允议字"交付押金并规定了违约金。在赣南地区的习俗中，"凡不动产之买卖，在议卖之初，立契以前，必须由卖主与买主立

---

① （清）周令树《赣州竹枝词》，载孔煜华、孔煜宸《江西竹枝词》，学苑出版社2008年版，第240页。
② 道光《瑞金县志》卷12《艺文志·（任澐）重建赣州府城太子马头碑记》《中国地方志集成》本，江苏古籍出版社1996年版。
③ 梁艳：《古城赣州地名的历史文化内涵研究》，硕士学位论文，赣南师范学院，2008年，第29页。
④ 赣州的12处码头是：二码头、涌金门大码头、盐码头、金家码头、汶码头、磨角上码头、龟角尾码头、新码头、码头上、杨梅渡码头、建门大码头、下营角大码头。转引自梁艳《古城赣州地名的历史文化内涵研究》，硕士学位论文，赣南师范学院，2008年，第13页。
⑤ 参见第一章第二节对江西地区契约文书签订程序的论述。

第五章 乡村的崩溃：店宅房契与城乡经济

一议卖之草约（俗称议字），载明某种不动产及卖价，并如有翻悔则罚洋若干等字样。按：此等罚款数目之多寡随卖价而殊，但其性质实与违约金无异"①。在这5件契约中，押金最低的是清宣统二年四月初四日《赣州刘章焕允议杜卖店房地基口岸契》，正价七三毫洋四百大元正，押议字七三毫洋一十元正，占契价的2.5%，违约罚金为"毫洋二十元"，占契价的5%；最高的则是民国二十九年《赣州刘萧氏杜卖店房二联契》，正价法币四千五百元正，押议字法币一千元正，占契价的22.22%，违约罚金为"法币五百元"，占契价的，11.11%，其他几例，多在5%—6%左右。按照赣南地区的习惯，"违约金通常称为罚金，其数额多预定于议字之中在事实上，买主一方先提供违约金，交由中人转给卖主，而买主一方收执议字为据，故议字上虽间有双方署名，而买主一方不以画押为必要……又有将违约金载入正契（即暂契典契）中者，在此情形，多浑言中人酒席等费，且其性质，亦仅约束立契者一方而已"。②赣州地区契约文书中的"包头画押各色开销"即调查所见之"浑言中人酒席等费"，亦是赣南地区之习俗。

在上表的契约中，还有其"出屋礼"和"出屋移牌"的习惯值得注意。在《赣州申四德堂杜卖房屋并地基契》就写明"包头画押、出屋礼一并在内"。而在《赣州王钟慧缘绝卖房屋及基地土坪契》中，全价中包括"包头画押、出屋移牌一并在内"，此契之"出屋移牌"连用，可见"出屋"即原主将其家用器皿等搬离，而"移牌"这是特指将平日供奉之祖先牌位移往他处。契约中的"出屋礼"和"出屋移牌"，又名"出房礼"，在赣县，"买卖房屋，有所谓出房礼，即买卖成交后，卖主不将祖牌堂匾迁移，则买主不敢擅动，必经中调处，再由买主出费若干，始允迁出，虽契内载明出房礼一并在正价内，然仍不免于争执。不动产买卖成交后，买主于其标的物上钉牌通告，则移转手续即

---

① 前南京国民政府司法行政部编：《民事习惯调查报告录》，第567页。
② 前南京国民政府司法行政部编：《民事习惯调查报告录》，第564页。

为完成"①。可见出房礼的本意是旧业主故意刁难新房主而为，但延至后来，已经成为一种习俗。此种习俗还存在于上饶地区。玉山地区，"卖主当交付卖业，期内将交付之实行日任意濡滞，或家用器皿全行搬移而仍置其平日供奉之祖先牌位延不搬出，必须索得买主相当之礼金，始自移去，名为'出屋礼'。而买主则因创办世业，不惜小费，急于修饰，无暇纠缠，恒多不甚计较，慨然与之。此风相沿日久，遂成惯例也"②。

（二）赣州房契中反映的城市格局与行业

店房契约通过房产坐落、出让原因和对待售产业及周边产业的介绍，反映出城市商业经营的诸多方面。故将赣州城市店房契约之有关经营状况列表如下：

表5-2　　　　　　　赣州城市店房契约经营状况表

序号	契名	房产坐落	出卖原因	交易时经营现状	产业及周边现状
1	吴春英杜卖店房口岸二联契	赣城涌金门内北坊米市街	今因要银另置别业，无从出办	——	出卖米市街源茂药店右边第二间；南至前截豆粉店为界，后截至源茂药店为界，北至同裕木扇为界
2	徐是宾杜卖店房三联契	赣城北坊内米市大街	因弃业别图	出租为商铺	一现开吴涌顺米店，直进一大栋，系本年新造，各色完整；一系现开张永泰米店，直进三大栋
3	蔼吉堂刘卖房契尾	赣州	——		
4	黄联奎卖店房并口岸三联契	赣城北坊涌金门内税房背后城墙脚下	今因另置别业，需银应用	出租为商铺	原系卢世校承租前栋
5	刘远庆堂允议杜卖店房契	赣城内北坊米市大街	今因正用需银	出租为商铺	现开戴永盛糖坊

① 前南京国民政府司法行政部编：《民事习惯调查报告录》，第575页。
② 前南京国民政府司法行政部编：《民事习惯调查报告录》，第584页。

第五章 乡村的崩溃：店宅房契与城乡经济

续表

序号	契名	房产坐落	出卖原因	交易时经营现状	产业及周边现状
6	刘章焕允议杜卖店房地基口岸契	赣城内涌金门大街	今因正用需银	出租为商铺	一间现开张洪发、荣发字号，每年实纳租七三毫边三十一元、九元正
7	罗姜保罗有润杜卖店房地基口岸二联契	坐落赣城内北方（坊）米市街	今因家下正用不便	出租为商铺	现开裕泰和字号，每年纳租边四十四元正
8	福闽乡祠聚庆社议卖店房契	赣城内北坊地名米市大街第69号、第71号	——	出租为商铺	现开罗广泰米店一连二栋，现开邓元丰杂货店，共计大小三栋
9	卢德珍卢德琳杜卖店房地基口岸四联契	赣城米市街	今因正用需银应用	——	——
10	刘萧氏杜卖店房二联契	赣州濂溪路（原名米市街）第106号	今因需款正用不便	出租（商铺、居住）	现租与张永泰开设米铺，有后栋（即堆栈）一间，现租与黄宇成居住。
11	申四德堂杜卖房屋并地基契	赣县城南镇钓鱼台第11、12号门牌	因需银另置别业	——	——
12	王钟慧缘绝卖房屋及基地土坪契	赣县城内钓鱼台第11、12号门牌	需钱另置别业，	出租（居住）	（剩余价银）现住各户全部迁出，空屋即兑

通过上表可以看出，在产业坐落的位置上，以赣州城内的涌金门内和米市街两处相对集中。这正与赣州城市的商业布局有密切关系。明清时期的赣州城市道路系统已是十分的完备，街巷密集，四通八达。清代赣州城城市功能的分区，仍是沿袭宋代的格局，这在清代的街巷名称中亦可见一斑，"城东一带的地名大多是与商业有关，如米市街、棉布街、瓷器街、纸巷、油槽巷、烧饼巷、铁炉巷等。城北的州前大街、县岗坡则与衙署有关，城西的盐官巷、盐漕巷则与盐运密不可分"[①]。（图5-1）房契中的"米市街"名称的出现和改变，也反映出赣州城市的

[①] 梁艳：《古城赣州地名的历史文化内涵研究》，第6页。

变迁。据（嘉靖）《赣州府志》记载：明代名米市街，又名瓷器街。①清代，米市街被分为两段，西北段仍名米市街，东南段则因樟树药材商人聚集而得名樟树街。民国时期米市街扩建，以纪念宋代理学家周敦颐而得名"濂溪路"。故在民国二十九年（1940）《赣州刘萧氏杜卖店房二联契》中，特意将赣州濂溪路注明"原名米市街"，显示出该街的传承与变迁。而"涌金门"这一名称则与涌金门码头有关。涌金门作为赣州最重要的码头之一，处于赣州城北端，溯赣江而上的客与物，在经十八滩惊险之后，往往是选择在赣州城涌金门上岸的，清代竹枝词中写道："八境台前春水生，涌金门外万舟横。"② 作为交通要道的涌金门码头，同时也是重要的商业街区，位于贡江边的章、贡两江汇合处，自宋以来，一直是赣州最繁华码头之一，涌金门商贾如云，货物如雨，因地处旺铺，寸土寸金，其名取财源滚滚涌来之意。

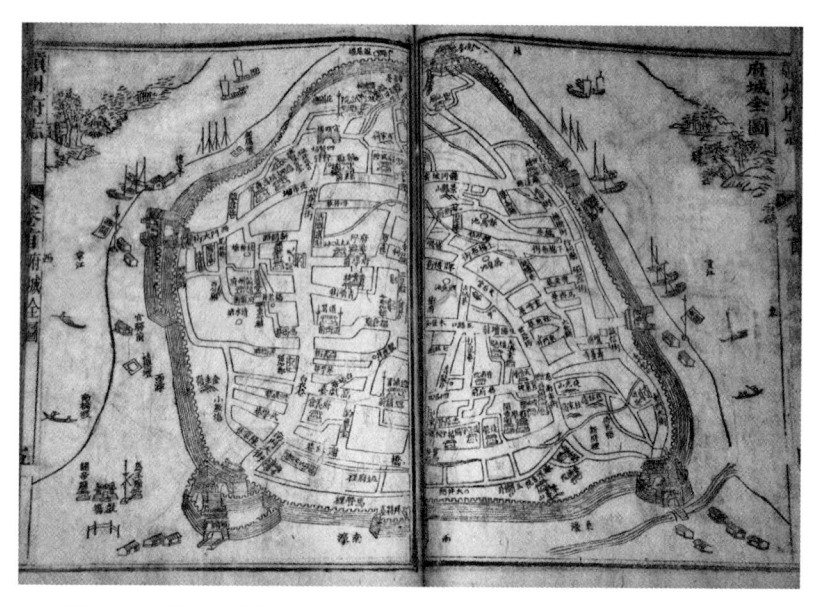

图 5-1 清代同治年间赣州府城全图。摘自同治《赣州府志》卷首

---

① 嘉靖《赣州府志》卷5《创设·厢里》。
② （清）杨方立：《赣江竹枝词》，载孔煜华、孔煜宸《江西竹枝词》，第241页。

第五章 乡村的崩溃：店宅房契与城乡经济

在契约文书中，这些店房在出让之前，大部分都是出租给客商作为商铺或居住，这些产业及其周边的店铺包括茂源药店、豆粉店、吴涌顺米店、张永泰米店、戴永盛糖坊、罗广泰米店、张永泰米铺、堆栈，其他的商铺还包括同裕、张洪发、荣发字号、裕泰和字号等不知行业的字号，仅从名称中，已经可以推断出涌金门和米市街附近聚集了米行、杂粮行、药材行、糖行和牙行、堆栈行等不同的行业种类。明代的赣州，"市场初具规模，特别是沿江一带的瓷器街、寸金巷、攀高铺、桥儿口、纸巷、柴巷、金家码头、诚信街、烧饼巷、六合铺、花生坪等地经济繁荣，商贾云集，成为商品集散地。店铺达1000余户，上市的有米、油、豆、麦、纸、麻、茶叶、土纸、夏布、瓷器、干果、食品、柴薪等数百个品种"①。清乾隆年间，赣州为"西江大郡"，"城厢烟火，不下数万家"②，店铺林立，街上行人，从朝至暮，熙熙攘攘。明、清时期，随着海运事业空前发展与五口通商，输出物资增加，四邻各县的木材、陶瓷、稻米、工艺品等汇集赣州后，源源不断运销苏、皖各埠，并远销日本、朝鲜。③清末民初，赣州市场由沿江一带开始逐步向城内拓展，大小店铺已发展到2000余户……应市的有土纸、夏布、绸缎、棉布、药材、陶瓷、五金、颜料、粮食、南山杂货、百货、食品以及首饰、铜锡器、铁器等。④抗战时期，赣州成为粤、赣、湘、闽交通运输的枢纽……此时，赣州商业出现前所未有的战时繁荣。1946年，行业增到42个，商户达2435户，比抗战前增加777户，使战后的赣州商业得到较快的恢复和发展。⑤

在契约文书中，也可以窥见赣州城市经济中不同行业的概貌。米行是赣州最为重要的行业之一。"米市街"即是因为粮食交易而得名的一

---

① 《江西省商业志》编纂委员会编：《江西省志》37《江西省商业志》，方志出版社1998年版，第61—62页。
② 同治《赣县志》卷47《艺文志·道署东偏新建义仓碑记》。
③ 《江西省商业志》编纂委员会编：《江西省志》37《江西省商业志》，第64页。
④ 《江西省商业志》编纂委员会编：《江西省志》37《江西省商业志》，第61—62页。
⑤ 《江西省商业志》编纂委员会编：《江西省志》37《江西省商业志》，第61—62页。

条行业街。在契约文书中出现的粮食行业店铺就有"豆粉店""吴涌顺米店""张永泰米店""罗广泰米店""张永泰米铺"等5个之多,这与赣州作为产粮区和货物集散中心是分不开的。赣州历史上一直就是粮食的产区和输出区,赣州所产"谷之属,稻,赣气候杂岭南,谷之成熟最早。稻有早中晚三种……糯之类亦有早中晚数种"①。而同治《赣州府志》也有类似的记载,其中"秔属,六月早,六月熟,田家以之接新,一名两月早,种及两月而熟也。一名分龙早,一名芒花早。大叶早,亦名猫牙早,七十余日熟,作上白米。大谷早,八十余日熟;次大叶早、百日早,九十余日熟,气足最益人"②。可以说气候条件的优越和稻作品种的繁多为赣州最为产粮区提供了基本的保证,故在同治九年,赣州虽然经历了二月雹灾时"大雨雹如拳,屋瓦、秧苗多损",却仍能"年仍丰,下游饥,米谷之顺流而下者不下六七十万石。赣都粮价大昂,官发仓谷数万石,价始平。吉安民缺食,巡道文翼委员发谷数千石济之"③。即便遭受自然灾害,仍然能保证大批的粮食调集出境,赣州"天竺山则是全城粮食交易市场,早在清代就在天竺古刹左侧建了一个约占地一百平方米的凉亭,开辟了一块能容数百担稻谷的大坪,还配备了专职人员管理",附近的农民和各地商贩云集,"平时每天成交量约二、三百担,新谷登场后竟有五,六百担"④。

与城外粮食交易数量巨大相关的是城内纷纷崛起的米行米铺。"据史籍记载,清光绪七年(1881),城内大坛前(今中山路东段)、兴隆巷(今诚信街)、建春门一带开始出现慎徽号、怡福号、李生茂号等杂粮店。"⑤"而最早的粮食加工店有老机栈、张永泰、同宣栈等几家。当

---

① 同治《赣县志》卷9《地理志·物产》。
② 同治《赣州府志》卷21《舆地志·物产·谷》。
③ 同治《赣州府志》卷22《舆地志·祥异》。
④ 伍攀桂:《抗战前夕赣州工商业拾零》,赣州市政协文史委员会:《赣州文史资料选辑》第7辑《工商经济史料》,1991年,第173页。
⑤ 《江西省商业志》编纂委员会编:《江西省志》37《江西省商业志》,方志出版社1998年版,第64页。

第五章 乡村的崩溃：店宅房契与城乡经济

时，加工粮食沿袭竹砻推谷制米。"① 其中契约中的"张永泰米店"在清光绪二十一年（1895）十二月之前，就已经租得徐是宾所属，坐落于赣州城北坊内米市大街的直进三大栋店屋。据史料记载，赣州的粮食行业一直是省内吉泰商帮垄断经营。1914年，赣县成立商会。各行各业成立同业公会，属县商会领导。随后，一些外籍商户相继组建"商帮会馆"，赣州商业逐渐形成帮会竞争局面。② 经过张德馨、张安仁父子数十年的努力，最终做成了"粮魁"，在同业公会成立之后，又担任粮食同业公会会长、理事长。

从契约文书看，"张永泰"自清光绪二十一年（1895）已经开始设立米店，从事粮食行业经营。（表4-2，第2号）"1926年，在本城攀高铺口，粤商开设了第一家机器碾米厂。本地人叫'老机栈'。它用柴油擎引作动力，上海造三号碾米斗。用木架齿轮带动碾米机。因碾米机和柴油机质量差，后转卖给张永泰米号，经整修开机碾米，较手工而言既快又好。到1929年全城已拥有米店130余家，每家粮店大都是商业兼加工业。其中，'大丰年'米店有木炭引擎碾米设备，颇具规模的还有张永泰、济丰、同济、谢景丰等七八家。"③ 至民国十五年（1926），张永泰接手本城攀高铺口粤商开设的第一家机器碾米厂，规模得以扩大，发展成为赣州城内米粮行业的翘楚。

在契约文书中，至民国二十九年（1940），"张永泰"仍然在赣州濂溪路（原名米市街）第106号租得刘萧氏之店屋开设米铺（表4-2，第10号）。从契约中的"张永泰"分别在赣城内北坊地名米市大街第七十一号和赣州濂溪路（原名米市街）第106号从事米行经营看，从清光绪二十一年（1895）之前一直持续到民国二十九年（1940）之后。"四十年代赣州全城粮麦店大小300余户，吉泰帮占70%，且拥有多数

---

① 岳山飞、刘丹萍：《赣州市粮食加工点滴》，赣州市政协文史委员会：《赣州文史资料选辑》第7辑《工商经济史料》，第162页。
② 《江西省商业志》编纂委员会编：《江西省志》37《江西省商业志》，第61—62页。
③ 岳山飞、刘丹萍：《赣州市粮食加工点滴》，赣州市政协文史委员会：《赣州文史资料选辑》第7辑《工商经济史料》，第163页。

大户。如张德馨开设的'永泰'粮食老店,奖金雄厚购销两旺,赣河上下粮商称他为粮魁,该店首先购办机器碾米,为全城第一大粮店,嗣后张又开设'永发'、'正昌'两粮行,下河船只运来的稻谷多由永发行开盘作价,其他粮店方着手进货,如果数量多,市场销售不了,余剩的永发概行购进。在全粮业张德馨声望很高,全业公选他为商会会长,抗战胜利后,永发行由安仁(张德馨之子,曾任粮食同业公会理事长)主事,业务旺盛仍居全行之魁。"①

在契约文书中出现的行业还包括《赣州吴春英杜卖店房口岸二联契》中的"茂源药店"。据有关资料介绍,"早在1620年,赣州市就有中药铺子,分设在城区凡条大街或邻近圩镇上,便民检药就医。赣州最古老的中药铺子,要算开设在米市街(现濂溪路)的老福隆药号,店门前地面上曾砌有'这是赣州最老的药店'字样,经几百年来往行人的踩踏而闪光……几家大药店都集中在樟树街、磁器街、棉布街等"②。樟树街即米市街的又一名称,系因樟树镇药材商人多在此聚集而得名,赣州最为著名的"永和隆""福隆"和"庆仁"药号都开设在樟树街(原米市街),而契约中的"茂源药店"亦在米市街经营,其可能即为樟树药材商人。"赣州中药业人员,过去全行业几乎是清一色的樟树人。他们有个默契,授徒不是樟树人不带,用人不入集贤会不帮。"③集贤会即赣州市中药业同仁组织,"赣州的中药业基本上全由樟树药帮包揽了。赣州城内有条街,明时称米市街,清代叫樟树街,全变成交药的了。协记号、玉记号、金近仁号、福隆药店等樟帮店号,都是驰名赣南的老牌店号,有着一二百年的经营历史。民国二十六年(1937),赣州城内有药材店号三十二家,全是樟树药帮开设的"④。故契约中的

---

① 赖志刚、彭兆镰:《赣州吉泰帮的由来与发展》,《赣州文史资料选辑》第7辑《工商经济史料》,第93—94页。
② 岳山飞:《赣州市中草药业史话》,赣州市政协文史委员会:《赣州文史资料选辑》第3辑,1987年,第80页。
③ 岳山飞:《赣州市中草药业史话》,赣州市政协文史委员会:《赣州文史资料选辑》第3辑,1987年,第86页。
④ 郭文玉、谢兴良主编:《药都樟树》,江西人民出版社1988年版,第107—108页。

第五章 乡村的崩溃：店宅房契与城乡经济

"茂源药店"开设在米市街，也是与樟树药材商人的发展、壮大一致的。

在《赣州刘远庆堂允议杜卖店房契》中还出现了"戴永盛糖坊"，显示出赣州蔗糖业的发展规模。江西气候温暖，土壤肥沃，适宜种植甘蔗，食糖资源丰富，有数百年蔗糖生产历史。在赣南地区的南康、于都两县，康熙年间的甘蔗种植就已经很普遍，如（康熙）《南康县志》载："南康近产糖蔗，岁煎糖可若千万石。"① 甚至会有福建人到此佃种糖蔗，（康熙）《于都县志》载："（于都）濒江数处，一望深青，种之（糖蔗）者皆闽人。"② 同治《赣县志》记载："甘蔗，丛生，有节，似芦，长三四尺，味脆而甘，榨取其汁，熬之成糖。"③ 而赣州府于都县的甘蔗更为著名，同治《赣州府志》记载：甘蔗"丛生，有节，榨取其汁熬之成糖，产于都者，昔尝贮以充贡"④。能够充当贡品，显示出于都县所产蔗糖质量非同一般。在产量方面，清光绪十九年（1893）时，江西为全国十大蔗糖产区之一。全省蔗糖产地主要集中在赣南，年产甘蔗约75000吨，制成糖约7500吨，东乡、乐平、泰和等县也盛产蔗糖。其中赣南各县还有红、白砂糖之分外，其余各县均为红砂糖。⑤清末民初，江西土糖产量曾居全国第三，自给有余，远销外省。由于多次战火侵扰，光绪三十年（1904）年间，洋糖长期倾销，以致土糖生产衰落。⑥ 而契约中之"戴永盛糖坊"，至清光绪二十九年（癸卯，

---

① 乾隆《南康县志》卷3《舆地志·土产》，成文出版社有限公司1970年版，第157—158页。
② 同治《于都县志》卷1《舆地志·物产》，第866页。
③ 同治《赣县志》卷9《地理志·物产》。
④ 同治《赣州府志》卷21《舆地志·物产·谷》。
⑤ 《江西省商业志》编纂委员会编，《江西省志》37《江西省商业志》，第291页。民国《江西通志稿》《经济略四·工业》记载："江西糖业居全国之第三位，仅次于广东、四川。据民国八年日本糖业专家河野信沼调查，四川产三万万斤，广东七千五百万斤，江西三千万斤，而本省产糖区以赣南为最著，除供应本省外，尚可运销湖南、广东、湖北、安徽诸省……江西产糖县份有十余县，而以赣县、南康、东乡、信丰等县为最著，出产种类除赣南各县有红、白之分外，余均为红砂糖……江西制糖原料全为甘蔗，赣南区及赣东区每年各产蔗糖约七万五千吨，制成糖约七千五百吨。"
⑥ 《江西省商业志》编纂委员会编：《江西省志》37《江西省商业志》，第290页。

1903）十二月仍然存在，但其后是否受到洋糖长期倾销的冲击就不得而知了。

契约文书中体现的另一个行业是"堆栈"，即牙行堆栈业。赣州历来就是沟通岭南的重要都会，"商贾辐辏，出岭峤而走吴越，此为都会焉"①。据清末调查，在赣州经营的生意人中，"（赣州）本府人营业甚少，外府人以吉安之泰和、龙泉（今遂川县）为多，外省则广东为多，福建次之"②。清代前中期（1840年鸦片战争前），赣州的商业店铺发展到1000余户……至清同治年间（1862—1874），由于物产丰富，手工业发达，闽、粤、苏、皖等地大批商贾云集赣州经商，章江、贡江和赣江沿线之货运帆船已达4000余艘，来往于长江流域各省市；赣州城内的太平街（建春门）、米市街、瓷器街、棉布街等为主要商业区，店铺发展到近千户，商业繁荣盛况一时。③"民国时期，赣州街市最繁华时工商业户达2000多户。粤汉铁路开通后，赣江古道冷落，赣州虽随其衰落，但仍保持着江西第二大城市的地位。"④众多的外地客商寓居于此，货物之往来，自然产生了对堆栈的需求，"赣州是运输的中转站，也是全区土特产的集散地，有的在赣州转手出售，有的起屯待价而沽，于是牙行堆栈业务兴盛，如东郊路的'惠丰''和茂'两家盐号以及'清玉行''永安行''泰丰行'等大牙行，经营代客买卖承办堆屯收取费用，还有资办收购运销外省获得厚利。豆麦瓜麻的小牙行更多，分布于涌金门、建春门和诚信街一带"⑤。在《赣州刘萧氏杜卖店房二联契》中，刘萧氏坐落于赣州濂溪路（原名米市街）第106号之店屋，即"有后栋（即堆栈）一间"。

---

① 同治《赣县志》卷9《地理志·物产》。
② 《调查报告：江西商务情形（节录江西商务议员傅春官报告）（续）》，《商务官报》1907年第2期，第12—19页。
③ 邓增年、谢芳桂：《解放前赣州工商业发展概述》，《赣州文史资料选辑》第7辑《工商经济史料》，第4页。
④ 梁艳：《古城赣州地名的历史文化内涵研究》，第7页。
⑤ 赖志刚、彭兆镰：《赣州吉泰帮的由来与发展》，《赣州文史资料选辑》第7辑《工商经济史料》，第94页。

第五章 乡村的崩溃：店宅房契与城乡经济

（三）房产契约中的商人社会关系

在赣州房产契约中，还有一个较为特殊的现象就是不厌其烦地罗列诸多姓名，如说合中人、在场人、证明律师、监证保长、副保长、甲长、介绍说合中人、场证、代笔、房客、在场门邻、邻右等十多种不同身份的参与者，显示出非同一般的复杂关系，现将其列表为《赣州店房契约社会关系表》如下：

表5-3　　　　　　　　　赣州店房契约社会关系表

序号	契名	卖主	买主	参与人情况
1	吴春英杜卖店房口岸二联契	赣城吴春英	会邑湘乡罗天仁	说合中：杨茂荣。罗福贵、吴绍周；在场人：父吴良卿（男代押）、吴赐卿、杨克三、同裕号、源茂号、刘定武、王寿亭、豫兴号、杨大江、正春号；代笔人：自笔
2	徐是宾杜卖店房三联契	赣县城厢徐是宾	泰邑清水刘厚德堂	署名：徐是宾，父徐正祥，胞兄徐是贤，段长：陈寿明、何锦春（上钤"□□段□□□买卖房产戳记"）说合中：罗柳南等7人；在场人：周德厚等7人；店客：张永泰、吴涌顺；代笔：黄衡山
3	蔼吉堂刘卖房契尾	蔼吉堂刘	夏尊德堂	——
4	黄联奎卖店房并口岸三联契	黄联奎全祖母邱氏、叔黄述文	泰邑刘怀德堂	罗石生、刘森岩、黄德恭三位作中说合；在场门邻：张永泰、刘长庆、刘长顺；吉安首事黄星耀、陈春园；钤红色篆文条形印：吉安首事□置卖买产业戳记
5	刘远庆堂允议杜卖店房契	刘远庆堂	吉水张顺德堂文会	署名：在场说合中：罗健洪等7人。代笔人：刘聘儒
6	刘章焕允议杜卖店房地基口岸契	刘章焕	张顺德堂	在场：刘文洋；说合中：薛家玖、周廷香、张隆和；代笔：黄肇卿
7	罗姜保罗有润杜卖店房地口岸二联契契	罗姜保罗有润	萧宣猷	请中罗建礼、曾春秀说合；再批言明五月初八日立契。自笔有润
8	福闽乡祠聚庆社议卖店房契	福闽乡祠聚庆社	周树德堂	请中罗干成说合；后有社有个人所占之股份比例，如林耀烽一份、李肇荃一份，共计21人，总计29份
9	卢德珍卢德琳杜卖店房地口岸四联契	卢德珍卢德琳	吉水张顺德堂	在场男传煐、侄传烽，说合中人郭高年、杨有恩；在场人：邓有鑫等4人。珍自笔。允议字：三月十八日；收字：三月卅日；本契：十月廿一日

续表

序号	契名	卖主	买主	参与人情况
10	刘萧氏杜卖店房二联契	刘萧氏率男惟钺、惟锷	张顺德	说合中：张文明（章）、刘子仁（押）、在场人：彭益三等3人；代笔刘骥（押）；收字有证明律师：钟瑛（章）、收字人刘萧氏（章）、刘惟钺（章）、刘惟锷（章）
11	申四德堂杜卖房屋并地基契	申四德堂	王钟慧	请中邱明山等介绍；说合中：邱明山等7人。在场族/人：申世濂等8人。代笔人：申诚如；卖主：申四得堂紫穗、世湜、鼎铎、鼎著
12	王钟慧缘绝卖房屋及基地土坪契	王钟慧缘	钟永瑞	请中邱德浦等介绍说合，署名：监证保长：温为鑽、副保长：谢鸿□；甲长：邬道松；介绍说合中：陈昌万等3人；场证：曾宪亿等10人；房客：许直庐等8人；在场：王业稷等3人；邻右：等3人；代笔人：吴端

在上述表格中，最为重要的是财产共有关系。在契约文书中，出现收房价人刘萧氏和其两个儿子刘惟钺、惟锷（《赣州刘萧氏杜卖店房二联契》）、申四得堂的紫穗、世湜、鼎铎、鼎著叔伯兄弟等四人（《赣州申四德堂杜卖房屋并地基契》），均属家族内部的共财关系①，比较常见。而民国二十年（1931）正月四日《赣州福闽乡祠聚庆社议卖店房契》则表现为多人按照比例共有产业的交易，兹不厌其烦将其照录如下：

> 立议卖店房并地基口岸之字人，福闽乡祠聚庆社社友人等公同议决，将上手遗下店房一处，坐落赣城内北坊，地名米市大街第六十九号门牌，现开罗广泰米店一连二栋，又右边下首一栋，第七十一号门牌，现开邓元丰杂货店，共计大小三栋，周北朝南，上瓦中楼下地门窗、户壁、隔槅、水板、铺板、簷石、阶石、礧石俱全。其店房界址丈尺，俟立正其。内照依老额详细载明，一并要行出卖与人，先尽设内人等俱各不受，请中罗干成说合送至周树德堂名下向前承买为业。当日凭中三面言定，时值卖价毫洋边一千一百六十大元正（另加二十元，共计毛洋一千一百八十元正），包头画押一切各费一并在内。此系

---

① 刘道胜：《众存产业与明清徽州宗族社会》，《安徽史学》2010年第4期。

第五章 乡村的崩溃：店宅房契与城乡经济

二比情愿，并非贪图谋买准折债务逼勒等情，并非公堂醮祭社学养老之业，亦未包卖别社之业，实系上手遗下己分之业，与别社社友人等毫无干涉。自议之后，任凭周宅钉牌管业，聚庆社社友人等不得阻挡异言，另生枝节。当日付押议字毫边二百九十元正，其边在正价内扣除，立议之后，两无反悔，如有悔者，应出违约金三百元与不反悔者得；两无异议。恐口无凭，立议卖店房并口岸字一纸为据。

中华民国二十年正月四日立议卖店房并地基口岸字福闽祠聚庆社友林耀辉一份；李肇荃一份；李子英一份；李忠一份；李博一份；李仪一份；林鸣玉一份；林光华三份；陈玺如一份；陈伯谦三份；陈淼亭二份；陈云阶一份；陈德序一份；沈介眉四份；沈翘美一份；魏德春一份；谢观滃一份；谢应澜一份；黄盖清一份；黄楚珩一份；李典一份。

外批：当众批明以庚午阴历腊月朔日完契，并行订照以现洋交易，过期将押议字毛洋作废，此批。

说合中罗干成

代笔人黄楚珩

在这一份契约中，福闽乡祠聚庆社社友将其共同所有的坐落市大街之店房大小三栋一起出卖，共得毛洋一千一百八十元正，其中在后面的署名中，罗列了每名社友所占的份额，如"林耀辉一份；李肇荃一份；李子英一份"，一共21人29份，其中最多的是沈介眉四份，其次为林光华和陈伯谦各为三份、陈淼亭二份，其余17人每人1份。福闽乡祠和聚庆社的详情无从考辨，但是，明清时期各种会社组织（包括合会）不断出现，[①] 从契

[①] 明清合会研究可参见陈宝良《明代的社会与会》（《历史研究》1991年5期）、王日根《徽州会社经济举隅》（《中国经济史研究》1995年第2期）、邵鸿《明清江西农村社区中的会》（《中国社会经济史研究》1997年第1期）、徐畅《"合会"述论》（《近代史研究》1998年第2期）、史五一《明清会社研究综述》（《安徽史学》2008年第2期）等论著。徐越、方光禄具体论述了徽州邀会的性质与功用，认为邀会是基于互助的基础上，以血缘、地缘和业缘为纽带的经济活动，对于解决他们暂时的经济困难，甚至获得发展的机会都极为有利，对防止家庭经济破产和维护社会稳定都产生积极的影响。（徐越、方光禄：《清末和民国徽州民间的经济互助——以徽州文书为中心》，《黄山学院学报》2005年第4期）

约结尾部分诸会友所占份额比例的不同，林耀烨所占比例最多，可能是会头，由其出面组织起有限数量的人员（会脚），通过集资的方式，完成其某种经济上的目的，因此可以推断聚庆社为合会之一种，是具有合会特有的有合作、互助性质的民间金融性质。在聚庆社的活动中，就包括买入、继承和卖出其名下的产业，无论何种过程，其产业均是属于全体社友共有的财产，因此在出让此店房的时候，其决议是"公同议决"，契约结尾有全部社友的署名，也说明其在经营、管理上与合会一样，是所有社友共同决定重大事项，做出其在财产共有方面的决定。另一方面，契约中还提及该项交易"亦未包卖别社之业，实系上手遗下己分之业，与别社社友人等毫无干涉"。可见，聚庆社只是福闽乡祠中的一部分人成立的一个合会，而且在福闽乡祠中还有多个其他的同类组织存在。从"福闽乡祠"的名称也可判断其是一个基于地缘关系而存在的会馆性质的组织。

在赣州城市店房契约中，还存在店房业主与段长、保甲长等半官方人员的合作关系。"段长"作为基层的社会管理人员，在明代后期就已经出现。明隆庆元年，浙江江山知县余一龙重修城墙，"每一丈金一城户主之，十丈为一段，以段长主之，十段以义民主之"。① 此"段长"并无治安、行政等方面的职责。而在民国初年的山东省临清县，"因办理选举团练等，将全县划分十区，"区有区长，里有段长，村有村长。城区各街有街长，村统于里，里统于区，而制度一变"②。民国时期的"段长"与"区长""村长""里长"等一起，承担起社会的管理职能，"段长制度"成为一种基层社会的管理模式。在咸丰战乱之后的赣州地区，"赣郡城地广人稠，五方杂处，最易藏奸，往往假充员弁，不服盘查。近年保甲令严，巡道文翼会同总镇王永胜督司、府、县，示谕官绅军民，均编设门牌，归地方官会同保甲委员一体稽查"③。则是"段长"

---

① 康熙《江山县志》卷2《建置志·城垣》。
② 民国《临清县志》卷1《疆域志三·区里总分图附》，民国二十三年铅印本。
③ 同治《赣州府志》卷20《舆地志·风俗》。

第五章 乡村的崩溃：店宅房契与城乡经济

与"保甲长"同时并存，故在清光绪二十一年（1895）十二月初五日《赣州徐是宾杜卖店房三联契》中，有段长陈寿明、何锦春二人的署名，并在署名上钤盖红色篆文"□□段□□□买卖房产戳记"。（图 5 - 2）这一戳记的颁发，说明"段"作为一种基层社会管理体系中的一个环节，已经得到了官方的正式认可。而戳记中的"买卖房产"则说明"段"这一基层组织，不但具有保甲那种社会治安管理职能，还具有一定的社会经济（如房屋买卖）管理职能。在民国三十八年（1949）二月《赣州王钟慧缘绝卖房屋及基地土坪契》署名中，出现了"监证保长：温为鐕、副保长：谢鸿□，甲长：邬道松"等人的署押，也证明了保甲作为一种基层的社会管理力量，在民间不动产交易中发挥了监证作用。

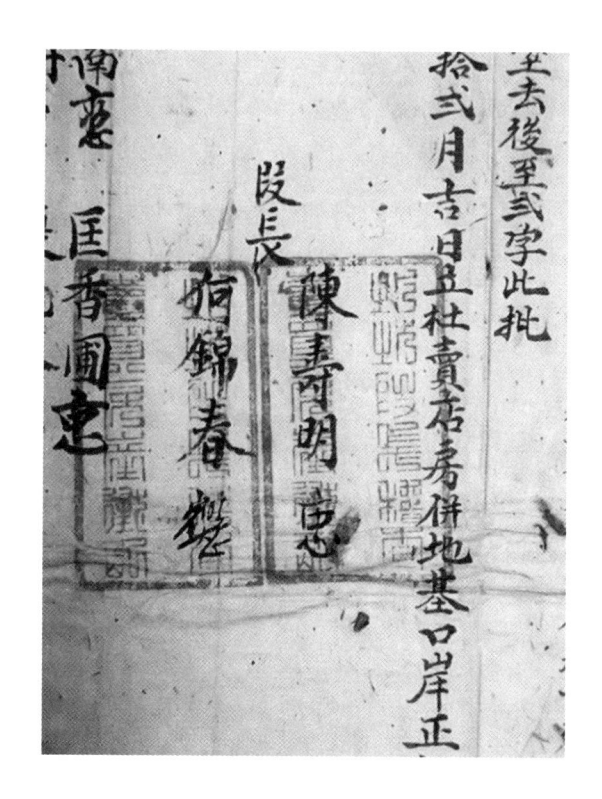

图 5 - 2 光绪二十一年十二月初五日《赣州徐是宾杜卖店房三联契》局部

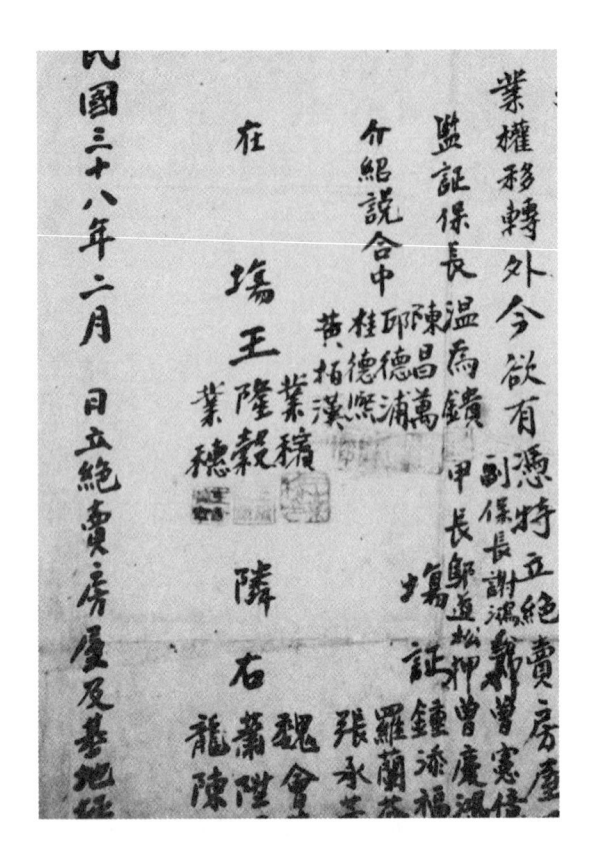

图 5-3 民国三十八年二月《赣州王钟慧缘绝卖房屋及基地土坪契》局部

如果说契约中出现段长、保甲长的署名，体现的是官方对民间店宅契约的主动（如"□□段□□□买卖房产戳记"）或被动（如"监证保长"）参与，那么在赣州店房契约文书中的"吉安首事□置卖买产业戳记"则说明地域性商业组织对赣州城市商业行为的影响。商帮是明清时期出现以乡土亲缘为纽带，以会馆办事机构和标志性建筑的商业集团。随着商品经营的专业化以及地区性的同乡关系的发展，商会内还逐渐形成了各自的帮会帮派。在赣州的商帮组织中，就包括"本省的吉泰帮（吉安、泰和）、南临帮（南昌、临江）、赣州帮等，外省则以省为名称，形成了广东、福建、安徽、河北、湖南、浙江和江西等七大帮。江西帮又分为吉（安）泰（和）帮和南（昌）临（川）帮。帮会

第五章 乡村的崩溃：店宅房契与城乡经济

之间互相竞争。清末至抗战前夕，吉泰帮人众店多，资金雄厚为诸帮之首，南临帮次之"。① 赣州的吉泰帮，主要由吉泰帮系当时吉安府属十县人组成，其经营的主要行业包括钱业、布业、粮食瓜麦行业、槽坊酱园行业、牙行堆栈业。② 在清光绪二十五年（1899）八月《赣州黄联奎卖店房并口岸三联契》中，买主是"泰邑刘怀德堂"，即吉安府泰和县人，其买得赣城北坊涌金门内税房背后城墙脚下黄氏之栈房、房屋和瓦雨亭等产业，其参与者就有"在场人：吉安首事黄星耀、陈春园"的签字画押（图5-3）。在这一批契约中表明买主籍贯、身份的还有"奉邑清水刘厚德堂""吉水张顺德堂"，都属于吉安府下辖，故皆有可能是吉泰商帮的成员。而在《赣州黄联奎卖店房并口岸三联契》中除了"吉安首事"的签名外，还加盖有红色篆文"吉安首事□置卖买产业戳记"字样的印章，说明吉泰商帮的实力雄厚、组织严密，其与地方之"段"一样，安排有专门负责本商帮内部置卖买产业的人员，因此，契约中的"吉安首事黄星耀、陈春园"两人，可能即是吉泰帮这一商帮组织的中负责卖买产业的高层管理人员。

城市店宅的交易中，也会涉及现租户的切身利益，故在赣州城市店房契约文书中，还屡屡出现诸如"现开吴涌顺米店""现开张永泰米店""现开戴永盛糖坊""一间现开张洪发、荣发字号，每年实纳租七三毫边三十一元、九元正""现开裕泰和字号，每年纳租边四十四元正"的表达方式，表明对现有租赁关系的承认，同时，在契约文书的见证人、在场人中，还会单列"店房"一种，如《赣州徐是宾杜卖店房三联契》在场人就开列了"店客张永泰、吴涌顺"、而《赣州王钟慧缘绝卖房屋及基地土坪契》则将"房客"作为一个单独的类别，将许直庐、邓宗璜、李全富、萧振昆、周镐、邬有光、梁何氏、胡余氏等8人的姓名。卖主不厌其烦的罗列房客的姓名，不仅与契约中的"将价

---

① 赖志刚、曾幸琼、曾宜崇：《赣州商会与赣州市工商业联合会》，《赣州文史资料选辑》第7辑《工商经济史料》，第11页。
② 赖志刚、彭兆镰：《赣州吉泰帮的由来与发展》，《赣州文史资料选辑》第7辑《工商经济史料》，第91—95页。

款一部计炼金三两,留俟付现住各户全部迁出空屋即兑"(《赣州王钟慧缘绝卖房屋及基地土坪契》)有关,而且还尤其注重其产业的完整性,如《赣州徐是宾杜卖店房三联契》特意批明:"此店房前后各栋起造告竣之后,行空召租。店客并未充资分文,日后另召别租,并无一切顶、退之说,店客不得生枝异言。"此处批注强调所卖店房系是新造,"店客并未充资分文",实与赣县租赁房屋之习俗有关。按照赣县习惯,房屋出租期间,"房屋修理费,大率由房客于租金内年扣若干为普通小修费用;若系大修,则须通知房主,即由房主负担费用,皆于约内声明"①。同时,按照江西地区租赁房屋的习俗,"凡承租房屋者,如租约内并未载明不得转租、转顶字样,则可将该屋转租与他人,俗称之曰二房东"②。业主徐是宾强调此为"后另召别租,并无一切顶、退之说",又与江西之田地租佃习俗有关,"房屋田土,当凭文契执掌。而今业不由主,一任奸佃混霸,巧其名曰贴曰退,始则强踞赖租,继则公然转卖,迨控理到官,或假数百年之退纸一条,或抄两三朝之无稽批照,以为祖业"③。业主徐是宾强调并无田产交易中的退耕、顶耕、顶首等行为,并且在签订卖契的时候,邀集房客、店客参与其中,既是一种尊重,也是一种对店客双方权益的一种公示和约束,防止日后店客以出资修缮、建造之"工本"为由发生纠纷。

在赣州店房契约文书中,民国二十九年(1940)的《赣州刘萧氏杜卖店房二联契之收字》上出现了证明律师钟瑛的签章。清末法律大臣沈家本在1906年主持起草的《大清刑事民事诉讼法草案》中才出现律师制度,至民国时期,律师制度臻于完善。赣州刘萧氏契约中出现了律师,说明了民国时期法律体系的逐步完善和人们法律意识的提高。在契约中,还有父兄、"在场族"(《赣州申四德堂杜卖房屋并地基契》)、"在场门邻"(《赣州黄联奎卖店房并口岸三联契》)、"在场邻右"(《赣

---

① 前南京国民政府司法行政部编:《民事习惯调查报告录》,第576页。
② 前南京国民政府司法行政部编:《民事习惯调查报告录》,第568页。
③ 道光《信丰县志续编》卷1《疆域志上·风俗》,清道光四年刻本。

州王钟慧缘绝卖房屋及基地土坪契》）等人员的参与，与常见的契约文书见证者没有多少区别，兹不赘述。

三 南昌家族房产契约与城市经济

南昌作为江西的最大城市，在清代获得了更大的发展。清道光间，新建县作为省会附郭，"五方杂处，半混编户，居民贸易为业。米粟半恃河西，半恃外郡。城内外商民无一日之储，朝夕之计，每日为市。粮无隔粟，脱有非常，各户惴惴为惧"。① 作为省城附郭的新建县，对外界粮食的依赖，显然是与其巨大的工商业人口和外来人口联系在一起的，南昌城"溯江汇湖，右荆左浙，帆樯所集，江西一都会也"。② 南昌凭借其濒临赣江、沟通鄱湖的地理优势，且在太平天国战争中得以保全，在九江等口岸通商之后，南昌又作为最大的商品集散地，商业迅速超越吴城镇、樟树镇，"发逆肇乱，省城幸保无虞。然吉安一区，破残两次。樟树屡经恶战，商务顿败……惟同治以后，巨富虽多，而全省市面，日见衰退。昔之所谓樟树、吴城，最盛之埠，商业十减八九……江西省会，咸丰以前，远不如吴城，然自洋货改由长江入口，而省会为销售处，市面反胜于前"③。与南昌城市市面经济繁荣相对的是南昌城内各家族的荣枯。房产作为家族重要的资产，与其相关的土地、店铺、房屋的频繁转让、买卖、典当等各类复杂的经济关系和经济行为，又折射出家族的盛衰与社会的变迁。

（一）家族对官地的开发与利用：《南昌李世恩堂杜卖店屋契》

官地，即国家所有的土地，又称官田，是由政府控制、征收地租的田地，包括国家控制的无主荒地。清廷对官地的管理严格，法律规定"例禁"易换官地、私买私卖官地。《大清律例》规定："地方官吏有将

---

① 道光《新建县志》卷15《邑肇志·风俗》，清道光二十九年刻本。
② 光绪《江西通志》卷48《舆地略·风俗》。
③ 《调查报告：江西商务情形（节录江西商务议员傅春官报告）》，《商务官报》1907年第1期，第18—20页。

入官田房私租于人者，除照数追赔外，仍照侵盗钱粮例治罪。"①

清代的商品经济发展水平达到了一个新的高度。省城南昌城因有赣江流过，水陆交通方便，物流频繁，大量本地或外乡的工商户均纷纷迁居此，他们置业买房，加快了城市化进程。在这个过程中，也出现了官府将土地出租、出让给民间耕种、建造房屋的情况。乾隆年间，南昌左参衙门将位于南昌城马王庙旁边的一块地出租。同治元年（1862），颜姓在此地上建房开店。此后，此地又转手到云南澄江府河阳县商人李世恩堂名下，开设"春和玉器店"。光绪二十三年（1897）腊月，李世恩堂将此地所建之店铺转手卖给与罗云山堂管业。其契约录文如下（《南昌李世恩堂杜卖店屋契》）：

> 立杜卖店屋文契云南澄江府河阳县（今云南澄江县）人李世恩堂，今因需银应用，是以合家商议，情愿将自手置买坐落马王庙傍上首双梃店屋一间，现开春和玉器店，凭中说合与罗云山堂名下永远管业，惟店屋地基并非己业，系承租左营官地，自乾隆年间即租给与人造屋出租，后颜姓于同治元年承租创造，所有地租议定每年交纳九五租钱六千文正，按三节交租，归左营参府衙门收管，并议定地租永无增减异议以及拆屋还基等事，而地租每节不得拖欠分文。其地出租由来以久，并议明永远承租，另有租约为据。除地基外，则上至椽瓦，下至柱角，及四面板壁、门窗、槅扇、寸木寸石、楼板石磉等件，前至官街，后址自墙，一并在内。当日三面议定，得受时值卖价九三八平足银二百一十五两正，其银两相交付清楚，其店屋先请亲支亦无人承受，地基别有故事，惟出卖者自问，不干买主之事。恐口无凭，立此杜卖店屋文契永远存据。
>
> 比日银契两相交讫。
>
> 东至滴水外自墙界；西至官街为界；
>
> 南至与邻居共柱磉界；北至得业本柱外自墙界（此界前段土

---

① 田涛、郑秦点校：《大清律例》卷5《名例律下·给没赃物·条例》，第110页。

第五章 乡村的崩溃：店宅房契与城乡经济

墙归马王庙修理，此批）。

  计开承租参府衙门官地宽一丈八尺，深三丈六尺。

  再批缴付木匠创造颜姓包约一纸、永远承租官地老租一纸、原买契一纸，共四纸，并付执此据。

  凭中人：周茂斋、黄庆生、李兰甫、李恒章、谢鹤年

  光绪二十三年腊月吉日立杜卖店屋文契人李世恩堂自笔

  正契足领

从这份契约可以看出，随着商品经济的发展，清代的南昌左营参府衙门自乾隆年间就开始卷入到商品经济的潮流中，将"官地"出租个私人，并允许其"与人造屋出租"。同治元年，颜姓获得此地块的使用权。

值得注意的是，在这份契约中，明确规定了无论地产转移还是租户变卖房产，房屋使用者与左参衙门之间形成的租赁关系都要存续不变，租价也不得变更，约定"所有地租议定每年交纳九五租钱六千文正，按三节交租，归左营参府衙门收管，并议定地租永无增减异议以及拆屋还基等事，而地租每节不得拖欠分文"。此"按三节交租"，按江西风俗一般是指每年的租金分端阳、中秋、年底三次交纳，如江西萍乡地区，"萍邑房店租金，大抵分三比交纳。所谓三比者，端阳、中秋、年底三节为一比，以结算账目是也"[1]。江西九江地区，"九江赁屋分季纳租，一年分端节、中秋节、年节一季，亦有不论季节，计满四个月为一季者"[2]。从这些约定的内容可以看出，左参衙门仍然保留这一官地的所有权，颜姓及李世恩堂所转让的也是"除地基外"的店房，即是建造在官地之上的店铺及其永久使用权。此店房形成了土地所有权和房屋所有权的"皮"与"骨"的分离。这些约定强调对店屋承建者建造店屋的合理回报和对租主权益的保护，它既保证了官府（即左参衙门）

---

[1] 前南京国民政府司法行政部编：《民事习惯调查报告录》，第582页。
[2] 前南京国民政府司法行政部编：《民事习惯调查报告录》，第573页。

对土地的所有权，并因此而得到长期收益，同时也维护了租户的使用权和一定程度上的支配权，有利于社会经济的发展。

左参衙门出租的官地只是清代官地交由民间开发利用的一个代表，此种现象在清代并不罕见。如南昌县三江口市，在五十九都，距城九十里，界三县，东北属进贤，南属丰城，过河东属临川（今抚州市），三江口区位优势明显，是南昌县著名的商业集镇，设有三江口巡检一人，"乾隆四十五年改新建吴城巡检移驻三江口，为主簿俸银，养廉银俱与市汊司同"①。三江口"河滨有官地二十一间，每岁纳租银二两一钱，前止河街，背后止港"②。南昌县三江口的官地"二十一间"而不用"二十一亩"或"二十一顷"，且其前界为三江口的主街道河街，可见其是作为商业市镇的店房出现的，而官府每年从中收取租银的行为，也说明官方不断通过各种方式进行开发并交给民间使用。官地的不断交由民间私人开发利用，也引起不少人对官地的觊觎。清光绪八年九月新闻报道说，"江西南昌城内合同巷失火，几于无岁无之，其故由于街道窄狭店铺稠密，一兆焚如，易致蔓延之祸"。其根本原因就在于"许真有庙围墙之外，各小铺深仅三四尺""靠万寿宫围墙一带，尽系官地，民间私占造屋"，为避免日后私人再占用官地发生火灾，故官府宣布"现在店房既被烧毁，自应清出官街，禁止重造，尔等各店，务必迁移别处开设"③。从合同巷失火"几于无岁无之"的情形看，民间侵占万寿宫附近的官街、官地的行为早已有之，只是官府疏于监管、承认其事实而已，从中也可以看出清代官地管理与整治的难度。不仅市镇中存在巨大商业价值的官地得以开发，就连鄱阳湖区，也存在着民间承管、据为私有的现象，"九江县所辖之国有湖业，在明清之际即由民间承管湖面，凡承管者引水灌田，捕取鱼利，按年不过须向地方官厅完纳课银若干而已。其子孙世世相传，永守是业，谓之'业甲'。但该业甲对于承管之

---

① 同治《南昌府志》卷22《职官·南昌县·主簿》。
② 民国《南昌县志》卷4《方域志下·市镇》，成文出版社有限公司1961年版，第55页。
③ 《申报》第三千三百九十八号第二版《清查公地》，清光绪八年九月初五日，西历一千八百八十二年十月十六日礼拜一。

第五章　乡村的崩溃：店宅房契与城乡经济

湖只能转租与人，捕鱼蓄水，收取租金，不能正式让渡于他人也"。①九江国有湖业中出现的这种通过"完纳课银若干"而获得鄱阳湖区渔权的行为，可以使"子孙世世相传，永守是业"，这与南昌城内参府衙门将官地交由私人"永远承租"的行为何其相似。官府通过"永远承租"却又不让渡所有权的土地经营模式，在一定时期内当然是有利的，但是加以长时段的考察，当"官地"之管业行为成为"习惯"，变成"私业"之时，也会引发无休止的纷争与诉讼。②

在《南昌李世恩堂杜卖店屋契》中，此店屋的出让者为"云南澄江府河阳县人李世恩堂"，开设的是"春和玉器店"，反映出江西、云南两地在清代经济往来。云、贵、川是明清江右商活动的重要地区，明末王士性说"滇云地旷人稀，非江右商贾侨居之，则不成其地"。③ 据有关学者研究，明清时期外省到云南的商人，就其数量而言，则以江西商人和湖广商人为最多，浙江、山陕、四川商人次之，闽粤、贵州商人又次之，安徽商人最少。④ 江右商人把云南作为主要的市场，也会带动云南的商人和物产到江西进行贸易。据清代宫廷档案记载，乾隆年间，就有商人将云南玉器、翡翠进贡到宫廷，时人称"永昌碧玉""云南玉""滇玉"。⑤在这张契约文书中，云南澄江府河阳县人李世恩堂在南昌所开设的店铺正是"春和玉器店"，其所售玉器，可能是云南所产。

（二）商业家族的兴衰与城市变迁：凤凰坡店屋卖契

南昌的城市建设始于汉初，历经汉晋、唐宋的屡次修筑，到唐宋时期，南昌已是商贾云集的江南都会。明初朱元璋再次大规模修筑，南昌城形成了"七门九洲十八坡"的基本布局。"七门"中的章江门，在南

---

① 前南京国民政府司法行政部编：《民事习惯调查报告录》，第248页。
② 梁洪生：《捕捞权的争夺："私业"、"官河"与"习惯"——对鄱阳湖区渔民历史文书的解读》，《清华大学学报》2008年第5期。又载梁洪生等《地方历史文献与区域社会研究》，中国社会科学出版社2010年版，第68—95页。
③ （明）王士性著，吕景琳点校：《广志绎》卷5《西南诸省·云南》，中华书局1981年版，第122页。
④ 林文勋：《明清时期内地商人在云南的经济活动》，《云南社会科学》1991年第1期。
⑤ 杨伯达：《从文献记载考翡翠在中国的流传》，《故宫博物院院刊》2002年第2期。

昌城的西北，滕王阁和豫章十景之一的"章江晓渡"在章江门外赣江之滨。章江门码头建有"接官亭"，往来显官巨商都是乘船至此上岸或登船。从章江门往南百步之遥，便是凤凰坡及石厂街、瓷器街等商贾云集之处。南昌房产契约中也有不少契约文书展现了南昌商业家族的兴衰与城市变迁。

同治六年（1867），建昌府南城县人陈侯氏及其子腾鹏，"将夫手原置坐落凤凰坡下首，坐西朝东房屋一进，通前直后大小共计五间"，以"契价九三八平镜纹银三十两正"，卖给李裕后堂永远管业。（《南昌陈侯氏陈腾鹏杜卖房屋契》）二十二年后的光绪十五年（1889），李裕后堂"为因手中急迫，无处借办""情愿将夫手原买坐落凤凰坡下首房屋一进，大小共计五间"，将此房屋卖给湖北宜昌人陈怀德堂永远管业，"当日得受契价现英洋一百元正"。（《南昌李裕后堂杜卖房屋二联契》）民国二十年（1931），陈怀德堂陈乃新再将此房屋作为"父手遗下"之产，出卖与南昌县人黄宝善堂为业，"时值契价现银三百元正"。（《南昌陈乃新杜卖屋地基契》）

这栋房产在同治六年至民国二十年的70余年间三次转手，其中的买主，均以"某某堂"的名义出现。"堂号"是中国传统社会家族的重要外在符号之一，是家族门户的代称，当地的老百姓谈论某一家族时，喜欢以"某某堂"来称呼。因此，在契约中，李氏被冠以"建昌府南城县李裕后堂"、湖北宜昌陈氏被冠以"陈怀德堂"，最后一次交易的买主被称为"黄宝善堂"。但契约中的南城陈氏、南城李氏、宜昌陈氏，接手的时间也不过二三十年，便因为种种原因借贷无门，将先辈之产业变卖，反映出这些家族的兴衰。

此外，在契约文书中，该房产的四至范围也有所变化。前面两次转让时，其四至及周边的情况相对较为稳定，都是"东至官街，西至城墙，南至王姓屋，北至余姓屋"。但是，至民国二十年（1931）再次出售时，其房屋已经毁于火灾，四至也发生了变化：西边由城墙变为了环城路；南边的王姓屋已经变成王姓地；北边的变化更大，原来的余姓屋荡然无存，变成空地，主人也变成了胡氏。其实，从光绪年间到民国二十年，中国发生了清朝灭亡、民国建立、北伐革命等惊天动地的大事件，南昌的城市面貌也发生了巨大变化。1926年北伐军攻打南昌时，北洋军阀为抵抗北伐军的进攻，火烧南昌城，广润门、章江门、德胜门处的民宅全部被烧毁，大火连烧三日不灭。因此，契约中出现的王姓屋、余姓屋很有可能是在此次战火中被焚毁。北伐军攻克南昌后，着手成立南昌市政府，开始了大规模的城市改造。民国十七年（1928），南昌拆除了城墙，至民国二十五年（1936），先后用原城墙地界建成榕门路和环城路。① 契约文书中的凤凰坡下首即毗邻南昌城墙，因此，反映在契约文书中就是原来的"西至城墙"变成了"西至环城路"；原来的房屋并无具体的面积，在变成空地后，也出现了对地基形状、尺寸的具体描述。南昌拆除城墙修建现代马路，在某种程度上也是南昌城市建设迈入现代的一个重要转变。

（三）衣冠簪缨的兴衰之路：干氏家族杜卖店房契

1. 干氏家族的兴起与"干家大屋"

江西星子县干氏家族是星子著名的名门望族。在清朝前期，干氏家族人才辈出，在政界和学术界都有着极大的影响。

干氏家族的奠基者是干特。干特（1640—1715），字达士，号荐庵，康熙二十三年（1684）恩贡生，倡言正论，反对专朱（熹）排陆（九渊），南丰汤来贺主鹿洞，极奖其文行及门冠。闽抚张百行闻其贤，聘往鳌峰书院，以衰老未就。自为诸生，历试冠军，以明经终。著有《志道编》、《达士文存》。

干特子干建邦，字淑掌，号庐阳，康熙三十九年（1700）进士，知舞阳县。康熙四十二年（1703）聘为白鹿洞书院山长，主要著作有《鹿洞续言》、《湖山堂集》，为干氏家族树立了第一个标杆。② 此后，干运恒与子侄从濂一起考中乾隆丁卯（1747）科举人，干运恒于乾隆十七年（1752）中进士，授四川荣经县知县，以军功升通政司知事，惜

---

① 南昌市地方志编纂委员会编：《南昌市志（一）》，方志出版社1997年版，第299页。
② 同治《星子县志》卷10《人物志上》。

"未就以疾卒于官"。① 干从濂则在仕宦与学问之路步步高升,将干氏家族的辉煌推上顶峰。

干从濂,字希周,号静斋,干建邦之子,乾隆十三年(1748)由进士授福建尤溪知县,后任晋江知县,勤于政事,有诗赞其"万户清闲一个忙","擢台湾淡水同知……亲入山,宣播威德,诸番听命"。他坐镇台湾多年,受乾隆帝宠爱。后任甘肃巩昌知府、宁夏兵备道,平甘肃、定新疆有功。干从濂所到之处,多有德政,他"察吏率属,声望尤著,所至兴利剔弊、培植士类,惟恐不及,斥异端尤力"。其主要著述有《读易随笔》、《春秋谷梁传义释》、《周官考信录》、《西夏河渠要志》、《稽古楼文稿》、《主静说》等。② 在各地任职数十载后,干从濂告老还乡,在南昌府建干家大屋,其房屋庭院,铺天盖地,连绵成片,是清代极为罕见的民居建筑群。

干家大屋位于南昌市中心西南干家前街北侧。据有关资料记载,干从濂于乾隆二十九年(1765)购南昌府新建县人宋振辰、宋拱阳等六大房基地建置。据地契载:"该屋东起系马桩,西至营坊街,南起山陕会馆,北至孺子亭为四边地界,水塘六口,占地60余亩。坐南朝北,前后五进,一层半高的老式民居。大门上挂横匾'孚威堂'。第一进大厅堂内可摆床二十四张。厅堂两边各有天井,东西有两间厢房,木雕花格门窗,窗上糊白纸,房门木制双开,堂后有拖铺,置放杂物。每进大厅内有台湾产杉木大柱24根,柱底为红石,二、三、四、五进结构同。屋外另建干家私学'二经圣书院',还有戏台、牛栏、水井、马圈、菜园、花园等。"③ 干从濂所建干家大屋占地60余亩,气势恢宏,从南昌市现存的"干家前巷""干家后巷""干家大屋巷"3条街道的名称也可想像它的规模。据记载:"干家大屋巷……多岔巷,主巷长110米,宽1.9米……清乾隆年间,宁夏兵备道干从濂辞官来南昌定居,在进贤

---

① 同治《星子县志》卷10《人物上》。
② 同治《星子县志》卷10《人物上》。
③ 孟灵源、谢琦玲主编:《西湖区志》,方志出版社2002年版,第567页。

门内广置地产兴建府第，人称干家大屋"。"干家前巷……长 500 米，宽 4.1 米……因巷在干家大屋前，故称干家前巷""干家后巷……巷形曲折，长 180 米，宽 2 米……因巷位于干家大屋后面，清光绪年间称干家后巷"①。（图 5-4）

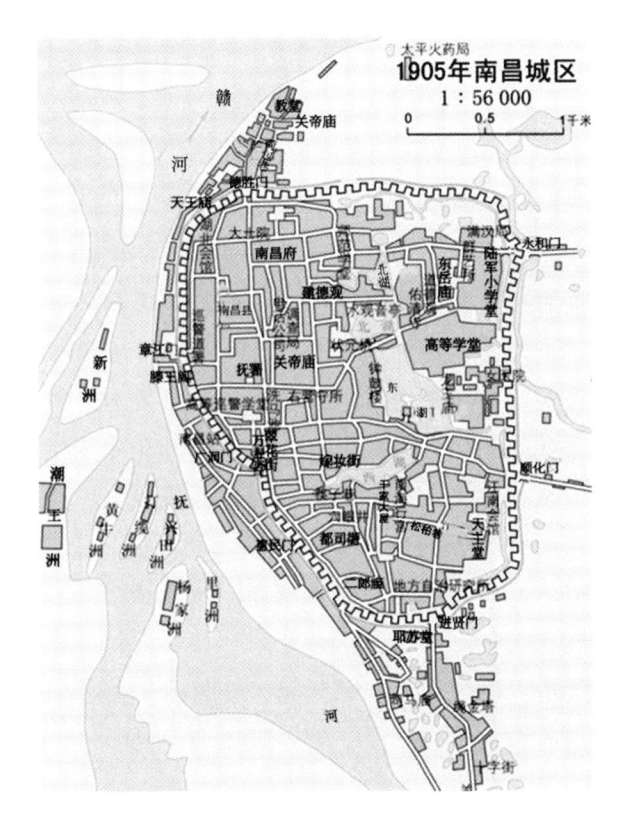

图 5-4　1905 年南昌城市街区分布示意图

2. 精英凋零与家族的危机

干从濂定居南昌后，其家族仍然代有人才，但是其势已经大不如从前。干从濂之子朝干，廪生，谨慎博洽，"乾隆庚子（四十五年）召试进册，蒙嘉纳焉。未及应解而卒，时论惜之"。由于人丁不旺，干氏家

---

① 南昌市地方志编纂委员会编：《南昌市志（一）》，第 106 页。

族已经开始出现衰落的迹象。干从濂之孙干廷熭，"号小垣，建邦四世孙。家世簪缨，能笃志好学。由道光乙酉（五年，1825）选拔，领戊子（八年，1828）乡荐，己丑（九年，1829）联捷进士，官户部主事"。但就在干廷熭考中进士不久，干家的衰落更加明显，开始出卖在干家大屋的第一处房产。道光十一年（1831），干氏子孙干元仲，"因需银应用"，将父祖遗下的店屋杜卖与人，得价银三百九十两。其契文如下：

（立杜）卖店屋、土库二进文契人南康府（星子县）干元仲，□□□□□□有祖遗下坐落章内司道前街口□□□，现在开张周森茂帽店，坐东朝西，上连橡瓦，（中连□□）及基地门壁石礤，寸木寸石，通前至后，一并在内。（为）因需银应用，情愿央中出卖与抚州府宜黄县邹玉书老名下永远管业收租无阻。当日三面议定得受时值价吴镜九三八钞平银三百九十两正。比日入手收讫。其店并无重叠典当执押等情，未卖之先，佥过亲房族内，无人承买，方与邹姓承交，如有来历不明，卖主自管，不涉买主之事。自卖之后，永无回赎增找，各无反悔，如有悔者，甘罚契价一半。恐口无凭，立此杜卖店屋文契永远存据。计开四至：东止墙，西止官街，南止墙，北止官街。比日银契两相交讫。外付原买红老契一纸。

凭中：曾必发、邓建春、胡学诗、唐东品、周齐辉、项陆香、邱福山

依口代笔人周齐辉

道光十一年月日立杜卖文契干元仲

正契存照

从契文可知，干元仲所卖之"店房"是"祖遗"之产，坐落在"章内司道前街口"，即章江门内道台衙门前（今章江路、民德路一带）。该地是明清时期南昌城市的政治中心，与干从濂所建"干家大屋"相距约2千米。按照民间习俗，卖契可分为两种，一是活卖，一种

第五章 乡村的崩溃：店宅房契与城乡经济

卖契是绝卖。在份杜卖契中，干元仲承认让买主"永远管业收租无阻"，并承诺"自卖之后，永无回赎增找"。在干氏家族发生经济困难之时，干元仲首先将空间上远离干家大屋、坐落在章江门内道台衙门前的"店房"出售，表明干家已经开始走上没落之路。此时距乾隆末年干从濂南昌定居建立干家大屋至道光十一年，也不过四十余年的时间。此后不久，干氏家族的重要人物干廷熙在户部主事任上去世，"其年甫四十早卒，朝野用者为之陨涕"，①干氏家族的衰落更加不可避免。

干廷熙逝世之后的干氏家族中，虽然仍然有人读书为官，但是再也没有出现一个进士，职位最高的是干鸿渐，咸丰时副贡，"咸丰九年（1859）议叙光禄寺署正"②，其社会影响力和干从濂、干廷熙相比，大不如从前，干氏家族的危机日益显现。

3. 时局变迁与干氏家族的没落

干氏家族的衰落，与时局的动荡交织在一起，成为时代的挽歌。在干氏老家南康府星子县，清咸丰三年（1853）五月十四日，星子县数千民众凑银米，迎接太平军，并先后诱捕知县、知府，启狱释囚。十五日中午，太平军乘船到达星子，战船千艘，环泊南门、小西门一带，民众缚知府、知县送交太平军。太平军入城焚毁祠庙衙门，不少民众加入太平军。"清咸丰三年至七年（1853—1857），太平军为控制水上交通，与清兵争夺频繁，4次攻克星子，城里居民纷纷从军，活捉知府、知县。清兵则以星子为据点，5次攻打湖口、饶州"。③ 在反复的争夺过程中，"咸丰四年，粤逆入境。绅耆迭次督率义勇，打仗阵亡。嗣经地方官绅，详报殉难士民，均奉旨族恤，"其受追赠者多达174人，其中就有干氏子弟。④ 在咸丰兵燹之时，干家也遭受不小的损失，干氏祖宅"干观察住屋"，历史悠久，也未能幸免于难，"咸丰三年（1853）遭兵燹"，干家产业遭兵燹之后，却再也没有能力恢复，同治三年（1864），

---

① 同治《星子县志》卷10《人物志》。
② 同治《星子县志》卷10《人物志》。
③ 星子县县志编纂委员会编：《星子县志》，江西人民出版社1990年版，第355页。
④ 同治《星子县志》卷10《人物志上·殉难附》。

"合邑买干姓废址，改建文庙"。①

干氏家族的产业在星子县遭受战火的洗礼，在南昌城区内的产业也在不断被蚕食、侵吞。干家大屋范围巨大，屋舍连绵。但是，至光绪年间，干家后巷原有的鱼塘、菜园、田地也被侵占，据《南昌简志》记载："干家塘巷东起干家后巷，西至南海行宫巷，长126米，此处原有水塘若干口，自清光绪中期起，在干家菜园上兴建房舍形成街道后，即以干家塘称名。"② 在这动乱的年代，干氏家族的衰落是不可避免的趋势。民国九年（1920）干氏后裔干有权在其家族人等见证下，再次将干家大屋后重的一大片房产出卖，即民国九年三月南昌《南昌干有权杜卖土库房屋二联契》，其契文曰：

> 立杜卖土库房屋并地基文契南康府星子县干有权，今有祖手遗下分授，坐落南海行宫前左侧干家大屋后重西边，坐北向南，并排隔墙房屋两进，头门内舍屋、天井、空地，二门内后厨房一间及空地，统计十七间，上连橼瓦，下及地基，其中寸木寸石、寸铁寸土，阶石、缦石、楼摸［模］、地板、四周装㨄、门窗、格扇全备，出道空地一并在内。情因正用不敷，无处借代，是以合家商议，情愿将此业一并出卖，未卖之先，侭过亲房族内人等，均不愿承买，只得央中说合，出卖与南昌县李树林堂名下永远管业。当日三面议定，得受时值价洋一千四百四十元正。其业并无重叠典押，亦非逼勒准折等情，如有其它来历不明之事，一概归出卖人承担，不关买主之事。自卖之后，听凭买主管业无阻，永无僧［增］找回赎，恐口无凭，特立此杜卖土库房屋并地基文契永远存据。
>
> 今领到契价洋俱足无欠。
>
> 计开坐落四址于后：坐落南海行宫前坐车巷，靠干家大屋后重西边；东止靠干姓大屋墙外为界，西止头门墙外滴水为界，南止外

---

① 同治《星子县志》卷4《建置志》。
② 南昌市地方志编纂委员会编：《南昌简志》，方志出版社2004年版，第17—18页。

第五章 乡村的崩溃：店宅房契与城乡经济

重以天井南首砖墙为界，其墙与前重共用，出入二内里边，两重以靠前进进堂后。后重改造砌墙，则须让出前重后檐滴水，经中议定，叶姓座门地脚外作让一尺五寸，特此附批为据。北止墙外滴水为界。正屋东边外有厨房一间，厨房东边外又有院子一所，计东西自正屋墙外起，至院子东边篱笆为界。南至靠干姓大屋后外墙为界，北至自墙外墙滴水为界。

又批：前重两边之屋亦是干有权私人之业，其外边二重向通后重，共头门出入，今后重屋既卖与李树林堂管业，其前重由后重之出路，一并凭中议定卖绝。惟因前重两边已经出典在先，俟日后由原主干有权赎回前重之时，或另典另卖，或向原典人找价杜卖，此出路均应由李树林堂自行闭塞，但卖主干有权已于契价内除英洋四十元存于买主李树林堂，至杜绝前重出路子[之]时，需由买主李树林堂将此英洋四十元交于干姓为另开前重头门之用。特此批明。

再批：此屋老契与大屋相连，未曾付出，但老契对于此屋不能发生效力，其典契十一纸，一并附缴，凡对于此屋有他种字据，况经长红告白之后，当然作为废纸，此批。

见立干聘三

凭中人：李燕山、李兴伯、李紫瑜、何懋修、李裕生、张吉祥、沙利生、李耀乡、李得球、周洪□、万崑山、徐席儒、干芝甫、干玲泉、干聘三、干伯治、干松山、干寿卿、干云和、干兰甫、干少轩、干经畬

依稿代笔人干持平。共添十二字。

中华民国九年岁次庚申夏历三月日立杜卖土库房屋文契人干有权

正契存照

在这次出卖的房屋只是干家大屋后重西边的一部分（其屋前重两边之屋亦是干有权私人之业，已经出典在先），其后重西边房屋大小十

七间，"时值价洋一千四百四十元正"。较之道光十一年干元仲出售远离干家大屋、坐落在章江门附近的"店房"，可以推测干氏家族在"干家大屋"之外的庞大产业基本上已经出售殆尽，不得已才将"干家大屋"转手出卖。而且契约中的"惟因前重两边已经出典在先"等字句表明，干有权在此之前已经将干家大屋的前面一进（即"前重"）典押给别人，现在又杜卖后面一进（即"后重"），可以预料其进一步没落已是必然。在干有权杜卖契签订后不久，李树林堂执契投税，交纳税款"八十六元四角正"，获得了南昌县政府颁发的"买契"，干家的这一产业彻底易主为李树林堂所有。1938年战火烧到江西，日军先后侵占九江、南昌，占领扰乱区达14个县。南昌沦陷时，"万户上四川，千户上吉安。百户两头窜，穷人守守看"，商人几乎都离开了南昌。① 干氏家族的私学二经圣书院，虽然藏书甚多，还存有许多古代文物，也在抗日战争时被日寇洗劫一空。② 可见此时干氏家族已经再也没有能力保护自己的产业，更别提恢复、发展了。新中国成立后，干氏家族建造的所有房产因旧房改造而被拆除，空留"干家大屋巷""干家前巷""干家后巷""干家塘巷"等地名让后人感叹。

通过南昌房产契约可以看到，无论是土地制度中的"皮骨分离"与城市商业的兴衰，还是家族店房数易其主，抑或仕宦家族的兴盛与没落，这些都是时代变革下社会商品经济的发展和社会转型过程中一个国家、时代和家族的缩影。南昌房产契约集中反映清代至民国南昌城市与市民的历史，成为社会变迁的重要历史见证。

---

① 《江西省商业志》编纂委员会编：《江西省志》37《江西省商业志》，第4页。
② 南昌市西湖区地方志编纂委员会编：《西湖区志》，第658页。

第六章

会社与信仰：民间信仰背景下的田宅交易

第一节 江西契约文书中的会社组织

中国传统社会不仅存在国家与民间社会的互动，二者之间更多的联系往往需要通过中间的媒介实现。黄宗智先生通过对清代历史档案资料的研究，认为中华帝国晚期，在国家和民间社会之间，还存在着一个"第三领域"。① "第三领域"理论较好地解决了国家与社会的二元对立问题，但是却没有说明第三领域通过什么具体的组织方式在社会生活中发生作用。要知道，即便是在司法调解中的宗族/社区、县级以下的"准官吏"和参与地方公益事务的士绅，这些"第三领域"参与者的行为所代表的都不是个人行为，只有依托于一定的组织，他们才能获得这种权威，这个组织就是会社。

历史文献中的"社"与"会"，"既包括传统观念中以祭祀土地神为中心的'社会'，但更多的则是某个社会阶层或共同爱好者所结成的集团"②。会社是明清时期广泛存在的一种民间组织，"它以宗教信仰为纽带，以经济互助为主要功能，参与者往往以村落为范围，不限族姓，

---

① [美]黄宗智：《中国的"公共领域"与"市民社会"——国家与社会间的第三领域》，程农译，载黄宗智主编《中国研究的范式问题讨论》，社会科学文献出版社2003年版，第260—285页。

② 陈宝良：《中国的社与会》，浙江人民出版社1996年版，第22页。

不拘人数,组成信仰和利益的共同体"①。会社在明清时期的基层社会中起着重要的作用,早已成为学术界所认识。②

江西地区的民间与其他地区一样,也不乏成立会社的习惯,"赣南各县,祠产最多,其次神会,其次各种慈善事业"③。民国时期的这一调查指出了赣南会社的三种主要类型:宗族类会社、宗教类会社和慈善类会社。其实,在人们的日常生活中,为了协调各种利益关系和人际关系,还经常会组织经济类会社,如赣南习惯,赣南"山场木梓最盛,各地皆有山会以资保护,每年例于霜降节起摘取梓桃,山主于相当期日摘采后,不复入山,所遗余桃,任人搜取,不得干涉,若先期入山摘桃,由山会经理人驱逐之"④。此言之"山会"即是以协调山主与众人的关系而成立的民间组织。在江西地区契约文书中,也有不少涉及会社组织的活动,本书据其参加人员的范围、活动的主要目的、活动的性质将其分为经济类会社、公益类会社、宗教类会社和宗族类会社四大类型。

一 经济类会社

经济类会社成立目的主要加强会员之间的经济互助,维持正常的经济秩序,主要包括各类合会和行会组织。

合会是民间筹款、互助的重要组织形式。在赣南地区,"赣县民间因需款应用无力筹措者,每向亲友邀集一银钱会以应急需"⑤,而在赣

---

① 章毅、冉婷婷:《公共性的寻求:清代石仓契约中的会社组织》,《上海交通大学学报》2011年第6期。
② 相关成果参阅陈宝良《明代的社会与会》,《历史研究》1991年5期;王日根《徽州会社经济举隅》,《中国经济史研究》1995年第2期;邵鸿《明清江西农村社区中的会》,《中国社会经济史研究》1997年第1期;梁其姿《施善与教化——明清的慈善组织》,河北教育出版社2001年版;宋德剑《试论客家民间社会保障:以众会为例》,《西南民族大学学报》2004年第3期;史五一《明清会社研究综述》,《安徽史学》2008年第2期;徐越、方光禄《清末和民国徽州民间的经济互助——以徽州文书为中心》,《黄山学院学报》2005年第4期;章毅、冉婷婷《公共性的寻求:清代石仓契约中的会社组织》,《上海交通大学学报》2011年第6期。
③ 前南京国民政府司法行政部编:《民事习惯调查报告录》,第4页。
④ 前南京国民政府司法行政部编:《民事习惯调查报告录》,第242页。
⑤ 前南京国民政府司法行政部编:《民事习惯调查报告录》,第577页。

第六章　会社与信仰：民间信仰背景下的田宅交易

南地区南康县，有一种"四不盖会"，时人介绍"亦银钱会之一种，不过其组织法与他种银钱会不同……每一会员均届至四会为止，以后不再届会边，此之谓四不盖会。又会首自领会边之后，即须交不动产契据，付与各子会依次轮执，故子会中如有应届不届、不足额者，其依次应领之子会，即惟首会是问，故首会对于各子会，又负有连带债务之责任"①。在江西省博物馆藏契约文书中，就有一件以合会形式帮扶贫困的赌博人员而签订的"禁赌字约"（民国三十三年九月十三日《南昌李秀文禁赌字约》）：

> 立禁赌字约人李秀文，情因赌博殊甚，以致生活堪虞，为顾念同家情谊，免罹饿殍抛弃妻孥起见，兹有李慕郗等十有一人，□会醵质集款与李秀文经营，以资贸易。要议明每年交谷二石作为填会之数，自立约之日起，无论乡市，如发现该李秀文再事赌博，罚谷六石，酒筵一席。恐口无凭，特立此禁约为据。
> 依口代笔人李冬连。
> 在场会中人：李慕郗首会、慕荣二会、明发三会、火□四会、水生五会、冬连六会、水根七会、胡顺根八会、学宣九会、学宽十会、母亲十一会。每年一会，秋后三日谷。
> 民国三十三年国历九月十三日立禁赌字约李秀文。

在这一份"禁赌字约"中，李慕郗等十一人"醵质集款与李秀文经营，以资贸易"，分别充当会首和会脚。后面罗列的十一人的顺序，则表明这个会社组织将来按照成立时的约定"每年一会，秋后三日谷"开展活动。

除民间常见的合会外，江西地区的经济类会社还包括城市中的商业帮会、行会等。在民国时期的清江县，就出现了"清江县城陶业帮"这样的商业帮会组织。清江县（今江西省樟树市），历为清江县和临江

---

① 前南京国民政府司法行政部编：《民事习惯调查报告录》，第592页。

军、临江府治,是赣江支流袁水上的重要城市①,而清江县下属的"药都"樟树镇,"周遭十里许,水陆交冲,商贾云集,为南北川广药物所总汇,与吴城、景德、河口称江西四大镇"。② 清代人称"清江人多以贾闻,虽诗书宦达者,不贾无以资生"。③ 延至民国,清江县受到外界的影响,出现了同业公会,而陶瓷行业也组织起了"陶业帮会",并给会员(经营陶瓷的商铺)颁发入帮证,加强对行业的约束。

  清江县城陶业帮入帮证

  窃今之五洲互市,各种营业,胥有同业之设立,以期互助而进步,不仅重在保商也。则吾业敢不成规,尽心研究,日求商业之发达。惟我陶业,近年以来,销市折减,欲求发达,必须一定设立帮规。兹者同人等公同议决,嗣后关于本业货品,买卖无欺,以资整顿规模而归划一,固振兴斯业者乎,又何难哉。自今以后,凡来城区新开者,必当入帮,除入帮而外,以及外来担摊,仰依照后开条例行之。兹将拟定条叙如左。

  (1)议专业景德镇瓷器新开门市者,入帮金大洋十元。

  (2)议设摊贩卖者,入帮金大洋五元。

  (3)议新开门市并带陶业者,入帮会大洋四元。

  (4)议新开门市兼带袁州瓷器者,入帮会大洋二元。

  (5)议倘有外来陶业零售者,入帮金大洋二元。

  协记宝号存照。

  中华民国二十一年月日清江县陶业帮立

---

① 关于清代清江商业的详情,参见罗辉《清代清江商人的经营活动》,《江西科技师范学院学报》2010年第3期。
② 同治《清江县志》卷2《市镇》,成文出版社有限公司1975年版,第259页。
③ (清)钱时雍:《陈佑达传》,《钱寄圃文集》,转引自邵鸿《清代后期江西宾兴活动中的官、绅、商——清江县的个案》,载张国刚主编《中国社会历史评论(第4卷)》,商务印书馆2002年版,第75页。

第六章　会社与信仰：民间信仰背景下的田宅交易

清江县陶业帮制定的入帮规约，涉及对各种不同产品、经营方式的管理，是其"欲求发达"的具体举措之一。而陶瓷业发达的景德镇，有关陶瓷的具体行业就更多。由于制瓷业分工细致，专业化程度高，明清时期景德镇瓷业工人为了争取自身利益，以生产行业甚至工种为范围，先后组织了各种帮会，形成了以血缘、地缘、业缘为基础的同业、同行组织，他们按地域分"帮"，按职业分"行"，至清末民初，景德镇陶瓷产业分工有 8 业 36 行，大致分为烧窑业、作坯业、画桌业、搬运业、瓷器下脚修补业、工具制造业和服务业。[①] 民国时期，景德镇出现了《景德镇圆器业琢器业过帮规约》。[②] 景德镇陶瓷等产品的内运外销，主要靠昌江、鄱阳湖水运，这些大宗产品的运输权，也被"箩行"垄断经营，出现了《景德镇箩行散做店扁担规约》。[③]

以上经济型会社组织，既有民间少数人自发组织、临时形成的合会，也有类似于"同业公会"的"陶业帮"，还有垄断性质的"箩行"规约。这些会社的出现，代表的是人们的经济互助和行业经营行为的规范化趋势，从总体上看，有利于维持正常的经济秩序、保证公平、合理的竞争氛围。

[①] 詹嘉、何炳钦：《明清时期景德镇商帮行会与陶瓷发展》，《中华文化论坛》2010 年第 1 期。

[②] 民国《圆器业琢器业过帮规约》：一、圆器业琢器业相互转行，必须缴角银洋两元作为上会钱。二、圆器业成型各行业中相互转行，无须缴交过帮费。三、琢器业成型各行业中改做他行，须交银洋两元。四、槎窑柴窑烧炼业中必须小伙手、一伏半、二伏半、三伏半、收兜脚驼坯架表把庄各脚，依次递升，但升到上七脚，应请脱手酒，否则就不能做。（江西省博物馆藏契约文书）

[③] 民国《景德镇箩行散做店扁担规约》：一、凡买有箩行者，可以在本镇挑运六廛（米麦谷豆等）、五金（铜铁铝锡）等类货物。二、箩行扁担主如因年老疾病或者死亡，其扁担可以传与其子，但不得转相让卖，间或可以请人代挑，其挑力所得必须交半数与扁担主。三、散做店扁担挑驳（挑瓷器子□）不能世袭。扁担数目无定，每根卖二元或三元，如扁担主因事外出不任，时间多少，回来仍可照挑。四、窑柴扁担和夹篮可以随到随挑，但挑力必须与箩行二八抽头。五、凡买扁担者，须先出一元茶牌钱请大家茗叙，表示初次见面，并在第一天可以伲先挑运一担。六、在挑货时必须按照扁担上名字先后挑运，不得争先掺越。（江西省博物馆藏契约文书）

二 公益类会社

在民间的会社组织中,公益事业类会社①是重要组成部分,这类会社组织是由士绅或者商人发起,既不属于某个宗教团体,也不属于某一家族,完全是由民众自发组织和管理②,且其所做之事,多是既非官方亦非私人的公共领域,大多为与底层百姓息息相关之生老病死、衣食住行相关,在一定程度上弥补了政府缺位的缺憾,又克服了个人势单力薄的不足,故公益类会社存在的范围很广,影响也很大。

在江西省博物馆藏契约文书中出现的公益类会社包括广昌县巴口桥桥会③、南昌徐育婴会、南昌北沥徐天花会④、贵溪文坊公社古灯会⑤等等。虽然在契约文书中并未见其具体行动,但是参酌其他史料,仍然可以推断其活动。

如广昌县巴口桥桥会,在广昌县文会里(今盱江镇南部)⑥。乾隆十九年十一月,"因田坐枭远,收租不便",巴口桥桥会经管易益三、刘二酉等将其坐落在金砂里江背"租壹拾柒担贰斗"的水田,卖给张殿酬为业。此次"所卖其田,系黄祠施出物业",桥会卖出此田之后,

---

① 梁其姿《施善与教化——明清的慈善组织》,河北教育出版社2001年版,[日]夫马进《中国善会善堂史研究》,商务印书馆2005年版,周秋光、曾桂林《中国慈善简》(人民出版社2006年版)等书都有专章叙述明清两代的公益类会社组织。

② 杨正军:《近30年来中国善会善堂组织研究述评》,《开放时代》2010年第2期。

③ 参见第三章对张殿酬契约的论述。

④ 清同治十一年十二月《南昌邓圣佾杜卖田契》,邓圣佾将"父手遗下早民田四号,计种十亩有零,为因家用不足,无去借贷,是以兄弟母子商议",卖给北沥徐天花会,时值价纹银五十两正,并且在契约中批明"立推户人邓圣佾今将奉圣户内□米推到十二都二图北沥徐天花会户内照依鱼鳞过割无阻。时推是实"。注:北沥在今南昌市高新区北沥徐村系千年古村,是"徐孺下陈蕃之榻"的徐孺子故里。

⑤ 民国九年十二月《贵溪文坊公社张起生杜卖田契》,张树义户丁张起生,因无钱用度,自情愿将祖父手遗下该分关己业晚田二塅,上塅大小二号,又下塅田大小二号,上下田计租谷四担,当批官粮一亩正,原存本户完纳,不必推收过割,面言本会每年冬季另补完粮洋二钱正,出卖与本会古灯会边为业,时值契价立龙洋二十七元正。在这一笔交易中,双方约定"东道酒费小用俱归卖人","三年之内取赎,用费原□出业人任;如有三年以外,不必补费"。

⑥ 据同治《广昌县志》卷1《津梁》记载:"巴口桥,在文会里,宋知县硅岩建。"同书卷1《乡村》记载文会里下辖文会堡、巴口桥等25个村落。文会里即今广昌县盱江镇文会村。

第六章 会社与信仰：民间信仰背景下的田宅交易

计划"随向就近之处，仍复置租田以赡桥会"。可见，桥会的资产来源、资产的收益，都是为了"赡桥会"，用于维持桥会的正常开支，这对于普通百姓来说，应该是有利的。在架桥不便的地方，也有"浮桥会"或"义渡"的存在，以方便民众通行。如武宁县浮桥会，武邑旧有浮桥，"咸丰甲寅，寇警，兵民皆厄于渡，金谋复设桥"，同治六年，葛厚斋先生倡议成立浮桥会，"每经雨后洪水涨发，不便架桥，即行船济，令各渡夫不得刁索行人分文，又于何〔河〕北沙洲设立义渡旗帜，加置桥板，如遇水势散滥，以免寒裳赤足""至各会渡船，仍归各会修造，其经费不得推诿，浮桥俾义渡，永远利济"①。

育婴会是明清时期各地常见的慈善组织。清政府一直鼓励民间救助女婴，乾隆三十五年三月，江西巡抚海明奏请在江西各府州附郭城内，各设有普济堂一所，照省城例，每岁拨银四千两。② 嘉庆二十一年三月，据两江总督百龄奏称，"该督于所属三省州县，倡率捐置育婴堂，收养遗婴，如仍有溺女者，查明照例治罪。各地方官果能行之以实，其恶习自可渐革"③。清末，各地相继兴办育婴堂，"江西溺女之习，经前任学政督饬教官劝办救婴会，渐著成效"④。民国元年十一月，南昌徐育婴会买徐毓秀堂田计种八亩有零，价银洋四十五元正，纳税额二元七角正。（民国元年十一月《南昌徐毓秀堂杜卖田二联契》）至民国三十五年，徐杰灵堂杜卖其田八亩有零，时值价国币金洋边二百五十六元正，仍然批注"立推户十二都二图户内徐育婴会内银米，推与十二都七图邓克报户内鱼鳞过割无阻，所推是实"。（民国三十五年十一月《南昌徐杰灵堂杜卖田契》）可见，至少从民国元年至民国三十五年，徐育婴会一直存在，且保有田产活动作为其活动经费。晚清时期，武宁县烟港村育婴会始于光绪九年冬，由本村官员郭铭鼎倡建，方望之、鄢飞云等"诸友蝉联而进，酌量出捐，毫无吝惜"，至光绪三十年，历任

---

① 同治《武宁县志》卷之末《浮桥附》。
② 《清高宗纯皇帝实录》卷855，乾隆三十五年庚三月乙未，《清实录》第19册，第451页。
③ 《清仁宗睿皇帝实录》卷317，嘉庆二十一年丙子三月甲申，《清实录》第32册，第203页。
④ 《清德宗景皇帝实录》卷164，光绪九年癸未六月庚申，《清实录》第54册，第311页。

会长"无分毫干没,田置十余亩,租约三十四石,尚剩钱若干生息,迄今二十一年矣。期间取钱于会,给育贫婴仅二百余名,而得禁之力,以生而不溺者倍蓰。盖富与中户,皆禁以育之,惟贫人则资会以育之耳","邻村有慕而行之,厥后村中入黉宫者十余人,食廪饩者四人"。① 可见,育婴会作为民间慈善会社,在抚育婴儿、救济贫弱等方面中发挥了积极作用。

契约文书中的其他公益性会社还有丰城县杨四甲会,因"需钱做公益事",只得召集会众商议,只有余下产业决议早田三号,共计田一工三角,时值价纫谷五担正,凭中出卖于本会杨荣六名下。在其所开号亩中,还涉及祀达会、清原会等会社组织。(民国三十五年八月《丰城县杨四甲会卖早田契》)而据陈社灯会(清光绪五年九月二十日《清江县陈社灯众卖田契》)、上饶旅贵同乡会(民国三十六年六月一日《上饶县张承铭给上饶旅贵同乡会捐款收据》)等名称,也可以判断其为公益性会社。

三 宗教类会社

在传统社会,宗教的影响不可小视。在人们的精神生活中,无论是释儒道,还是其他的地方性神祇,都可列入民间宗教的范围。民间宗教通过各种会社的活动,又进一步加深和强化了其在士大夫、平民百姓各社会阶层的影响,渗透到人们的日常生活之中。据民国时期的调查,赣南各县的会社组织中,神会是仅次于宗祠的第二大类型的会社,第三才是各种慈善事业会社。②

在江西地区,中元节祭祀祖先是一项重要的活动。新建县习惯,"中元祀先祖,焚冥资,僧寺多设盂兰会"。③ 而在安义县,民间也有作盂兰会的习俗:"中元设馔祭先于庭,焚楮帛钖锞,谓之烧包,或延僧

---

① 《函告:武宁烟港村育婴会记(安仁学训导郭铭鼎报)》,《江西官报》1904年第4期,第45—46页。
② 前南京国民政府司法行政部编:《民事习惯调查报告录》,第4页。
③ 同治《新建县志》卷15《邑肇志·风俗》。

第六章　会社与信仰：民间信仰背景下的田宅交易 ◆◆

道荐拨，作盂兰会"。① 在新建县，就有一份盂兰圣会十六会友买田的契约：（民国十三年九月二十日《新建崇文乡张时钧卖屯田契》）

> 立卖屯田文契人张时钧，今因先年我等邀集盂兰圣会，公款比押典租田本价钱三十串文，某（每？）年息金谷五担，至今息过其本。公会友等怜意，情愿凭中将己名下所管张姓面前长道河下边一号，计种一斗正；又下边坟后一号，计种五升正。大小二号，共种一斗五升正，出卖与盂兰圣会张子良、杨秉乾、胡定洲十六会友人等公管业，当得十足双元钱六十串文正。现手收讫，不必另立收字。其田□公另佃、收租无阻，所有水例照旧车放荫注车放。该田某（每？）年做会日，公纳完粮钱六百文正，六□与张人，免其推收过户。此系二比情愿，并无谋勒，自卖之后，无论远近年分，原价取赎。恐口无凭，立此卖屯田文契一纸为据。
>
> 凭中：张明发、熊炳南、僧海宽
>
> 民国甲子十三年九月廿日立杜卖屯田文契人张时钧亲笔

在这一份契约中，张时钧作为盂兰圣会的一员，以田产作为抵押，从盂兰圣会中借得钱三十串文，至民国十三年，"息过其本"，无力偿还，故将自己名下所管之田典与盂兰圣会管业，俟以后有钱再行取赎。由此可见，新建县崇文乡的这个盂兰公会，对其内部的会员，也有借贷关系的存在，会众"息过其本"，无力偿还时，还需要将其产业典与盂兰圣会管业，说明盂兰公会具备法人意义上的具有一定的经济功能。另一方面，在三位凭中里，还有"僧海宽"的参与，僧人作为一个特殊的群体，参与到盂兰圣会的借贷关系中。另一方面，中元节盂兰会活动也是江西地区的重要宗教活动，如在都昌县，"七夕乞巧者亦少，惟多醵钱请僧道修醮赈孤，曰盂兰会，乡民亦有趁此饭僧道念经荐父母

---

① 同治《安义县志》卷1《地理志·风俗》，清同治十年木活字本。

· 243 ·

者"。① 而在分宜县,"乡里迷信鬼神,莫甚于女流,有曰忏观音会、有曰忏盂兰会、有曰忏血盆会。各乡墟市之好事者,常醵金建醮演剧聚赌,红男绿女,观者如堵,别名曰万人缘。三五七日至十日不等,耗费动千金,若城内商民,更好礼神祈福"。② 诸如此类的盂兰活动,"醵钱请僧道修醮赈孤"、"醵金建醮"都会涉及经济往来,也为盂兰会的借贷活动奠定了经济基础,因此,新建崇文乡盂兰圣会的借贷活动也就在情理之中了。

契约文书中其他还有长清众仙会(清光绪十一年七月二十日《丰城县王品一杜卖田契》)、游神会(民国十九年庚午五月下浣日《新建崇文乡何烘知典游神会股份文契》)等会社,虽然只是提及其名称、无从查考其活动,但亦可推知其为宗教类会社组织。

四 宗族类会社

冯尔康先生曾经指出明清时期宗族的性质:"到了明清时期,特别是清代,掌握宗族的官僚在层次上明显下移了,且与无身份的富人结合在一起……清代宗族民间化了,同时也是民众化了,比历史上任何时期都具有更广泛的民众参与家族活动,平民化与民众化可以说是同时发生的,与生俱来的;它可以是官僚、绅衿、富人为主体的社会组织"。③ 在为《清代宗族史料选辑》一书所做的序言中,冯尔康先生再度指出:"中国宗族组织经历大众化过程,宋代以降拥有广大成员,是民众性、宗法性、自治性的合法团体……作为民间组织,(宗族)反映成员诉求,关注成员生活""至于平民宗族,由政府允许的祭祖权,实际认可的祭祀始祖权,可知它是政府承认的合法民间组织。"④

实际上,宗族作为清代民间社会的一个合法民间组织,在其内部有

---

① 同治《都昌县志》卷1《风俗》。
② 民国《分宜县志》卷14《风俗志·醮赛》。
③ 冯尔康:《18世纪以来中国家族的现代转向》,上海人民出版社2005年版,第40—41页。
④ 冯尔康:《中国宗族的历史特点及其史料——〈清代宗族史料选辑〉序言》,《社会科学战线》2011年第7期。

第六章　会社与信仰：民间信仰背景下的田宅交易

存在诸如某某祀、某某会之类的各种范围不同、规模不等的分支组织，日本学者涩谷裕子则认为，"对于会的组织机构，一般分为两种"，其中一种就是"以既成的特定集团（地缘的、血缘的等）为组织基础的会"①。这里的血缘的"特定集团"，就是宗族组织。"宗族会社的形成同其他会社组织一样，具有自发性、自愿性、平等性特征，所不同的是，宗族会社是以血缘关系为基础的再结合，大多因祭祀等需要，通过订立合同的形式而兴立。"②最典型的是各种以"房"和"宗"为单位的祭祀组织，在江西地区的契约文书中，也有不少宗族性会社组织，其中大部分就是各房支成立的祀会。

江西地区的宗族之盛，早在乾隆年间就已经引起人们的关注，③宗族风气之盛，一个重要的外部表现就是个宗族纷纷建祠堂、买族田、修族谱，同时在宗族内部成立各种会社，开展各种宗族活动。据民国时期在江西的调查，赣南地区的宁都县，"（宁都）风俗大抵聚族而居，各族之中多有众会。其成立时，先由族人倡首捐集款项，订立簿籍、登载用途及其管理方法，以便世守。此种财团法人之作用，大约以办理公益及慈善事业为指归，如修族谱、供祭祀、修道路或建醮禳灾等类，皆为众会应办之事。其管理人则由族众公推，生息方法不外贷款、贷谷数种，秋冬收息以作正用"④。兹举江西清江县之祠堂冬至会为例：（清咸丰十年十一月《清江县杨氏卖祠堂新冬至会股份契》）

> 立卖冬至会文契人族婶杨氏偕男德谋、银斗，情因日食不敷，无从出办，只得母子商议，自心情愿将夫手遗下祠堂新冬至会一股，请中说合卖与族侄仁和名下，当日三面言定，时值十足大钱三

---

① ［日］涉谷裕子：《关于徽州文书所见"会"的组织》，日本《史学》第67卷，1997年9月。转引自刘道胜《明清徽州宗族关系文书研究》，安徽人民出版社2008年年版，第21页。
② 刘道胜：《明清徽州宗族关系文书研究》，第152页。
③ 乾隆年间关于江西宗族的论述，如乾隆朝协办大学士陈宏谋说："直省惟闽中、江西、湖南皆聚众而聚，族皆有祠"。（《皇朝经世文编》卷58《选举族正族约檄文》）
④ 前南京国民政府司法行政部编：《民事习惯调查报告录》，第6页。

吊二百文正。其钱比日即亲领归身用度是实，不少分文。自卖之后，任凭买者将股改名入祠，照股领胙分馔，不得另生枝节。今欲有凭，立此卖契为据。

  凭中：体修叔、喜和叔

  咸丰庚申十年十一月立卖冬至会文契人族婶杨氏、偕男德谋、银斗

  在此契中，杨氏出卖的是该族内部的"冬至会"股份。"冬至"是民间重要的祭祀节气，赣南习惯，"诸邑大姓，聚族而居，族有祠，祠有祭，祭或以二分，或以清明，或以冬至，长幼毕集，亲疏秩然，反本追远之意油然而生"①。而在赣东的铅山县，"冬至，士庶家无论有无祠宇，必立冬至祀，以牲醴致告祖考"。② 祭祀之后，族人各分胙肉，而在赣西地区的芦溪县，"冬至，先夜于祠堂设镫烛，坐守黎明，大会族姓，祭始祖，颁胙饮酒，抵暮而散"③。"颁胙饮酒"也是族人参与祭祀的权益。在《清江县杨氏卖祠堂新冬至会股份契》中，按照杨氏家族的规定，有股份者亦可按照股份领取胙肉，而其股份一旦转卖，便"任凭买者将股改名入祠"，由新的持股人"照股领胙分馔，不得另生枝节"。可见，在江西的宗族中，此类会社的权益是与股份的所有权联系在一起的。

  在江西地区的家族内部，还有一种共有财产的会社组织。这种组织的产业或是由祖手遗留，或是由某人捐赠，如江西抚州之乐安县，"各姓皆有祠产，多由本族人捐集，及由祠产余利项下出价典买而来"④，用作族内或会内的公共活动开支，其产业的转让，一般也是由全体会众商议决议，如清光绪三十二年十月《丰城县杨祀永会杜卖屋基二联契》：

---

① 同治《赣州府志》卷20《风俗志》。
② 同治《铅山县志》卷5《地理·风俗》。
③ 同治《芦溪县志》卷4《风俗志》。
④ 前南京国民政府司法行政部编：《民事习惯调查报告录》，第579页。

第六章　会社与信仰：民间信仰背景下的田宅交易 ◆◆

　　立杜卖屋基契字人四坊五十六都一图六甲杨祀永会等，今因旧岁重修乌门楼亏欠足钱十八串文，无从出办，是以合会商议，愿将祖手遗下坐北向南屋基一片，现租得业人监造例屋，坐落土名谷厂巷口，计宽一丈四尺五寸，长一丈三尺五寸。东至出业人店房礤木扇为界，西至共巷为界，南至前簷滴水为界，外公巷出路三尺，北至后簷滴水为界。上至青天，下连赤土，以上六至开载明白。预先俱问会内人等，无人承买，只得托中出卖与本图四甲三家支杨文亮名下承买为业。当日凭中三面言定，时值价足钱二十二串四百文正。其屋并无重契典押，亦无债负逼勒贪谋等情，如有此情，出卖人自理，不干买者之事。自卖之后，任凭买主管业监造，南向开门出入，不得阻拦。所买所卖，俱系二比甘愿，各不许反悔，悔者甘罚契价一半与不悔人用。恐口无凭，特立卖契永远存证。

　　内添注十一字。

　　本日实受契价一并完足。

　　在场人杨苹香、庚元、士彬、履祥、祖橺、谷生、文平、有成、活一、堆四、阅八、帝三、金生、栋五、看二、英十、活七、瑞之、文清、叔卿、良久、梯八、坤生、准八、瑞发、瑞景全前押。

　　依口代笔杨良六、坤生附笔。

　　知尾［委］代理坤生。

　　光绪三十二年丙午十月［吉日立杜卖屋基契字人杨祀永会

　　在这份契约中，杨祀永会"因旧岁重修乌门楼亏欠足钱十八串文"，可见其是为本宗族的内部事务而耗费资金，同时，为弥补该亏空，其通过"合会商议"的方式，"将祖手遗下坐北向南屋基一片"，卖给"本图四甲三家支杨文亮"为业，也就是说，其出卖的是共有之产业。与此类似的还有民国十七年十二月二十六日《丰城县杨师古堂卖碾屋盘石及地基契》，杨师古堂今因年终无钱使用，只得合众公同商议，愿将祖手遗下碾屋一所，卖给本村五房永发会名下承买为业，时值契价洋边四十八元正，也是宗族内部小会社之间的共有产业交易，唯一不同的是"杨师古堂"是以堂号的方式表明会社的性质，与丰城相邻之靖安县民间习惯，"凡数人共有之堂产，如有出卖或典当情事，其所订契约，仅署某某堂名，其共有人并不分别署名签押，买、典各主以旧例相沿，亦不苛求"。①

宗族内部以"房""祀""会""堂"为名的会社组织的出现，既是宗族内部层次的表现，也是宗族内部不同房派地位升降的结果。透过宗族内部形形色色会社组织，有助于更深入的理解宗族的复杂、多样和宗族关系更为鲜活的另一面。

第二节 上饶葛仙庙与民间信仰组织

江西是中国道教的发迹和兴盛之地。江西上饶是独树一帜的"中国道教之乡"。道教在上饶的起源、发展和繁荣已有1700多年的历史。葛仙山、三清山、灵山，都是道教名山。其中以葛仙山为最，有"中国灵宝第一山"的美誉。本地著名的道观寺院，有三清山的三清宫、铅山的葛仙祠、上饶的石人殿、德兴的妙元观、鄱阳的仙坛观等，都是千年古寺，文化积蕴丰厚。

一 葛仙与上饶地区的葛仙信仰

（一）葛仙及其在上饶地区的活动

在江西早期道教历史上，汉末三国时期的名道葛玄在以阁皂山为中心的江西地区积极活动，影响极其广泛而深刻，成为江西道教文化的重要内容之一。

---

① 前南京国民政府司法行政部编：《民事习惯调查报告录》，第589—590页。

第六章　会社与信仰：民间信仰背景下的田宅交易

葛玄（164—244）为三国吴人，字孝先，人称太极葛仙翁，葛洪从祖。本琅琊人，后迁丹阳句容。性喜老、庄之说，不愿仕进。后入天台赤城山修炼，后周旋于括苍、南岳、罗浮、金精、玉笥、武功、天台等名山胜景之间。建安七年（202），葛玄来到阁皂山，见其"形阁色皂，土良水清"，乃感叹"此真仙之住宅，吾金丹之地得之矣"①，乃于东峰之下结庐。吴嘉禾二年（233），葛玄径往阁皂东峰建庵，筑坛立炉，修炼九转金丹，创道教灵宝派。葛仙山原名云岗山，位于上饶市铅山县境东南部，是武夷山支脉，乃葛玄的坐化之地，"乡人为感其恩德而建庙供奉，云岗山从此改为葛仙山，至今葛仙足迹和试剑石等遗迹犹存"②。

葛洪（283—363）号稚川，其有乃祖遗风，家贫而好学论道，受葛玄弟子郑思远之传，"悉得其谛"，遍访名山，追寻乃祖遗迹，在江西阁皂、玉笥、武功、三清等几座道教名山上度过10个年头，成为灵宝派的重要传人。葛洪所著《抱朴子》的出现，为后来的神仙道教奠定了基础。中国道教史上，将两葛并称为"葛家道"。阁皂山亦因两葛而成为道教徒心目中的"圣地"。

由于葛玄和葛洪在赣东地区活动甚广，故赣东很多县区都有他们活动的痕迹：

（1）铅山县：葛仙山——铅山县西70里，有上马、下马、试剑、息心等石丹井，仙坛为葛元福地。③

（2）上饶县：灵山——府城西北70里，信之镇山也……道书第三十三福地，在西峰绝顶，相传葛仙翁修炼处，坛址犹存。④

（3）弋阳县：捣药山——县东15里有葛仙观，相传葛仙翁捣

---

① 赵道一修撰：《历世真仙体道通鉴》卷23《葛仙公》，《道藏·洞真部·记传类》。
② 《江西省宗教志》编辑委员会编著：《江西省志》95《江西省宗教志》，方志出版社2003年版，第208页。
③ 乾隆《广信府志》卷2《地理·山水》，成文出版社有限公司1989年版，第153页。
④ 乾隆《广信府志》卷2《地理·山水》，成文出版社有限公司1989年版，第144—145页。

药处。①

（4）横峰县（原名兴安县）：赭亭山——在十二都，县南30里，相传葛仙翁于此修炼，从石壁飞步而上，石上有仙履迹。②

（5）玉山县：石佛山——俗称葛仙翁高耸与茅坞尖埒。③ 又，坊头峡北岸高峰连起，古天呼墩在焉。前通志所谓葛洪修炼处也。④

（6）德兴县：葛峰山——在县三都，界连乐平，俗传葛仙炼丹其上。⑤ 又，妙元古迹，在文明外，葛稚川炼丹于此。⑥

（7）乐平县：葛山——在县东70里，相传葛仙翁学道于此。⑦

上述这些葛玄和葛洪的修炼印迹，也许就是赣东民众信仰葛仙公的根由。⑧

（二）上饶及周边地区的葛仙信仰

葛仙翁的足迹遍布赣东，葛仙山、三清山、灵山、鹅湖山、龟峰、怀玉山等许多名山都留有他的"圣迹"。故赣东各县祀奉葛玄的殿观也多，其中尤以铅山县西南葛仙山"葛仙祠"香火最盛，这也是灵宝教派在赣东祀奉葛玄的一个中心。

铅山县葛仙庙，在北宋时发展为葛仙祠，由葛仙殿、老君殿、送子观音殿、三官殿、灵官殿、地母殿、玉皇楼等建筑组成，依山而建，层层递进，规模宏大，气势非凡。至明清时期，葛仙庙周围形成规模庞大的葛仙山庙会，每年的六月至十月的庙会期间，"八月二十日，为葛仙翁诞期（当地所传葛仙翁之飞升期），每年六月初一起，至十月初一止，不特本邑往仙山拜祷者，具有香亭仪仗、箫鼓管弦，络绎道途，肃

---

① 同治《弋阳县志》卷1《地理·山川》，成文出版社有限公司1989年版，第1页。
② 同治《兴安县志》卷3《山川》，成文出版社有限公司1967年版，第17页。
③ 同治《玉山县志》卷1上《地理·山川》，成文出版社有限公司1989年版，第208页。
④ 同治《玉山县志》卷1上《地理·山川》，第230页。
⑤ 同治《德兴县志》卷1《地理·山川》，第2页。
⑥ 同治《德兴县志》卷2《建置·祠庙》，第2页。
⑦ 同治《乐平县志》卷1《地理·山川》，第20页。
⑧ 毛礼镁：《江西傩及目连戏——宗教民俗文化研究》，中国戏剧出版社2004年版，第273页。

第六章　会社与信仰：民间信仰背景下的田宅交易

人观听。即来自数百里外，洁诚进香，亦皆如是"①。据民国十九年（1930）《江西省宗教调查表》还记载：铅山时有大小道教宫观二十座，由于战火不断，道观逐渐圮废无存。唯有"葛仙祠"名声远播，信徒崇奉不忘，递圮递修，越来越旺。②

除铅山县葛仙山的葛仙庙作为葛仙坐化之处独受尊崇以外，在江西的多个县区以及葛玄曾经活动过的福建、安徽等地，也都有葛仙庙和葛仙信仰，兹列举如下：

（1）铅山县城葛仙庙，"在北关外蒋家园。乾隆六十年乙卯士庶倡建，今圮，附祀，天王寺内。一在西关东岳庙内，一在阳村枫树岭沙田，一在湖坊，一在紫溪"③。

（2）铅山县崇义乡葛仙庙，去县东南二十里。同治九年，吴崧生等募赀重建（斩马桥），距桥半里，许建葛仙庙，募田租三十四担以资香火。④

（3）贵溪县（今贵溪市）有葛仙庙，如其贵溪县书院有"考棚前基地一片，南至葛仙庙封砖墙脚为界"⑤。

（4）德兴县（今上饶德兴市），"葛仙庙在三十八都，前宅李姓建"⑥。

（5）弋阳县葛仙观，"在捣药山葛仙炼丹处。唐天宝中勅建坛。左有桥。公篆迹、炼丹灶及仙桥诸胜。葛陂，在今新蔡西北，非弋地也"⑦。

（6）玉山县葛仙亭，"在鱼路山脚，乾隆甲辰陈添荣建，道光丁酉

---

① 同治《铅山县志》卷5《地理·风俗》，《中国地方志集成》本，江苏古籍出版社1996年版，第364页。
② 转引自毛礼镁《江西傩及目连戏——宗教民俗文化研究》，第275页。
③ 同治《铅山县志》卷6《建置·坛庙》。同治《广信府志》卷2之1《建置·坛庙·祠宇附》记载与此相同。
④ 同治《铅山县志》卷4《地理志·水利·津梁》。
⑤ 同治《贵溪县志》，卷4之3《学校志·书院店屋》，清同治十年刻本。
⑥ 民国《德兴县志》卷2《建置志·祠庙》，民国八年刻本。
⑦ 同治《广信府志》卷2之2《寺观》。

陈漳南重建"①。

（7）崇仁县芙蓉山，"在崇仁县南百里，秀丽如菡萏出水状。山顶有葛仙翁祠"②。

（8）分宜县，"盘莲坑为玉岭南出一支，在邑南四十五里九都新兴里双源，左边水发源于此，横过平衍，叠起定心台，其上有葛仙翁祠"③。

在与江西临近的地区，也有葛仙信仰，各地信徒建立葛仙庙供奉，如安徽泾县，"葛仙庙，在县东北陶窑，相传葛洪炼丹于此而陶器作，因立庙"④。在福建地区光泽县葛仙庙，"前志列二十四都，咸丰年间毁于寇，光绪六年重建。⑤ 在福建崇安县黄村里，亦有葛仙庙。⑥

各地的葛仙信仰中，因上饶铅山县葛仙山和三清山、龙虎山均为道教名山的缘故，各地葛仙信仰又尤以赣东上饶地区最为兴盛，在上饶地区甚至有"村村都有葛仙庙"的说法。在各地的葛仙信仰中，历来不乏为葛仙捐赠香火，祈求葛仙保佑的事例。

"铅山叶正萼，兄弟三，务农为业。萼不娶妻，事父母无倦容。母病，闻葛仙山有舍身坛可保母，遂斋戒潜往，投崖而死。"⑦

"铅山徐加明，兄弟二，事母至孝。母患乳痈，三年不愈。加明焚香祷告于真人，愿舍身保母，乃斋戒四十九日，临行嘱弟努力耕种，善事老母，未言其何往也。不数日，有自葛仙庙来者述其事，母与弟不胜悲痛，至舍身处异尸归，母病遂痊。"⑧

---

① 同治《玉山县志》卷3之下《驿路亭附》。
② 嘉靖《江西通志》卷18《抚州府·山川》。
③ 同治《分宜县志》卷1《地理志·山川》，清同治十年刻本。
④ 嘉庆《宁国府志》卷14中《营建志·坛庙·南陵县》，宣城市地方志办公室点校，黄山书社2007年版，第1106页。
⑤ 光绪《光泽县志》卷12《建置略》。
⑥ 民国《崇安县新志》卷20《宗教》，民国三十年铅印本。
⑦ 同治《广信府志》卷9之5上《孝友》。
⑧ 同治《广信府志》卷9之5上《孝友》。

第六章 会社与信仰：民间信仰背景下的田宅交易

"上饶郑鹤山，性孝，家贫。母病，祷于天，愿捐躯以绵母。算葛仙山庙神最显，持斋三载，择吉赍香缣叩之庙，有舍身台，高百余仞，闻陛陛其巅跃而下，所求皆应。郑迫于救母，纵身焉。家人至堕处，见面貌如生，缒之出，归殡于家，是亦孝中之至奇者。"①

上述因信奉葛仙，而至葛仙庙舍身坛舍身救母的故事，可以说是葛仙信仰至无复以加的地步，一般人很难做到如此境界。但是，对普通人而言，参加葛仙庙的庙会，进奉香火却是每年的"功课"。清道光年间（1821—1850），铅山邑侯吴林光诗曰：

葛仙山头钟鼓起，葛仙山下人如蚁。仙乎有无不可知，骏女痴儿竟趋靡。六月一日山门开，村村鼓角进香来。填街塞巷纷杂沓，人声炮声喧如雷。共道求仙仙降福，布施百钱供一宿。千万人来千万钱，徒使奸僧饱鱼肉……②

知县吴林光的诗，虽是有感民众上葛仙山祈祷，香火款钜使主持受益、土豪恶霸乘机巧取豪夺，因分赃不匀，而酿成械斗残杀之事而作的劝谕。但诗中却从侧面反映民众上山拜祷葛仙的狂热程度。而其他为葛仙庙捐献各种物资、从事慈善的人也不在少数，如"葛仙山惜字炉，潘庆元建，独任雇工，随时拾化"③。铅山县人陈光炳，乐善好施，"葛仙岭素称崎岖，修葺其路，行之五十余年不稍懈"④。因此在上饶地区普遍信仰葛仙的环境下，普通山村也存在葛仙庙就不足为奇了。即便在当代，"赣东信徒还自行集资，分别在各乡村修建奉祀葛仙公的道观，

---

① 同治《广信府志》卷9之5上《孝友》。
② 同治《铅山县志》卷5《地理·风俗》。
③ 同治《铅山县志》卷7《寺观·惜字炉》。
④ 同治《铅山县志》卷18《人物·善士》。

并成立管委会管理。由此可见,赣东民众对灵宝派宗师葛玄信仰之深"①。

二 葛仙庙的土地交易与社会互动

在江西省博物馆藏契约文书中,有8件契约与上饶县五十都双溪土名赤石坂葛仙庙(以下简称赤石坂葛仙庙)有关,其中5件是葛仙庙以各种名义(葛仙庙乐善祀、葛仙乐善祀、葛仙真君、葛仙会老蓬)买入民田、店房和交纳学谷,另有三张契约,其交易的店房都在赤石坂葛仙庙的附近,可以反映出当地葛仙信仰与社会之间的互动关系。

(一)赤石坂葛仙庙的产业

在赤石坂葛仙庙契约中,葛仙庙以葛仙乐善祀、葛仙真君、葛仙会等名义从事土地、店房交易,其中买入田产2件、买入店房2件、交纳赋税1件。现将该批契约列表如下:

表6-1　　　　　　上饶县赤石坂葛仙庙契约一览表

序号	契名	时间	买主	交易内容	价格	资金来源
1	余作桢绝卖田三联契	清光绪二十三年三月	葛仙庙乐善祀	绝卖契:祖置民田五墪,共计租五硕五斗正,共计税三亩四分四厘八毛,(一墪水毁)/退字:民田二处,四墪	绝卖契:时值价洋银三十两正;退字:退价洋银十六两七钱五分正	一套3张,1绝卖契1退字1收字。开列五段号亩,计开号亩:一亩九分零九毛;三厘二毛;一分七厘五毛;九厘四毛;一亩二分七厘八毛;计开粮坐四十五都图四甲余栢桢户
2	周水廉周步标卖田契	清光绪二十三年十二月	葛仙乐善祀	祖置该分关内民田二坵,共计税二亩有零,计租四硕五斗正	时值价洋银四十五两正	计开号亩:田一亩二分七厘六毛;田一亩一分一厘六毛;计开粮坐五十都图一甲周廷松户

---

① 毛礼镁著:《江西傩及目连戏——宗教民俗文化研究》,第279页。

第六章 会社与信仰：民间信仰背景下的田宅交易 ◆◆

续表

序号	契名	时间	买主	交易内容	价格	资金来源
3	黄鸿联绝卖店房基地契	清光绪二十八年十二月	葛仙真君	今有店房基地一直三间，坐落赤石坂葛仙庙前	时值价洋银二十二两五钱	共计35人（户），共捐助龙洋33.5元、又七□钱一千二百八十文
4	黄鸿联之妻刘氏绝卖店屋契	民国元年十二月	葛仙庙乐善祀	夫置店屋二植，坐落赤石坂葛仙庙门口下头	时值价龙洋七十二员整	开粮坐五十都图甲黄鸿联户；计开：土名赤石坂，计地川四分五厘；共计19人（户），共捐助龙洋20元、小洋1元
5	上饶县葛仙会老蓬交学谷收据	民国三十七年十二月十一日	葛仙会老蓬	上饶县国民教育□□□今收到上饶县甘溪乡镇八保葛仙会老蓬公产	由杨维沅交来三十七年学谷三硕斗升	兼主任经收人（钤印）。中华民国三十七年十二月十一日。框外墨书：刘祥和即玉□佃

在赤石坂葛仙庙的交易中，其交易方式与普通的田宅交易一样，都是以买卖为主。同时，在1—4号契约中，第1件《上饶余作桢绝卖田三联契》采用的是江西地区常用的退字形式。该三联契一套3张，包括1绝卖契1退字1收字。在交易的过程中，首先立一张绝卖契，绝卖契按照正常的店房交易契的内容和格式书写，但是交易价格往往比正常交易价格要低。其次在绝卖契的基础上，再立一张"退字"，业主用"退"的方式将其产业交由钱主管理，避免在契约中出现"卖""典"之类的字句，因为按照清代的法律规定，店房交易，无论是"卖"还是"典"，均需缴纳一定的契税，① 故民间交易往往采用"退字"代替

---

① 清代规定，田房契税为价银每两纳税3分，典契10年之内免税。雍正年间，加征科场费1分。光绪二十五年，江西契税1两，除正税1分外，加平余2分，火耗1分5厘。正税上缴，火耗留县。光绪三十二年，度支部规定：契税征收买价的9%，典契6%，其中留县买契1分7厘5，典契6厘。

卖契以达到避税的目的。最后，由卖主书立一张"收字"（或称"足收字""收田价字"），表明已经接受钱主的田房价格，完成双方所做交易。故在《上饶余作桢绝卖田三联契》中，余作桢所卖田四分四厘八毛的价格应该是洋银四十六两七钱五分。此外，在赤石坂葛仙庙契约中，第2、3、4号这三张契约都是用纸张都是官方统一印刷的契纸，但是均未投税，即都是白契，这种购买契纸而不投税的交易，与采用"退字"进行交易的目的是一样的。

在赤石坂葛仙庙的店房交易中，两次交易的房产均从黄鸿联夫妻手中获得，且这两份产业的坐落，均是赤石坂葛仙庙附近，一在赤石坂葛仙庙前，一在赤石坂葛仙庙门口下头。葛仙庙并未像其他的钱主一样，在其他地方广泛扩张，而是将葛仙庙附近的产业收购，因为在这两处房产的四至中，均与葛仙庙为邻，如《上饶黄鸿联之妻刘氏绝卖店屋契》中，其房产四至为："内至葛仙庙墙，外至街心，左至庙坪，右至傅姓店为界"，葛仙庙购买此店房的其原因可能是为了扩大本庙的房产，为葛仙庙日后的发展赢得空间。

在民国三十七年（1948）的《上饶县葛仙会老蓬交学谷收据》中，赤石坂葛仙庙以葛仙会老蓬公产的名义占有产业，但是其在实际的产业管理中，与一般的地主一样，实行租佃制，且有专人管理，故其收据中写明"由杨维沅交来"，表明杨维沅应该是该项田产的实际负责人，而收据外边用墨书批注的"刘祥和即玉□佃"，则表明刘祥和的佃户身份。

通过以上分析可以看出，赤石坂葛仙庙的具体名称在不同的时代有一些细微的区别，但是其产业受让、管理的方式又与一般的土地所有者并无明显区别。

（二）葛仙庙的置产资金及与社会的互动

宗教信仰是植根于民间的一种文化创造，是普通百姓日常生活和精神世界的重要内容和表达形式。赣东地区的葛仙信仰历史悠久，经过千百年的传播，有浓厚的文化氛围，是赣东社会生活的一部分，"赣东民间甚信仰葛玄，民众称其为葛仙公，道士也自称属灵宝教派。各县乡镇

第六章　会社与信仰：民间信仰背景下的田宅交易

祀奉葛玄的殿观甚多，香火不断。过去上饶、横峰、铅山、弋阳等县城乡，请灵宝教道士打太平醮、做斋的亦属常见"。① 正是通过这种属于"常见"的活动，才建立起各地葛仙庙与地方信众之间的互动关系。

在赤石坂葛仙庙的两次房店房交易中，都有民间人士（包括商号和个人）捐助资金的记录。清光绪二十八年十二月，葛仙庙购买黄鸿联店房基地，花费店房契价洋银二十二两五钱，其中收到共计35人（户）捐助的龙洋33.5元（另有七□钱一千二百八十文），已经超过购买店房所需资金。（见表5－3）。

表6－2　清光绪二十八年十二月《上饶黄鸿联绝卖店房基地契》捐助表

姓名	捐助金额	姓名	捐助金额
朱祥隆号	喜捐龙洋一员正	黄万和	助龙洋一元
周学濂	喜捐龙洋一员正	周玉祺	助龙洋一元
吴怡和号	喜捐龙洋一员正	方进记	喜捐龙洋一元正
荣泰铨号	□助龙洋一员	方同庆	喜捐龙洋一元正
吴三泰号	喜捐龙洋一员	周育芹	喜捐龙洋一员正
邓乾元	喜捐龙洋一员	周育生	喜捐龙洋一员正
杨椿和号	喜捐龙洋一元	方兆英	喜捐龙洋五角
姚裕丰号	喜捐龙洋一员正	周茹元	喜捐龙洋二员，又添捐七□钱一千二百八十文
姚天益堂	喜捐龙洋一员正	周三兴	喜捐龙洋五角正
林国顺	喜捐龙洋一员正	周学蠢	乐助龙洋一元
同有诚号	津助龙洋一员正	方懋德	乐助龙洋一元
曾丰仁	□助洋五角	张金松	喜捐龙洋一元
叶信义	喜助洋一员收	方庸美	喜捐龙洋一元
河同昌	□助洋五角	方永成	喜捐龙洋一元
李立生	喜助龙洋一员收	方庸宗	喜捐龙洋一元
恒兴泰	喜助龙洋五角又助龙洋五角	吴添泰	喜捐龙洋一元

---

① 毛礼镁：《江西傩及目连戏——宗教民俗文化研究》，第272页。

续表

姓名	捐助金额	姓名	捐助金额
王庆兴	喜助龙洋五角	方庸亨	喜捐龙洋五角
徐广荣	喜助龙洋一元正	以上共计35人（户）共计捐助龙洋33.5元、七□钱一千二百八十文。	

上表中有 11 家商号（号、记、堂）捐助，每家捐龙洋 1 元，捐款人（户）数占 35 家的 31.4%，捐款总额 11 元，占全部捐款额的 32.8%。其中恒兴泰号分两次捐助，每次捐龙洋五角。其中原因，可能是为了与其他商号保持一致。这也从一个侧面反映出当地商号的协调一致性。而个人捐款中，最多的是周茹元，其"喜捐龙洋二员，又添捐七□钱一千二百八十文"，也是捐款数唯一超过龙洋 1 元的，而低于龙洋 1 元的也只有两人，即周三兴和方庸亨，分别"喜捐龙洋五角"。由此可见，在光绪二十八年的这次购买店房活动中，各位信众的步调较为一致，可能与其背后有某种组织的协调有关。

在民国元年十二月的赤石坂葛仙庙购买黄鸿联之妻刘氏店房的活动中，共花费龙洋七十二员整，收到各位信众捐款 19 笔，共计捐助龙洋 20 元、小洋 1 元，仅得购买店房所需资金的 29.2%。（见表 5-4）

表 6-3　民国元年十二月《上饶黄鸿联之妻刘氏绝卖店屋契》捐助表

姓名	捐助金额	姓名	捐助金额
吴德记	捐龙洋一元	洪吉祥	捐小洋五角
黄天兴	捐龙洋一元	同有诚	捐龙洋一元
王贵显	捐龙洋一元五角	同益庆	捐龙洋一元
黄有记	捐龙洋一元五角	万丰仁	捐龙洋一元
叶发兴	捐龙洋四角	郑锦云	捐龙洋一元
温大生	捐龙洋三角	大有隆	捐龙洋一元
方坚旺	捐龙洋三角	乾元福	捐龙洋一元

第六章 会社与信仰：民间信仰背景下的田宅交易

续表

姓名	捐助金额	姓名	捐助金额
刘玉荣	捐龙洋一元	叶镒发	捐龙洋一元
姚豫立堂	捐龙洋一元	陈松富	捐龙洋五元
公和诚	捐小洋五角	以上共计19人（户）共计捐助龙洋20元、小洋1元	

上表反映出赤石坂葛仙庙购买黄鸿联之妻刘氏店房的资金，由7家商号捐助龙洋6.5元，小洋0.5元，占全部捐款人数的36.5%、全部金额的33.3%。① 其中黄有记捐助龙洋1.5元，金额最多，公和诚商号捐助小洋0.5元，金额最少，其余5家商号捐助金额均为龙洋1元，各商号的捐助显示出一定的差距。而在个人的捐助中，最多的是陈松富捐助龙洋5元，另有王贵显捐助龙洋1.5元，最少的是温大生和方坚旺，分别捐助龙洋3角，另有叶发兴捐助龙洋4角。从捐助金额来看，最多的和最少的相差在16.3倍，而且捐助金额在龙洋5角以下的有5位，也接近全部捐助人数的26.3%。从这些数据的分析可以看出，在民国元年的葛仙庙捐助活动中，首先是捐助人数大幅减少，不到光绪二十八年捐助人数的三分之一；其次，从捐助的金额上看，共募得龙洋21元，仅占购买店房所需之29.2%，与光绪二十八年的筹款比例相比，亦有大幅下降。第三，从捐资的金额分布看，最高的捐助额和最低的捐助额相差达到了16.3倍，也说明了当地信众的收入水平和经济能力差别在急速扩大。

在光绪二十八年（1902）的购买店房活动中，契约的代笔人为周子清，凭中为黄□发、周云峰、杨福申、李元标4人。在民国元年的购买店房活动中，代笔人为方佩臣，凭中人为方步朝、童顺和、姚祖训、王贵显、吴先成、张金良、徐文发、黄金发等8人。在第一次交易的凭中人中，其姓名并未出现在捐款名单中（不排除某些凭中人以商号的

---

① 为了避免龙洋与小洋之间的换算问题，便于统计，此处将小洋1元等同龙洋1元。

名义捐助），而第二次交易的凭中人中，王贵显曾捐龙洋一元五角，在所有捐助者中名列第二（并列），王贵显以这样一种直接的方式参与到葛仙庙的店房交易当中，也可以显示出葛仙庙在其运营与管理、产业的取得与监督方面，更多的引入了捐助人的参与。

　　葛仙庙作为当地信众共同活动的场所，其购买田房等重大活动需要信众的参与。同时，葛仙庙作为当地社会生活的一个中心，人流涌动，也为当地民众带来了商机。从葛仙庙购买的房产看，均为临街店房，而且在江西省博物馆藏与葛仙庙相关的三份契约中①，也都是葛仙庙附近的店房交易。此外，清光绪二十一年（1895）十二月《上饶周朱氏仝侄周学瀛绝卖店房契》（买主黄鸿联），此店屋二植，时值价洋银三十七两正，川地二分五厘；而在民国元年，由黄鸿联之妻刘氏出卖时，时值价龙洋七十二元整，计地川四分五厘，可见在这17年中，该店房房屋面积虽然仍为二植，但附属用地却扩大了二分。加之在葛仙庙购买两份店房的捐款名单中，分别有11家和7家商号捐助资金，以据此推断：在上饶县赤石坂葛仙庙周围，已经形成了一条商业街,② 而且在清末至民国初期的数十年中，当地的商品经济还有一定的发展，店宅交易较为频繁，商人的兴衰起落较为明显。葛仙庙作为宗教机构，由于其信众较多、人员来往频繁，带动一方商业街市的形成与发展，也可以算是对当地商民参与、捐助葛仙庙建设的回应。

　　葛仙庙作为道教的宗教场所，其更重要的功能是精神意义上的。宗教信仰作为人们精神生活的一部分，并未脱离世俗生活，二者相互交织，相互影响。世俗的生活以宗教信仰为前提，宗教信仰以世俗生活为实践的基础。道教的许多科仪都与人们的生活相关，而"打醮"即是

---

① 这三份契约分别是：清光绪二十一年十二月《周朱氏仝侄周学瀛绝卖店房契》（买主黄鸿联）、清光绪二十八年二月《廖锦春廖锦福卖店屋契》（买主黄金和号）、清光绪二十八年十二月《黄金和卖民房店屋契》（买主杨旺顺）。其中清光绪二十一年十二月《周朱氏仝侄周学瀛绝卖店房契》（买主黄鸿联）的标的即民国元年黄鸿联之妻刘氏所卖之产业。

② 在这些店房契约的四至中，有"外至街心，左至庙坪，右至傅姓店为界"的说明，表明当地的商业街市已经形成，而不是传统意义上在短时间内迅速集散的庙会经济。

第六章　会社与信仰：民间信仰背景下的田宅交易

适应人们精神需求的一种道教活动，在抚州宜黄县，"上元前后，各于保甲内土神庙作年规会，建醮祈年禳灾。壮士擎纸船、锣鼓，引道士沿户入门洒净，祓除不详"。① 而民间为祈保平安，也需要引入道教神仙帮助自己，在铅山县，凡"疾病沾染，无论贫富，多惑于巫医。药稍有未效，立即延巫祈祷，鼓角喧阗"。② 每遇灾害，即请灵宝派道士做祭仪祈禳。甚至如县令等地方官员，也参与其中，如道光二十八年（1848）八月，"地粟虫伤，农民惊惶"，故县令亲自出面，"迎接本处诸神，虔设斋醮，旋见乌鹊千万集食其虫，不数日而尽"。③ 都是遇灾作祭仪之例。作为精神生活的道教就如此神奇的成为人们生活中的一部分，因此，当葛仙庙增购店房时，人们乐于捐输也就不难理解了。

第三节　天主教堂房产契约研究

天主教在江西地区的活动由来已久。明朝万历年间，传教士利玛窦就曾在江西传教。④ 清朝前期对外国宗教实施压制政策。雍正元年（1723），下令禁止外国传教士传教，并将他们驱逐出境。乾隆年间，天主教传教士在江西的活动更加频繁。乾隆十二年（1747）三月，江西高安、万安等县已经有人"无知奉教"，传布"经卷图像"，出现了一些天主教的信奉者。⑤ 此后，江西境内信奉天主教的人数更多，乾隆三十二年（1767），江西庐陵县民吴均尚前往广东邀请夷人安当、呢都前往江西行教；⑥ 乾隆五十一年，西洋神甫艾球三在临川县置买田房。⑦

---

① 道光《宜黄县志》卷11《风俗》，成文出版社有限公司1970年版，第121页。
② 同治《铅山县志》卷5《地理·风俗》。
③ 同治《兴安县志》卷16《杂志类·祥异》第221页。
④ 吴孟雪、丽雅：《利玛窦及其会友在江西》，载任继愈主编：《国际汉学（5）》，大象出版社2000年版，第233—256页。
⑤ 《高宗纯皇帝实录》卷287，乾隆十二年丁卯三月己未，《清实录》第12册，第748页。
⑥ 《清高宗纯皇帝实录》卷800，乾隆三十二年丁亥，《清实录》第18册，第790—795页。
⑦ 《清高宗纯皇帝实录》卷1254，乾隆五十一年丙午五月癸卯朔，《清实录》第24册，第845页。

此时，清廷对外国传教士的态度是坚决杜绝、严厉打击。至咸丰八年弛禁之后，天主教在中国的势力扩展迅速，据宣统时人估计，"约略言之，中国全境信旧教者当不下百一十万人"。① 天主教徒在中国数量的急剧扩大，加上列强的支持，江西地区的天主教活动也更加频繁，至道光年间，新喻（今新余市）、南康、临川等县都纷纷建立天主教堂。② 清末至民国，"天主、耶苏两教"，"传布于各地方，无县无之……迄至民国肇兴，中外大同，信教自由之口号昭，然揭示诸约法，乡镇市村分设教堂者日众"。③ 天主教在江西的广泛传布过程中，产生了一批契约文书，见证了清末、民国时期天主教在江西南昌传播的历史。

一 清末传教士在南昌的活动

鸦片战争以后，外国传教士利用他们获得的侵略特权，更加扩大了传教活动和规模。尤其是咸丰十一年（1861）九江开埠之后，以英国租界为大本营，深入到江西各县传教。另一方面，随着外国宗教势力的文化侵略扩展至内地，各地不断掀起反洋教的事件，即中国近代教案。江西南昌地区的宗教矛盾较为突出，"自同治元年（1862）南昌发生反洋教斗争后，在19世纪末至20世纪初江西各地发生仇教、反洋教斗争数百起之多，成为当时中国反洋教斗争最激烈的省份之一。其中影响较大的有新昌棠浦（今属宜丰）教案，第一、二次南昌教案等"④。

尽管各地不断掀起反洋教斗争，但是同光年间，天主教在江西的弘传仍在继续。到光绪十一年（1885），江西天主教分设赣北（九江）、赣南（吉安）、赣东（余江）等教区，活动遍及全省，在此期间，外国

---

① 《宣统政纪》卷24，《清实录》第60册，第451—452页。
② 许怀林主编：《江西文化》，安徽教育出版社2004年版，第399页。
③ 民国《分宜县志》卷12《党教志》。
④ 张国培、何明栋主编：《江西省志》95《江西省宗教志》，方志出版社2003年版，第7页。关于南昌教案，可以参阅马自毅《1906年"南昌教案"研究》，《中华文史论丛》2008年第2期；刘蕾：《"南昌教案"主要报刊资料汇编及研究》，硕士学位论文，江西师范大学，2009年；杨雄威：《杯酒之间：1906年南昌教案的叙事、考证与诠释》，博士学位论文，上海大学，2010年。

传教士四处活动,施洗教徒、修建教堂、开设诊所、兴办医院、设立学校等等。如南昌地区的天主教堂,以松柏巷天主堂为中心,位于今南昌市西湖区罗家塘82号(原松柏巷57号),全名为"圣母无原罪堂",原分2座天主堂,其中松柏巷57号天主堂是天主教男堂。松柏巷天主堂坐东朝西,占地总面积(含附属建筑)达10000平方米。在离圣母无原罪堂仅百余米的松柏路27号还有一座小型天主堂,外观为南昌传统民居式,松柏路27号天主堂(原为天主教堂女堂),入住者为修女,并附设孤儿院。民国时期,法国传教士还在松柏巷天主教堂附近创办教会医院——圣类思医院(今南昌市第三医院),抗战时期又在松柏巷圣母无原罪堂东侧建设难民学校(今南昌市松柏小学)。

二 南昌天主教堂房产契约的简要统计

江西省博物馆藏契约文书中,有72份天主教堂置立房地产契和地产执照照片,反映了光绪七年(1881)至民国十二年(1923)南昌城内进内、德外及谢埠街、茌港镇及安义县等处天主教堂购置房地产的情况,以及清末民初中国政府对天主教堂购置房地产的管理状况。兹将南昌天主教堂契约文书列表统计如下:

表6-4　　　　　　　　南昌天主教堂房产契约统计表

地点	总数量	时代		
		光绪年间	宣统年间	民国年间
南昌城进内	27	25		2
南昌城德外	10		3	7
南昌县茌港	6	3		3
南昌县谢埠街	28	20		8
安义县	1	1		
小计	72	49	3	20

注:进内:即南昌城进贤门内,含罗家塘、松柏巷、老贡院等处。

德外:即南昌城德胜门外,含华佗庙、塘子河、荷包巷、石灰窑等处。

从时间分布上看，最早的是光绪七年（1881）《南昌谢埠上街李一招杜卖土库房屋契三联契》，最晚的是民国十七年（1928）《南昌德外荷包巷蔡两初堂杜卖地基二联契》。清代光绪年间的有49件，宣统年间3件，二者合计占全部天主教堂契约文书的72.2%，民国时期的只有20件，占27.8%。同时，从单个案例来看，在南昌进内松柏巷天主教堂契约看，就有27件为清代契约，民国契约只有2件，不同时代的数量对比十分悬殊；同样的情况也表现在南昌县谢埠街天主教堂契约中。（见表4-4）总体上来看，光绪朝是各天主教堂购入房产最为频繁的时期，宣统时代较为短暂，天主教堂的购买产业活动不多，至民国初期，天主教堂的置业活动再度活跃，如南昌谢埠街天主教堂民国时期的8份购买房屋、地基契约都在民国十二年（1923）之前，其中民国八年就有6张。而南昌德胜门天主教堂的7张民国契约中，有4件交易为民国五年买入官有弋阳、龙泉、泰和、新淦、清江等县漕仓地基，是当时国民政府大规模的清理、出售前清官地，天主教堂趁机扩展的表现。

从空间的分布看，南昌天主教堂主要集中分布在南昌城内的进内①、德外②和南昌县谢埠街、茬港市等地，其中南昌城及周边有进贤门区域27件、德胜门区域10件，两者相加，南昌城区的天主教堂契约共计37件，约占全部天主教堂契约的51%。南昌县所属街镇中，谢埠街，"距城三十五里，濒河"③，交通方便，故法国天主教会在此建立教堂。而南昌县茬港市④，临近抚河，建有谢埠渡，"在长定乡四十三都，通抚州大路"⑤，其地"距城六十里，地临大河，上通抚建，下达省会，

---

① 进内，即南昌府城进贤门内之简称，指旧南昌城南进贤门内的附近地区，包括契约文书中的进内、罗家塘、松柏巷、老贡院等地。
② 德外，即南昌府城德胜门外之简称，指旧南昌城北德胜门外的附近地区，包括契约文书中的华佗庙、塘子河、荷包巷、石灰窑等处。
③ 同治《南昌府志》卷6《地理·市镇》。
④ 茬港，读"chí"，只用作地名，又写作"茌港"，当地人读作"qígāng"。今为南昌县武阳镇的一个自然村，位于抚河下游，顺流而下60余里，到达南昌与赣江交汇，流入鄱阳湖，最后注入长江。它和古代大多数城镇一样，靠着河流水运的便利，逐渐发育成南昌县境内一个商品集散地，故而称为茬"港"。
⑤ 同治《南昌府志》卷4《地理·津梁》。

第六章　会社与信仰：民间信仰背景下的田宅交易

地密人稠，一四七日（集），百货辐辏"①。茌港优越的地理位置不但吸引了众多商家来此开埠建市，甚至还吸引了远在欧洲的天主教徒来此传教，并建起了颇具规模的教堂。从这些教堂房地交易契约的空间分布可以看出，在光绪十六年（1890）之前，天主教堂的置业活动首先是在南昌县的茌港、谢埠街等地。此后，至光绪末年，天主教堂的势力深入南昌城内，光绪三十四年（1908），南昌松柏巷天主教堂开始在罗家塘府义仓前大量购买房产（当年购买房产18次），表明其规模迅速扩大。而南昌城北德外天主教堂的置业活动集中在民国五年，大量购入官有漕仓地基。南昌天主教堂房产契约的交易空间从南昌县下属街镇转入南昌城内，说明进入晚清民国之后，宗教势力的进一步强大，更多地干预到普通民众的生活当中。

从天主教堂房产契约的交易价格来看，其购入价格高低不等，分布区间多在200两（两/千文/元，下同）以下的最多，共有43笔，而30两以下的交易就有28笔，最低的是清光绪十六年又二月《南昌谢埠天主堂前黄永荣杜卖地基三联契》，其交易金额仅为价银二两正。同时，金额在1000两以上的交易中，一共有9笔，最大的是清光绪二十四年（1898）十二月《南昌老贡院赣县钟葆中堂子孙杜卖房屋及地基四联》，钟葆中堂子孙因钱粮紧逼，一次将门头十个，以价银一万八千五百两正卖给天主教堂为业。其次为清宣统元年《南昌德外天主堂北首李世稚等杜卖园地三联契》，李世稚等因生活艰难，将河伯巷园地以九三八平纹银五千两正卖给天主教堂。其他如民国五年四月，德外天主教堂买入官有弋阳、龙泉、泰和、新淦、清江等县漕仓地基，一共用银约6210两。民国九年（1920）五月，南昌松柏巷天主教堂一次购入松柏巷、老贡院官有房屋地基，耗去价银共四千元。在天主教堂的购买房产契约中，既有大量、小额的兼并民间房产，又有大规模的对世家大族、官有地基的鲸吞，从交易金额来看，价值在1000两以上的交易，所耗资金占全部交易金额的绝大多数，充分说明了天主教堂雄厚的经济实力。

---

① 同治《南昌府志》卷6《地理·市镇》。

三 南昌天主教堂房产契约的社会经济史分析

南昌天主教堂的置产活动，从光绪七年一直持续到民国十七年。此后，民国三十六年（1947），安义县政府还向安义县天主教堂颁发《土地所有权状》，对天主教堂的产业进行规范管理。兹将南昌天主教堂契约列简表如下：

表6-5　　　　　　　　　　南昌天主教堂契约文书简表

序号	契名	时代	坐落	交易摘要	交易价格
1	李一招杜卖土库房屋契三联契	清光绪七年三月	南昌谢埠上街	土库房屋	时值价九四典钱八十六千文正；民国十八年验契证书：票八十六吊文，扣洋四十三元
2	傅学友杜卖屋三联契	清光绪七年四月初二日	南昌谢埠上街	土库房屋西一边正房一间厅子一个	时值七四典钱九十一千文正；民国十八年验契证书：票钱九十一吊，扣洋四十一元
3	黄永谷万复水杜卖地基三联契	清光绪十年	南昌谢埠上街	钱粮紧急无从出办	九四典钱六千文正
4	钟成记杜卖园地三联契	清光绪十四年七月	南昌罗家塘府义仓前	家中济急；一片	九五票钱十二千一百八十文
5	黄永荣等杜卖地基三联契	清光绪十四年十一月	南昌谢埠	费用紧急，无处出办；祖上遗下，阔四丈七尺，十丈长西五丈五尺	时值土丰［土风］价纹银八两正；民国十八年十二月验契证书：折洋十二元
6	万凤海杜卖基地三联契	清光绪十四年十一月	南昌谢埠上街	为因年岁饥荒，父手遗下，长三丈，二丈三尺	九五典钱五千文；民国十八年十二月验契证书：票五吊文
7	黄永荣杜卖基地三联契	清光绪十四年十一月	南昌谢埠上街	为因钱粮紧急，祖上遗下，三丈长，五丈五尺阔	时值价九五钱五千文；
8	万木水杜卖阴地三联契	清光绪十六年三月	南昌茌港上街	钱粮紧急无处出办，祖上阴地一块	价钱十五两整，折二十二元五角
9	福字墩众等杜卖园地三联契	清光绪十六年三月	南昌罗家塘府义仓前	手中拮据无所济急；园地二块	九五钱二十二千二百六十文

第六章　会社与信仰：民间信仰背景下的田宅交易

续表

序号	契名	时代	坐落	交易摘要	交易价格
10	齐兴宗杜卖房屋及地三联契	清光绪十六年三月	南昌谢埠上街	无银完粮以及用度，房屋一座，地基一块	价银七十两正，折105元
11	江洪昌杜卖房屋契四联契	清光绪十六年三月	南昌谢埠上街	家下无银完粮以及用度，自置房屋一向三搨两间	价银十两正；民国十八年十二月验契证书：扣洋十五元
12	黄永荣杜卖地基三联契	清光绪十六年又二月	南昌谢埠天主堂前	家下无银度日，已置基地二块，门口天井一并在内	价银二两正
13	黄一宗等杜卖地基三联契	清光绪十六年六月	南昌谢埠上街口	祖遗，长四丈八尺，三丈二尺，为因族下无钱用费	价钱十二千文
14	李傅茂兄弟杜卖地基三联契	清光绪十六年八月	南昌谢埠上街	无银使用；地基一块	价银十二两正
15	李茂林杜卖地基三联契	清光绪十六年八月	南昌谢埠上街	地基一片	银八两，折十二元
16	齐洪宗杜卖地基三联契	清光绪十六年	南昌谢埠上街	无银完粮以及应用	七四洋边二十七元正
17	黄兴贵杜卖房屋及地基三联契	清光绪十六年十二月	南昌谢埠上街	己置房屋面三间又前檐相连空地一片	价银二十五两正；民国十八年验契证书：扣洋卅七元五角
18	黄姓四房杜卖基地文四联契	清光绪十六年	南昌谢埠上街口	祖先堂基地，钱粮紧急，无从措办	十二两正；民国十八年十二月验契证书：扣洋十八元
19	黄永顺杜卖地基四联契	清光绪十六年十二月	南昌谢埠上街	无银应用，祖父遗下，地基二块，深九尺阔二丈一尺	六千文正（原注：扣银六两）；民国十八年验契证书：票六千文
20	闵大生杜卖地基四联契	清光绪十六年	南昌谢埠上街	无银使用；地基一片	价银五两正
21	杨春和等杜卖房屋及地基四联契	清光绪十八年六月	南昌进内盐局前	无钱完粮用度；民房三间又基地一块	价银四共三百三十两
22	傅阿孙氏同孙傅金根杜卖店房及其基地四联契	清光绪二十年十一月	南昌谢埠上街	房屋一重，空地四进	一百三十四两；民国十八年验契证书：一百九十元

267

续表

序号	契名	时代	坐落	交易摘要	交易价格
23	赣县钟葆中堂子孙杜卖房屋及地基四联	清光绪二十四年十二月	南昌老贡院	钱粮紧逼；门头十个	价银一万八千五百两正；民国十八年：折洋二万七千七百五十元
24	刘国泉杜卖地基四联契	清光绪二十八年四月	南昌府城进内盐义仓前	手中空乏无钱使用；民房一间西屋厕屋各一间	九五票钱三十五千文（折三十五两），扣洋五十二元五角
25	万良兴等杜卖园地并地基三联契	清光绪二十九年十二月	南昌茌港大舟村	家用不敷，无处借代	价七四洋边二十元；
26	万恒裕堂杜卖房屋及地基四联契	清光绪三十年十二月	南昌茌港	用度欠缺无处出办；房屋一重，厅子三个	九三八纹银六十七两；折洋一百三十四元
27	陈善甫等杜卖店屋基地及菜园水塘围圈四联契	清光绪三十一年四月	安义向坊街	因公项紧急，急需钱归还，祖手遗下，店业二所及店后围墙菜园水塘	价省平足银一百四十两正，民国十八年验契证书：折洋二百一十元
28	熊炳燃杜卖房屋及地基四联契	清光绪三十二年七月	南昌松柏巷	手中拮据无从措办；土库民房两进半	价银三千二百两正；折洋四千八百元
29	湛诗生等杜卖房屋及地基四联契	清光绪三十二年七月	南昌松柏巷	双亲连年患病弃世，负债；两进半又三重	银一千五百五十两正
30	刘启禄杜卖园地三联契	清光绪三十四年七月	南昌罗家塘府义仓前	手中拮据无所济急；大小园地四块	九五票钱五十四千八百七十文
31	李显祥邓木贵杜卖房屋及地基三联契	清光绪三十四年七月	南昌老贡院	手中拮据无从措办；房屋一所大小十七间	九五票钱四百二十千文正；折钱二百一十元
32	钟成记杜卖园地三联契	清光绪三十四年七月	南昌罗家塘府义仓前	手中拮据无所济急；地五块又五块	九五票钱二百五十八千五百五十八文；折洋一百二十九元二角七分九厘
33	章杨氏杜卖房屋及地基三联契	清光绪三十四年七月	南昌罗家塘府义仓前	手中拮据无所济急；屋一所，屋外余地	九五票钱二百千零四百五十文；折钱一百零二元二角五钱
34	宋贵祥杜卖园地三联契	清光绪三十四年七月	南昌罗家塘府义仓前	手中拮据无所济急；三共九块	九五票钱一百七十九千九百四十文；折钱八十九元九角八分

第六章 会社与信仰：民间信仰背景下的田宅交易

续表

序号	契名	时代	坐落	交易摘要	交易价格
35	章元林杜卖园地三联契	清光绪三十四年七月	南昌罗家塘府义仓前	手中拮据无所济急；地一片共计两处	九五票钱一百二十七千五百六十文；折六十三元八角
36	李显祥杜卖园地三联契	清光绪三十四年七月	南昌罗家塘府义仓前	手中拮据无所济急；五块	九五票钱一百零九千八百九十九文，折五十四元九角
37	章元林杜卖园地三联契	清光绪三十四年七月	南昌罗家塘府义仓前	手中拮据无所济急；园地四块	票钱一百零三千八百五十文；折洋钱五十六元四角七分。
38	宋贵祥杜卖园地三联契	清光绪三十四年七月	南昌罗家塘府义仓前	手中拮据无所济急；地一片共计三处	九五票钱一百零二千三百六十文正；折洋五十一元一角八分
39	章凯胜杜卖园地三联契	清光绪三十四年七月	南昌罗家塘府义仓前	手中拮据无所济急；地一片共计三处	九五票钱八十三千八百二十文
40	章凯胜杜卖园地三联契	清光绪三十四年七月	南昌罗家塘府义仓前	手中拮据无所济急；园地二共大小四块半	九五票钱八十二千六百七十一文；折钱四十一元三角三分五厘
41	涂令炳杜卖园地三联契	清光绪三十四年七月	南昌罗家塘府义仓前	手中拮据无所济急；园地三块半	九五票钱八十一千三百文，折钱四十元六角五分
42	龚享明杜卖园地三联契	清光绪三十四年七月	南昌罗家塘府义仓前	手中拮据无所济急；屋基园地	九五票钱七十五千八百二十五文；折钱三十七元九角一分
43	宋贵祥杜卖园地三联契	清光绪三十四年七月	南昌罗家塘府义仓前	手中拮据无所济急；地二块	九五票钱五十一千三百文；折钱二十五元六角五分
44	章凯胜杜卖园地三联契	清光绪三十四年七月	南昌罗家塘府义仓前	手中拮据无所济急；园地两所	九五票钱五十六千四百七十文；折钱二十八元二角三分五厘
45	刘启禄杜卖园地三联契	清光绪三十四年七月	南昌罗家塘府义仓前	手中拮据无所济急；一片共计两处	九五票钱三十八千四百一十文；折钱十九元二角另五厘
46	涂令炳杜卖园地三联契	清光绪三十四年七月	南昌罗家塘府义仓前	手中拮据无所济急；园地半块	九五票钱二十三千七百六十文

续表

序号	契名	时代	坐落	交易摘要	交易价格
47	章凯胜杜卖园地三联契	清光绪三十四年七月	南昌罗家塘府义仓前	手中拮据无所济急；园地二块	九五票钱十六千二百文
48	傅学友杜卖店屋小房二联契	清光绪？年	南昌谢埠上街	无钱无银完粮以及用度；手置房屋一座小房四间	一百九十千文
49	胡退思堂杜卖土库房屋及地三联契	清光绪？年	南昌谢埠上街	土库房屋西边一半正房一间厅子半间	价银四十一两五钱
50	熊章福等杜卖地基三联契①	清宣统元年七月	南昌德外河伯巷口	需用，无处借办；一块	契价钱三百串文；一百五十元
51	李世稚等杜卖园地三联契	清宣统元年	南昌德外天主堂北首	生活艰难；河伯巷园地	九三八平纹银五千两正；折钱七千五百元正
52	张发祥兄弟杜卖地基三联契	清宣统二年七月	南昌德外华陀庙	正用不敷，无处措办，一片	九三八平银四百两正，折六百元
53	罗高兴杜卖地基三联契	民国元年十二月	南昌茌港	需钱正用无从措办；地基一片	契价银七十两正，口洋一百另五元。
54	黄自明等杜卖杜卖房屋地基三联契	民国二年六月	南昌茌港	要用不敷，无处借代；土库房屋一重地基一块	九五钱七十五串文正；折洋三十七元五角
55	南昌天主堂买德胜门外石灰窑地基财政部执照	民国五年四月七日	南昌德胜门外	官有弋阳、龙泉二县漕仓地基一块	登记承买官产簿第5册第48页，价银共389.8125元，照册费11.7944元
56	南昌天主堂买德胜门外荷包巷官地财政部执照	民国五年四月七日	南昌德胜门外荷包巷	官有泰和县漕仓地基一块	登记承买官产簿第6册第47页，价银共1164.435元，照册费35.031元
57	南昌天主堂买德胜门外石灰窑地基财政部执照	民国五年四月七日	南昌德胜门外石灰窑	官有新淦县漕仓地基一块	登记承买官产簿第5册第48页，价银共2509.21875元，照册费75.37656元

---

① 契上有民国长条形查验钤印："民国三年二月以前白契，呈验即为有效，概免补税，以七月末日为限"。另有椭圆形印"新建县验契所验讫"。

第六章 会社与信仰：民间信仰背景下的田宅交易

续表

序号	契名	时代	坐落	交易摘要	交易价格
58	南昌天主堂买德胜门外石灰窑地基财政部执照	民国五年四月七日	南昌德胜门外石灰窑	官有清江县漕仓地基一块	登记承买官产簿第5册第48页，价银共2147.1825元，照册费64.5344元
59	余庆堂袁罗氏袁范氏杜卖房屋及地基二联契	民国五年八月	南昌德外荷包巷	遵照先夫变产还债之遗嘱，平屋六重，又地一块	英洋六百一十元正
60	胡才生杜卖基地三联契	民国六年八月	南昌谢埠黄老头	实用不敷，无处措办。基地一块，阔四丈二尺，长四丈三尺	时值价洋纹十八正元正
61	胡适明杜卖地基三联契	民国八年二月	南昌谢埠上首黄姓村	钱粮紧急，无从措办；伯父遗下地基一块	英洋四元
62	齐光裕堂杜卖地基三联契	民国八年九月	南昌谢埠上街	为因成本处天主堂之美，祖父遗下；基地一块	时值价银七四龙洋一百二十元正
63	闵兆文杜卖地基三联契	民国八年九月	南昌谢埠上街	因用度不足，无处借代；祖父遗下地基一块，长四丈八尺，阔二丈五	七四龙洋六十元正
64	闵兆文杜卖地基三联契	民国八年九月	南昌谢埠上街	地基一块	龙洋五十元
65	黄姓合族杜卖基地三联契	民国八年九月	南昌谢埠上街	基地一块	七四龙洋十五元正
66	洪春堂陶兆福杜卖土库房屋及地基三联契	民国八年十月三十日	南昌德外塘子河	需银正用，三进，店面一所，以及地基后院	英洋一千四百五十元正
67	尚自新堂杜卖荒地二联契	民国九年五月初七日	南昌谢埠下街湾里黄村	荒地一块	价钱三千五百文
68	天主堂买松柏巷、老贡院官有房屋地基财政部执照	民国九年五月	南昌松柏巷老贡院	官有房屋两所及地基三进、两进	登记承买官产簿第1册第3页价银共四千元

续表

序号	契名	时代	坐落	交易摘要	交易价格
69	胡长崙杜卖店屋三联契	民国十二年十二月	南昌谢埠中街	店屋一进,有吊楼一座,又泊岸在内	英洋八十元正
70	钟海泉杜卖房屋及地基二联契	民国十三年十月	南昌茌港上街	家中食用欠缺无所出办,房屋一重	洋边二十四元正
71	刘天禄堂杜卖园地三联契	民国十四年十二月	南昌老贡院	园地一方	价洋二百零一元六角正
72	蔡两初堂杜卖地基二联契	民国十七年	南昌德外荷包巷	地基一块	银洋三百三十元正

结合上表,可对南昌天主教堂契约做以下分析:

1. 民众出让房产的原因

从上表可以看出,民众出让房产的原因,大致可以归为三大类:一是无银使用,日常需用缺乏,如在契约中常常出现"无银使用""生活艰难""用度欠缺无处出办",表明农民的经济收入中,货币收入所占的比例较低,经济困难。较为典型的是光绪十四年十一月至清光绪十六年闰二月南昌谢埠黄永荣的三份杜卖契约(表6-5,第5、7、12号),而且第三次的交易金额仅为价银二两正,这也是所有天主教堂契约中交易价格最低的一份。从黄永荣三年里连续三次杜卖地基的情况看,其经济状况并未明显改善,反而日趋没落。二是赋税太重,如在契约中不乏"钱粮紧逼""家下无银完粮以及用度"等原因,反映出清末苛捐杂税搜刮下贫苦农民的艰难生活。三是由于家庭发生重大变故,卖房产以拆东墙补西墙。如在上引清光绪三十二年七月《南昌谌诗生等杜卖房屋及地基四联契》即是因为"双亲连年患病弃世",导致负债难偿,将祖遗房产两进半又三重卖给天主教堂;而民国五年八月《南昌德外荷包巷余庆堂袁罗氏袁范氏杜卖房屋及地基二联契》,这是"遵照先夫变产还债之遗嘱",说明余庆堂袁氏此前经历了债务缠身、丈夫逝世等重大变故,只能出卖房产应急。从这些普通民众出卖房产的情况可以推断,

第六章 会社与信仰：民间信仰背景下的田宅交易

在清末民国年间，大多数普通民众只能在贫穷状态下维持基本的生活，他们货币收入少，承受的赋税重，缺少抵御风险的能力，家庭经济一旦出现重大变故，就会出现由中等收入的平民一夜之间变成穷人、家庭困难的贫民立即沦为赤贫的情况。

2. 天主教堂购买房产的用途

在这一批天主教堂房产契约文书中，有一个明显的特点就是天主教堂购入的房产、地基，大部分都是以"天主教堂公产"的名义买入（少数是以传教士个人名义），但是，天主教堂置买产业的行动很少扩及教堂以外的地方，一般都是集中在教堂周围，如契约文书中标明的四至中，一般都有一面与天主教堂相邻，其地产形式主要是店房、地基、房屋、园地、菜地等，如清光绪十六年闰二月《南昌黄永荣杜卖地基三联契》，其产业直接写明坐落"南昌谢埠天主堂前"，而谢埠街天主堂购买的其他产业也都是在谢埠上街，说明天主教堂在商贾如云的谢埠街并未趁机兼并其他商铺、抢占集市，其购买房产，更多是着眼于毗邻天主教堂，便于教堂扩大规模、加强管理。另外，南昌德外塘子河天主教堂于民国八年十月购买洪春堂陶兆福杜卖的土库房屋，就包括房屋三进、店面一所，以及地基后院，用去英洋一千四百五十元正。（表6-5，第66号）谢埠天主教堂置买的房产、地基主要集中在谢埠上街，但是，民国十二年十二月也将南昌谢埠中街胡长仑的店屋一进，包括吊楼一座，又泊岸在内一并买入，时值价银英洋八十元正（表6-5；第69号）说明天主教堂的置业活动，有可能是用于商业经营与投资，并非完全是用于扩大教堂的占地范围。

3. 天主教堂购买房产的交易方式

在天主教堂房产契约中，其交易方式仍然采用传统的中国契约文书，其形制、内容与民间交易契约别无二致。具体到在契约文书的书写细节和表述上，具有一些特殊之处。一是从买主姓名看，光绪初年几分天主教堂契约的买主，出现了真原堂铎德（表6-5，第1号）、天主堂戴俊道（表6-5，第3号）、天主教堂白日老（又称白老日多，契约原注：白老日多即白主教。）（表6-5，第12号）等个人名义购买房屋的情况。此后天主教堂购买房产的行为，多以"天主教堂公产"的名义出现，应该与清政府对其交易行为的规范有关。另一方面，在天主教堂房产契约中，多有对违约责任的条文，如"甘罚契价银一半"。中国传统契约中虽然也有类似的违约习惯，如赣南各县习惯，"约金通常称为罚金，其数额多预定于议字之中在事实上，买主一方先提供违约金，交由中人转给卖主，而买主一方收执议字为据，故议字上虽间有双方署名，而买主一方不以画押为必要"①。尽管这一违约处罚条文在传统社会并未起到实际的约束作用，如江西南丰、乐安、贵溪、安义、靖安等县习惯，"此所谓甘罚价银者，表面上似系一种违约金，可使契约确实稳固，其实有时可使该契约不能十分确定……今载明悔者甘罚价银之半，则彼甘罚者可任意反悔矣"②。但是对天主教堂的数百、上千两的交易而言，这种"甘罚契价银一半"的条文则具有很强的约束力，可以视为西方人的契约意识与中国传统意识的差别之一。

四 政府对天主教置业的应对

天主教堂的置买房产活动，既是天主教影响扩大和其发展的需要，也引起了一些社会问题，尤其是在中外民族矛盾和宗教矛盾日益尖锐的时候，如光绪二十七年（1901），"南昌县属茬港地方，天主、耶稣两教民因细故起衅斗殴，致毙福音堂耶稣教民多名……现在各处从教之人日多，该教民又各分门户，寻仇启衅，动滋事端，甚至不服地方官弹压，不可不妥筹良法，以杜后患"③。官方已经意识到了外国宗教势力在中国疯狂扩张带来的影响，指出"江西民情强悍，民教久不相和，以致镠轕甚多，一时未能全结……此后民教交涉正须妥议专条"④，为此采取了一些具体的措施，应对可能出现的房产交易纠纷。

---

① 前南京国民政府司法行政部编：《民事习惯调查报告录》，第564页。
② 前南京国民政府司法行政部编：《民事习惯调查报告录》，第571页。
③ 《清德宗景皇帝实录》卷484，光绪二十七年六月丙午，《清实录》第58册，第392—393页。
④ 《清德宗景皇帝实录》卷480，光绪二十七年二月乙卯，《清实录》第58册，第336—337页。

第六章　会社与信仰：民间信仰背景下的田宅交易

（一）加强契税管理，规范教堂置业行为

在上文的列表中可见，在光绪初年曾有天主教堂的神职人员以个人名义购买房产的情形，而光绪末年，此种情况极为少见，这实际上与清政府的加强契税管理、规范教堂置产行为的举措有关。清末同治至光绪年间印刷的《江西官契根》开载的条文就特别指出："嗣后教堂置买公产，既由司另给教堂官契纸，以示区别。从前如有私买产业未税白契，不得朦混，补税粘贴此项契根"，力图通过税契加强对教堂置买公产行为的监管。光绪三十二年（1906）十月，江西税契总局请求整饬税契，针对外国人在内地私置产业"故意隐匿洋商字样，托名华人，蒙混纳税投印"，为此借鉴湖南等省办法，"刊发官契纸，并分刊教堂公产官契纸，以免蒙混""并移会洋务局，将教堂公产官契纸式抄录照会各国领事，转饬各教会知照"，清政府向列强及各教会发出照会，发出"蒙混纳税投印及冒领华民官契纸者，查出均应注销作为废纸"的警告，① 这是对数十年来外国宗教势力在中国目无法纪的有力棒喝。另一方面，加强教堂置产行为的程序管理，据光绪三十三年（1907）三月十五日《申报》报道南丰县耶稣教堂置买黄姓房屋作为本处教堂公产，就经过了南丰县税契委员的审查，经过验明盖印、存案、造入教堂季报册、报饶九道查等程序，"查明并无纠葛"，方才"照章填用教堂公产官契纸，印税给执"②。可见天主教堂在中国的置买产业活动，已经有一个区别于民间普通房产交易的审查、备案程序，而且在此程序的执行过程中，洋务局对地方政府的申报材料有权利进行审查、驳回，如清光绪三十三年八月，洋务局就对江西大庾县令陈某呈报的德国福音堂置买公产三处契纸按照《教堂置产专章》进行审查，"核与约章不符，仰即查明禀复"③。由此可见，在光

---

①《整顿税契（九江）》，《申报》第一万二千百零八十九号第九版，清光绪三十二年十月二十八日，西历一千九百六年十二月十三号礼拜四。
②《批饬教堂公产有案（江西）》，《申报》第一万二千二百十七号第十一版，清光绪三十三年三月十五日，西历一千九百七年四月二十七号礼拜六。
③《批饬录送教堂置产契纸（江西）》，《申报》第一万二千四百五十九号第十一版，清光绪三十三年八月二十七日，西历一千九百七年十月四号礼拜五。

绪末年，已经逐步建立起涉外的房产交易审查制度，规范了教堂置产行为，有利于维持正常的交易秩序、消除潜在的隐患。

(二) 限制教堂特权

天主教徒的特殊身份，往往引起国人的艳羡，甚至有人为某种利益需要而临时入教，企图通过教会的庇护，达到自己的某种目的。如清光绪三十三年五月，瑞金县李钟氏与李泽迁发生租佃纠纷，李泽迁欠租霸耕，该案"系属民间词讼，与教堂毫无干涉"，但李泽迁"临讼投教，其为藉教图讹""该教士董文霖竟致函干预，殊违约章"，故"饬令李钟氏将原田庄屋起回另佃，仍将李泽迁发押严管，□俟悔悟，令其出具遵断允结，再行保释"①。官方对于李泽迁这种投靠外国宗教势力、扯虎皮做大旗的行径，给予了有力的回击。

在教堂的交易契约中，"近来教堂置产，往往有被重迭盗卖，受人所愚"②的情况发生，极易引起纠纷，为此，清政府出台了相关规定，对盗卖产业的行为予以打击。如光绪三十四年（1908）七月，对吉安府属龙泉县康庆廷及杨锡光等盗卖公业两案，"由洋务局批令就近会同吉安府调核全卷查阅，本局迭次批指迅与法主教按约磋商，妥为办结具报，勿稍迁就"③。最后要求"分别退契还价，并另买陈若伯等房屋基地作为天主教堂公产"，而康庆廷、杨锡光等，"均因图利盗卖，酬成交涉，情殊可恶"④，也交由龙泉县惩处。在对交易行为进行规范的基础上消弭交易中的风险，有助于消除教会与民间、教会与官府之间的矛盾，是清代涉外房产交易管理的一个进步。

---

① 《欠租霸耕之纠葛（江西）》，《申报》第一万二千六百九十一号第十一版，清光绪三十三年五月初二日，西历一千九百八年五月三十一号礼拜日。
② 《整顿税契（九江）》，《申报》第一万二千百零八十九号第九版，清光绪三十二年十月二十八日，西历一千九百六年十二月十三号礼拜四。
③ 《办理盗卖公业案江西》，《申报》第一万二千七百六十四号第十一版，清光绪三十四年七月十八日，西历一千九百八年八月十四号礼拜五。
④ 《断结盗卖公产总祠案（江西）》，《申报》第一万二千八百零五号第十版，清光绪三十四年九月初一日，西历一千九百八年九月二十五号礼拜五。

第六章　会社与信仰：民间信仰背景下的田宅交易

（三）维护正常交易秩序，保护教堂合法权益

官方对教堂的合法权益也进行保护。福音堂康女教士出资向龙炽廷租地在江西永新两县交界之七溪岭虾蟆湖地方建设有洋式房屋一所，以为往来传教避暑歇宿之所，后因"原立议约年限太远，有违约章"，经永新县与康教士磋商，于光绪三十三年由龙炽廷与康教士重新立约，规定"以三十年为限，满期后再行续议"。① 按照新的法律规范，对福音堂康教士的合法权益进行保护。

进入民国后，国民政府对天主教堂契约文书进行查验，如清宣统元年（1909）七月《南昌德外河伯巷熊章福等杜卖地基三联契》就粘贴有民国三年（1914）的《查验证书》且在其本契还钤有契上有民国长条形查验钤印："民国三年二月以前白契，呈验即为有效，概免补税，以七月末日为限"和有椭圆形印"新建县验契所验讫"的文字，敦促教堂早日完成查验。查看此正契，其上的金额部分并没有清代官府钤盖的"南昌县印"或"新建县印"字样，说明其在清代也是以白契的形式存在，并未遵章纳税。至民国三年，北洋政府要求验契时，天主教堂才将此契拿出，接受政府的监管。民国十八年（1929），新建县验契所又对该项产业进行查验，并在本契钤盖椭圆形查验印章，颁发《验契证书》，说明国民政府对天主教堂的这一份产业进行了有效的管理。民国二十四年（1935），安义县开展土地面积航测，陆续向业主发放土地管业证。② 江西省地政局在民国三十六年也曾发给安义县天主堂土地所有权状，其文称"据安义县土地所有权人安义县天主堂声请等级土地所有权，业经审查公告无异准予登记，合行发给状以凭管业，此状"。并将其坐落、地号、市亩、地价、四至和示意图等信息载于土地所有权状，"以凭管业"。总体来看，清政府和民国政府对天主教堂的合法产业进行了规范、有效的管理，保证了其合法权益。

---

① 《教堂租地照章立约（江西）》，《申报》第一万二千五百三十六号第十一版，清光绪三十三年十一月十六日，西历一千九百七年十二月二十号礼拜五。

② 江西省安义县志编纂领导小组编纂：《安义县志》，南海出版公司1990年版，第8页。

结　语

　　契约文书是深入进行社会经济史研究最为翔实而又鲜活的资料。经过长达6年的努力，笔者收集整理各类民间文献和契约文书共计3600余份（张），保存了一大批有地方特色的契约文书等民间文献。其中尤其以江西省博物馆藏的1442件（套），计实数2032件最为宝贵，是目前所见集中保存数量最多、涵盖范围里最广的江西地区契约。在我国现存契约文书日益减少的情况下，这种数量巨大、种类丰富、归户性强、保存集中、涉及领域广的契约文书就更加可贵。同时，这批文书能够充分反映清代以来中国社会发生的历史性变迁，具有浓厚的江西地方特色。

　　笔者收集的江西契约文书，大部分是清代中后期和民国时期的文书，这一时段也是中国从封建社会盛世到衰落，再走向复兴的漫长历史过程。当明清时期的中国商品经济迈向又一个高峰之时，江西的农业生产达到新的高度，山区得到普遍开发，江右商帮的足迹遍布中国；当晚清国门洞开、国难重重之际，江西九江也被列为通商口岸，庐山被改名叫"牯岭"，江西教案迭起，赣鄱大地也在孕育着斗争的火种。这些都折射出清代以来江西地方社会的历史性变迁。

　　江西地区土地契约文书的赋税推收，显示出近代社会产权制度的逐步完善。契约文书的本质是一种法律关系，民间无论采用红契还是白契，其本质都是反映国家与地方社会的互动与调适的过程。清政府大力推行红契的使用范围，但是民间白契却屡禁不绝。清末财政窘迫，政府继续扩大税源，增加收入，地方政府推出"江西官契根""赣县有粮契

结 语

式""收除同票"等新的文书样式,是"近来每多匿契不税,割粮不清,因此控告之案不一而足"的现实反应,也是清末地方社会财政经济的一个缩影。官府通过加强契税管理的方式,颁发合法的执业凭证,体现了政府试图加强对民间田宅交易行为的监管的努力。同时,这对于业主管业来说,有合法凭据可依,也是地方政府行政管理职能的凸显,显示出近代社会产权制度的完善。而民国时期颁发的查验证书、验契证书和土地所有权状等文书,具有更强的法律效力,是中国近代产权制度建设、完善的缩影。

清代雍正、乾隆年间广昌县张殿酬家庭的 65 张契约文书,分析在长达六十一年间承受(买、典、租、退、佃)田、土、山、房、基地等活动,力图揭示其人生经历以及与其邻里的亲属关系,描绘清代中期江西山区乡村地主的经济概况。

方氏家族在上饶县四十二都和铅山县十九都的田产交易与管理为中心,结合其 144 件契约文书,考察方式家族的土地分布与管理,进而结合方氏家族契约中有以家族名义如方锡福堂、方锡寿堂、方璧祝祀、方和甘祀、方达生祀出现的购买产业现象,进一步还原"祀"作为一种宗族祭祀组织,是以公同共有物为基础的独立民事团体的性质,深化了对清末民国时期中部地区大家族的乡土本位意识的认识。方氏家族契约还显示,宗族势力深刻影响着人们的生活。宗族势力参与契约文书,最主要、最直接的表现就是在个人签订各种契约文书的过程中,往往需要得到家族的认可或批准。而家族在近代以来的革命话语中被视为封建、落后的象征,但是在近代社会,尽管外部的世界在发生急剧的变化,在清代—民国时期,家族势力仍然在不同程度上影响着土地的流转过程,进而控制这人们的生活,家族势力在契约文书的签订过程中继续发挥着或显或隐的作用。家族与个人的相互渗透、互为表里的社会生活格局仍然未能改变。

店宅房契与城乡经济也有密切联系。本书将江西地区的店房宅契分为乡村房产契约和城镇店宅房契两种类型,分别阐释其交易特征,集中反映清代至民国江西地方性城市与市民的历史,城乡经济的发展与变迁。店宅房契中出现的天主教堂、印花税、国历纪年和律师制度等城市经济变迁内容，都是西方经济、文化因素在中国传统契约文书上的直接体现。明清以来，人们融入商品经济的程度加深，各种与商业经济有关的店宅房契交易契约就是人们社会、经济关系的见证。茌港、谢埠等商业市镇，和赣州、南昌等城市房产契约，体现出不同层级的城市与社会经济、房产交易的不同关系。

契约文书中的家族和其他民间会社组织凸显出来的民间自我管理、自我服务特点，也显示出近代社会民间力量的崛起和民间会社组织的艰难转型。中国人一直生活在各种不同范围的、不同规模的团体当中。葛仙庙为代表的宗教信仰组织有利于凝集人们的共同信仰、丰富人们的精神生活。

作为近代中国经历屈辱与磨难的见证，与上海道契一样，天主教堂契约也是近代中国社会变迁的产物，真实地记录了天主教堂在南昌的买房置产活动。这一批契约与明清时期传统的土地买卖契约存在着一定的承袭关系，又有其独特之处，折射出晚清政府、北洋政府、南京政府不同历史阶段，中外关系的微妙变化。同时，中国进入近代社会，与外部力量有更多联系之后，人们在社会、经济生活中亦无法避免外部世界的冲击，反映在契约文书中，不仅有天主教堂的身影，更有印花税、公历纪年和现代律师制度给人们思想、意识带来的冲击。留在契约文书上的这些痕迹，也就成为传统中国与西方制度碰撞的直接体现，是清代以来时代大变革的产物。江西地区契约文书中出现的这些体现社会变迁的细节，也是与清代以来中国的社会急剧变迁融为一体的。江西地区的社会变迁，也是中国从传统走向现代、由独立自主的封建社会向半殖民地半封建社会转变的重要表现。

同时，作为一个区域而言，江西在漫长的历史发展过程中，也形成了独特的赣文化，在契约文书中，也有与其他地区明显不同的特点，表现出江西区域的特色。

在契约文书的签订程序上，签订"允议字"是江西地区特有的习俗。契约文书的签订是一个极其复杂的过程，江西地区特有的交易程序是在正式立契之前签订"议字"(又名"允议字""允卖字"),是赣南地区"买卖预约"的习惯的具体体现。允议字类似于今日之交易意向书,是指一种先期而至并为后继事项作准备的初步协议,表示对初始性或预备性行动、措施或条款达成的合意,是双方当事人就经济活动的某个问题,通过初步洽商,就各自的意愿达成一致认识,表示合作意向的书面文件,是双方进行实质性谈判的依据,是签订协议(合同)的前奏。允议字具有证据功能、信用功能和漏洞填补功能,既有利于双方进行下一步的实质性接触和谈判,也是作为下一步实质性谈判客观的、基本的依据,能保证双方的交易朝着健康有利的方向发展。签订"允议字"的风俗,它有利于交易双方有更多的时间进行思考,减少盗卖产业等事件的发生,有其存在的合理价值,也是江西地区农耕文化对土地极其重视的一种体现。

江西地区契约文书在书写风格上,显示出农耕文化特有的质朴。江西地区的民间契约文书,一般采用江西当地产的毛边纸或棉纸、连史纸进行书写,契约朴实无华,并不像徽州文书那样有民间专门印制的精美契纸。江西地区的文书,除与契约内容相关的文字外,几乎没有其他的装饰性图案,显示出朴实的一面。在江西地区契约文书的结尾,往往又写有"田禾大熟""契大吉""五谷丰登"等吉语,反映出农业社会人们的美好期盼;而"长发其祥""天长地久""世代兴隆""益后广创"之类吉语则是人们在买入产业的时候,对新希望的一个寄托;"纸笔定山河"之类的承诺,又显示出人们对契约的尊重与信赖。这些内容都体现出直到近代,江西作为一个内陆省份,其生活、思维与习惯,在变革的同时,又保持着传统社会的韵味。

在土地契约的交易方式上,缺少"加找"契约也可能是江西地区土地交易的特点。在传统社会的田产交易方式中,一个"活卖",就有多种表现方式,如典契、当契、换契、补契、赎契、添契等都可以成为活卖的交易手段。明清时期土地的"皮骨分离"现象十分普遍,在福建地区多有补契(加价契)、添契(加添契)等方式完成"活卖"。就笔者目前整理的 2000 余件江西地区契约文书而言,暂时未发现一件

"加找"契,同时,江西地区土地的活卖,更多地采用"吐退"和"退耕"的方式。这些具体交易方式的使用,可能反映出江西地区的社会经济制度与文化某些地方性特点,同时还可能具有超越地方本身的普遍性的一面,对研究同时期的中国史具有重要价值。

  契约文书是民间自我书写的历史档案,记录的是基层社会最真实的情况。在清康熙年间以来(1723—1964)的历史性巨变中,江西地区社会经济发展与变迁的丰富内容,被这些契约文书真实地记录下来,从中可以看到处于不同社会阶层的人们,在这场社会变革中心态和行为模式各异,传统与现代交织成一幅具有强烈的江西地方色彩的中国图画。反映了江西社会发展的进程,同时也是中国社会的一个缩影。通过对江西地区契约文书的深入研究,或许帮助我们可以寻找到那一段正在被遗忘的中国记忆。

参考文献

古籍及地方志

民国刘锦藻：《清朝续文献通考》，上海商务印书馆 1955 年版。

《清朝文献通考》，江苏古籍出版社 1999 年影印本。

田涛、郑秦点校：《大清律例》，法律出版社 1999 年版。

（清）傅春官：《江西农工商矿纪略》，清光绪三十四年石印本。

嘉靖《江西通志》，天一阁明代方志丛刊本。

康熙《西江志》，清康熙五十九年刻本。

嘉庆《重修一统志》，四部丛刊续编本。

光绪《江西通志》，续四库全书本。

民国吴宗慈修，辛际周、周性初纂：《江西通志稿》，民国三十八年稿本，江西省博物馆 1985 年整理油印本。

嘉靖《赣州府志》，天一阁明代方志丛刊本。

康熙《南康府志》，清康熙十二年刻、十五年补刻本。

康熙《南安府志》，清康熙四十九年刻本。

康熙《上犹县志》，清康熙三十六年刻本。

乾隆《建昌府志》，清乾隆二十四年刻本。

乾隆《南安府志》，清乾隆三十三年刻本。

乾隆《南康县志》，成文出版社有限公司《中国方志丛刊》本。

乾隆《石城县志》，《中国地方志集成》本，江苏古籍出版社 1996 年版。

嘉庆《宁国府志》，宣城市地方志办公室点校，黄山书社 2007 年版。
道光《瑞金县志》，《中国地方志集成》本，江苏古籍出版社 1996 年版。
道光《泰和县志》，清道光六年刻本。
道光《新建县志》，清道光二十九年刻本。
道光《信丰县志续编》，清道光四年刻本。
道光《宜黄县志》，成文出版社有限公司《中国方志丛刊》本。
同治《安义县志》，清同治十年木活字本。
同治《安远县志》，清同治十一年刻本。
同治《德兴县志》，清同治十一年刻本。
同治《东乡县志》，清同治八年刻本。
同治《分宜县志》，清同治十年刻本。
同治《赣县志》，《中国地方志集成》本，江苏古籍出版社 1996 年版。
同治《赣州府志》，《中国地方志集成》本，江苏古籍出版社 1996 年版。
同治《广昌县志》，《中国地方志集成》本，江苏古籍出版社 1996 年版。
同治《广丰县志》，《中国地方志集成》本，江苏古籍出版社 1996 年版。
同治《广信府志》，《中国地方志集成》本，江苏古籍出版社 1996 年版。
同治《贵溪县志》，清同治十年刻本。
同治《湖口县志》，清同治九年刻本。
同治《建昌府志》，《中国地方志集成》本，江苏古籍出版社 1996 年版。
同治《乐平县志》，清同治九年刻本。
同治《芦溪县志》，清同治九年刻本。
同治《南昌府志》，《中国地方志集成》本，江苏古籍出版社 1996 年版。

同治《南康县志》，清同治十一年刻本。

同治《铅山县志》，《中国地方志集成》本，江苏古籍出版社 1996 年版。

同治《清江县志》，成文出版社有限公司《中国方志丛刊》本。

同治《上饶县志》，《中国地方志集成》本，江苏古籍出版社 1996 年版。

同治《泰和县志》，清同治十一年刻本。

同治《万安县志》，清同治十二年刻本。

同治《新建县志》，清同治十年刻本。

同治《兴安县志》，成文出版社有限公司《中国方志丛刊》本。

同治《弋阳县志》，成文出版社有限公司《中国方志丛刊》本。

同治《于都县志》，清同治十三年刻本。

同治《玉山县志》，成文出版社有限公司《中国方志丛刊》本。

光绪《长宁县志》，清光绪二年刻本。

光绪《抚州府志》，《中国地方志集成》本，江苏古籍出版社 1996 年版。

光绪《吉安府志》，《中国地方志集成》本，江苏古籍出版社 1996 年版。

光绪《龙南县志》，清光绪二年刻本，民国二十五年重印本。

光绪《南昌县志》，《中国地方志集成》本，江苏古籍出版社 1996 年版。

民国周德华辑：《南昌纪事》，成文出版社 1975 年影印本。

民国《崇安县新志》，民国三十年铅印本。

民国《德兴县志》，民国八年刻本。

民国《庐陵县志》，《中国地方志集成》本，江苏古籍出版社 1996 年版。

民国《南昌县志》，成文出版社《中国地方志丛刊》本。

民国《重修婺源县志》，《中国地方志集成》本，江苏古籍出版社 1996 年版。

《江西省商业志》编纂委员会编：《江西省志》37《江西省商业志》，方志出版社1998年版。

《江西省宗教志》编纂委员会编：《江西省志》95《江西省宗教志》，方志出版社2003年版。

《江西省行政区划志》编纂委员会：《江西省志行政区划志》，方志出版社2005年版。

南昌市地方志编纂委员会编：《南昌市志》，方志出版社1997年版。

南昌市西湖区地方志编纂委员会编：《（南昌市）西湖区志》，方志出版社2002年版。

南昌市地方志编纂委员会编：《南昌简志》，方志出版社2004年版。

上饶地区地方志编纂委员会编：《上饶地区志》，方志出版社1997年版。

星子县县志编纂委员会编：《星子县志》，江西人民出版社1990年版。

广昌县志编纂委员会编：《广昌县志（1991—2000）》，方志出版社2010年版。

赣州市地名委员会办公室编印：《赣州市地名志》，1988年版。

赣州市政协文史委员会：《赣州文史资料选辑》第3辑，1987年版。

赣州市政协文史委员会：《赣州文史资料选辑》第7辑《工商经济史料》，1991年版。

政协广昌县文史资料研究委员会编：《广昌文史资料》第3辑，1991年版。

资料汇编

南开大学历史系编：《清实录经济资料辑要》，中华书局1959年版。

陈荣华等编：《江西近代贸易史资料》，江西人民出版社1987年版。

戴鞍钢、黄苇编：《中国地方志经济资料汇编》，汉语大词典出版社1999年版。

前南京国民政府司法行政部编、胡旭晟等校：《民事习惯调查报告录（上下）》，中国政法大学出版社2000年版。

李允俊：《晚清经济史事编年》，上海古籍出版社2000年版。

施沛生编：《中国民事习惯大全》，上海书店出版社2002年版。

邵鸿主编：《〈清实录〉江西资料汇编》，江西人民出版社2005年版。

研究专著

傅衣凌：《福建佃农经济史丛考》，福建协和大学中国文化研究会1944年版。

傅衣凌：《明清农村社会经济》，生活·读书·新知三联书店1961年版。

傅衣凌：《明清社会经济史论文集》，人民出版社1982年版。

章有义：《明清徽州土地关系研究》，中国社会科学出版社1984年版。

傅衣凌、杨国桢主编：《明清福建社会与乡村经济》，厦门大学出版社1987年版。

郭文玉、谢兴良主编：《药都樟树》，江西人民出版社1988年版。

傅衣凌：《明清封建所有制论纲》，上海人民出版社1992年版。

王世刚主编：《中国社团史》，安徽人民出版社1994年版。

陈宝良：《中国的社与会》，浙江人民出版社1996年版。

梁治平：《清代习惯法：社会与国家》，中国政法大学出版社1996年版。

王钰欣：《徽州文书类目》，黄山书社2000年版。

梁其姿：《施善与教化——明清的慈善组织》，河北教育出版社2001年版。

侯建新：《农民、市场与社会变迁》，社会科学文献出版社2002年版。

陈支平：《民间文书与台湾社会经济史》，岳麓书社2004年版。

毛礼镁：《江西傩及目连戏——宗教民俗文化研究》，中国戏剧出版社2004年版。

龚汝富：《清代江西财经讼案研究》，江西人民出版社2005年版。

严桂夫编：《徽州文书档案》，安徽人民出版社2005年版。

黄志繁：《"贼""民"之间：12—18世纪赣南地域社会》，生活·读书·新知三联书店 2006 年版。

李文治：《明清时代封建土地关系的松解》，中国社会科学出版社 2007 年版。

孔煜华、孔煜宸：《江西竹枝词》，学苑出版社 2008 年版。

刘道胜：《明清徽州宗族文书研究》，安徽人民出版社 2008 年版。

周銮书主编：《千古一村——流坑历史文化的考察》，江西人民出版社 2008 年第 2 版。

杨国桢：《明清土地契约文书研究》，人民出版社 1988 年版。

陈支平：《民间文书与明清东南族商研究》，中华书局 2009 年版。

胡振鹏、曹国庆主编：《华林往事》，科学出版社 2010 年版。

梁洪生等：《地方历史文献与区域社会研究》，中国社会科学出版社 2010 年版。

王旭：《契纸千年版——中国传统契约的形式与演变》，北京大学出版社 2013 年版。

[美] 明恩溥：《中国乡村生活》，午晴、唐军译，时事出版社 1998 年版。

[美] 黄宗智主编：《中国研究的范式问题讨论》，社会科学文献出版社 2003 年版。

[美] 黄宗智：《法典、习俗与司法实践：清代与民国的比较》，上海书店出版社 2003 年版。

[美] 赵冈：《中国土地制度史》，新星出版社 2006 年版。

[美] 李丹：《理解农民中国》，张天虹、张洪云、张胜波译，江苏人民出版社 2009 年版。

[日] 滋贺秀三、寺田浩明等著：《明清时期的民事审判与民间契约》，法律出版社 1998 年版。

[日] 夫马进：《中国善会善堂史研究》，商务印书馆 2005 年版。

研究论文

杨国桢：《试论清代闽北民间的土地买卖》，《中国史研究》1981 年第

1期。

樊树志：《明清租佃契约关系的发展——关于土地所有权分割的考察》，《复旦学报》1983年第1期。

周绍泉：《田宅交易中的契尾试探》，《中国史研究》1987年第1期。

卞利：《清代江西的契尾初探》，《江西师范大学学报》1988年第1期。

江太新：《略论清代前期土地买卖中宗法关系的松弛及其社会意义》，《中国经济史研究》1990年第3期。

林文勋：《明清时期内地商人在云南的经济活动》，《云南社会科学》1991年第1期。

张传玺：《论中国历代契约资料的蕴藏及其史料价值》，《北京大学学报》1991年第3期。

周绍泉：《明清徽州契约与合同异同探究》，载张中正主编《第五届中国明史国际学术讨论会暨中国明史学会第三届年会论文集》，黄山书社1993年版。

许华安：《试析清代江西宗族的结构与功能特点》，《中国社会经济史研究》1993年第1期。

许华安：《清代江西宗族族产初探》，《中国社会经济史研究》1994年第1期。

卞利：《清前期土地税契制度及投税过割办法研究——徽州休宁县土地税票剖析》，《安徽史学》1995年第2期。

施由民：《清代赣南的租佃制初探》，《赣南师范学院学报》1995年第5期。

邵鸿：《竹木贸易与明清赣中山区土著宗族社会之变迁——乐安县流坑村的个案研究》，载周天游主编《地域社会与传统中国》，西北大学出版社1995年版。

梁洪生：《家族组织的整合与乡绅——乐安县流坑村"彰义堂"祭祀的历史考察》，载周天游主编《地域社会与传统中国》，西北大学出版社1995年版。

邵鸿：《明清江西农村社区中的会》，《中国社会经济史研究》1997年第 1 期。

李祝环：《中国传统民事契约成立的要件》，《政法论坛》1997 年第 6 期。

梁洪生：《江右王门学者的乡族建设——以流坑村为例》，台湾《新史学》第 8 卷第 1 期，1997 年。

许檀：《明清时期江西的商业城镇》，《中国经济史研究》1998 年第 3 期。

卞利：《清代江西串票的发现与初步研究》，《中国农史》1998 年第 1 期。

阿风：《徽州文书研究十年回顾》，《中国史研究动态》1998 年第 2 期。

卞利：《清代前期江西赣南地区的押租制研究》，《中国农史》1998 年第 3 期。

刘秀生：《清代国内商业交通考略》，载刘秀生《清代商品经济与商业资本》，中国商业出版社 1998 年版。

罗辉：《清代清江商人的经营活动》，载郑晓江主编《赣文化研究》，南昌大学出版社 1999 年版。

卞利：《清代江西赣南地区的退契研究》，《中国史研究》1999 年第 2 期。

周绍泉：《徽州文书与徽学》，《历史研究》2000 年第 1 期。

江太新：《论清代前期土地买卖的周期》，《中国经济史研究》2000 年第 4 期。

梁洪生：《辛亥前后江西谱论与社会变迁——读谱笔记三则》，载梁洪生等《地方历史文献与区域社会研究》，中国社会科学出版社 2010 年版。

王安春：《浅谈清代前期江西佃农抗租斗争的原因》，《江西教育学院学报》2001 年第 2 期。

李埏：《"耕作半径"浅说》，载《不自小斋文存》，云南人民出版社 2001 年版。

史志宏：《20 世纪三、四十年代华北平原农村的土地分配及其变化》，

《中国经济史研究》2002年第3期。

杨伯达：《从文献记载考翡翠在中国的流传》，《故宫博物院院刊》2002年第2期。

刘淼：《中国传统社会的资产运作形态——关于徽州宗族"族会"的会产处置》，《中国社会经济史研究》2002年第2期。

刘禄山：《对四份近现代赘婚字约的研究》，《南方文物》2002年第3期。

汪光华：《民国时期江西寺产嬗变的研究》，《江西科技师范学院学报》2003年第2期。

俞江：《"契约"与"合同"之辨——以清代契约文书为出发点》，《中国社会科学》2003年第6期。

宋德剑：《试论客家民间社会保障：以众会为例》，《西南民族大学学报》2004年第3期。

刘伯山：《徽州文书的遗存及特点》，《历史档案》2004年第1期。

谢宏维：《棚民、土著与国家》，《中国史研究》2004年第2期。

李江、曹国庆：《明清时期中国乡村社会中宗族义田的发展》，《农业考古》2004年第3期。

肖文评：《地方贸易发展与宗族复兴——以清至民国时期江西乐安县流坑董氏为例》，《江西师范大学学报》2004年第4期。

卞利：《清代江西安远县土地买卖契约文书的发现与研究》，《农业考古》2004年第3期。

唐力行：《20世纪上半叶中国宗族组织的态势——以徽州宗族为对象的历史考察》，《上海师范大学学报》2005年第1期。

徐越、方光禄：《清末和民国徽州民间的经济互助——以徽州文书为中心》，《黄山学院学报》2005年第4期。

徐国利：《徽州文书的理论研究与整理方法》，《中国社会科学院研究生院学报》2005年第4期。

许智范、刘禄山：《"历史碎片"啄探——江西民间契约文书考察》，《南方文物》2006年第1期。

陈学文:《清代土地所有权转移的法制化》,《中国社会经济史研究》2006年第4期。

冯尔康:《简论清代宗族的"自治"性》,《华中师范大学学报》2006年第1期。

李龙潜:《清代广东土地契约文书中的几个问题》,载《明清广东社会经济研究》,上海古籍出版社2006年版。

李锦伟:《十年来明清江西地区经济史研究综述》,《萍乡高等专科学校学报》2006年第5期。

李力:《清代民间土地契约对于"典"的表达及其意义》,《金陵法律评论》2006年春季卷。

刘禄山:《从邵氏置业契约看抗战时期景德镇瓷业的衰落》,《近代中国与文物》2006年第2期。

翟屯建:《徽州文书的由来、发现、收藏与整理》,《上海师范大学学报》2006年第1期。

施由民:《明清时期宗族与农村社会控制——以江西安义县千年古村为例》,《农业考古》2006年第4期。

梁小平:《清及民国时期民田契尾》,《文博》2007年第3期。

刘禄山、许智范:《清代、民国江西民间利用吐退字约"漏税丢粮"之俗习考》,《农业考古》2007年第1期。

李平亮:《近代中国的新学、宗族与地方政治——以南昌熊氏家族为中心》,《中国社会历史评论》第8卷,天津古籍出版社2007年版。

陈学文:《明清契尾考析》,《史学月刊》2007年第6期。

史五一:《明清会社研究综述》,《安徽史学》2008年第2期。

施由民:《明清时期宗族、乡绅与基层社会——以万载县辛氏宗族以例》,《农业考古》2008年第4期。

梁洪生:《捕捞权的争夺:"私业"、"官河"与"习惯"——对鄱阳湖区渔民历史文书的解读》,《清华大学学报》2008年第5期。

施由民:《试析清代江西宗族的自治机制——以万载辛氏宗族为例》,《江西社会科学》2008年第12期。

龙登高：《清代地权交易形式的多样化发展》，《清史研究》2008 年第 3 期。

刘高勇：《清代田宅"活卖"契约的性质——与"典"契的比较》，《比较法研究》2008 年第 6 期。

戴天放：《三十年来江西明清商品经济史研究述评》，《三明学院学报》2008 年第 1 期。

黄志繁、邵鸿：《晚清至民国徽州小农的生产与生活——对 5 本婺源县排日账的分析》，《近代史研究》2008 年第 2 期。

罗艳春：《二十世纪三、四十年代国民党政府的地方控制与宗族——以江西万载县的族董会制度为中心》，载肖唐镖主编《当代中国农村宗族与乡村治理跨学科的研究与对话》，中国社会科学出版社，2008 年。

刘道胜：《明清徽州合同契约与民间合约关系》，《安徽大学学报》2009 年第 1 期。

任志强、方卫军：《"民间执业，全以契券为凭"质疑》，《中国社会经济史研究》2009 年第 2 期。

常建华：《近十年晚清民国以来宗族研究综述》，《安徽史学》2009 年第 3 期。

杨正军：《近 30 年来中国善会善堂组织研究述评》，《开放时代》2010 年第 2 期。

刘道胜：《众存产业与明清徽州宗族社会》，《安徽史学》2010 年第 4 期。

周晓光：《明清徽州民间的众存祀会》，《安徽师范大学学报》2010 年第 2 期。

林爱玲：《傅衣凌学派的学术成就与理路拓展》，载王日根、张侃、毛蕾主编《厦大史学　第 3 辑》，厦门大学出版社 2010 年版。

章毅、冉婷婷：《公共性的寻求：清代石仓契约中的会社组织》，《上海交通大学学报》2011 年第 6 期。

吴丽平：《明清契约文书的搜集和整理综述》，《青岛师范大学学报》

2011年第3期。

黄伟英、黄志繁：《晚清赣南社会"边缘化"述论——土地革命前赣南社会状况分析》，《南京大学学报》2011年第6期。

刘经富：《陈宝箴家族分家文书解析》，《中国社会经济史研究》2012年第1期。

刘洋：《近三十年清代契约文书的刊布与研究综述》，《中国史研究动态》2012年第4期。

彭志军、黄志繁：《试论清代婺源土地的税租化——兼谈清代卖田契中的土地表述问题》，《南昌大学学报》2012年第3期。

彭志才、李博：《〈同治光绪修水县民事诉状汇编〉研究》，《沧桑》2013年第6期。

彭志才、李博：《时代与家族的双重变奏——江西省博物馆馆藏南昌房产契约文书解读》，《南方文物》2014年第3期。

彭志才：《清代—民国契约的立契人身份变化与社会变迁》，《兰台世界》2014年9月刊。

卢增荣：《福建民间契约文书的最新搜集和论说》，厦门大学博士学位论文，2000年。

饶伟新：《生态、族群与阶级——赣南土地革命的历史背景分析》，博士学位论文，厦门大学，2002年。

任志强：《试论明清时期产权的共业形式》，硕士学位论文，中国社会科学院研究生院，2002年。

黄建安：《夏布业与棠阴村落变迁》，硕士学位论文，江西师范大学，2004年。

于少海：《经济与社会：明清赣南社会经济的动态考察》，博士学位论文，华东师范大学，2004年。

梁艳：《古城赣州地名的历史文化内涵研究》，硕士学位论文，赣南师范学院，2008年。

赵尔波：《明清时期祁门谢氏宗族及其遗存文书研究》，博士学位论文，安徽大学，2011年。

［日］寺田浩明:《日本对清代土地契约文书的整理与研究》,《中国法律史国际学术讨论会论文集》,陕西人民出版社1990年版。

［日］岸本美绪:《东京大学东洋文化研究所契约文书研究会的30年》,《史学月刊》2005年第1期。

后　　记

打开电脑，在文档敲下"后记"两个字，意味着经历了长达十年的研究之后，我这一本关于江西契约文书的书稿终于要面世了。回顾自己二十多年的求学历程和从事社会经济史研究十多年的历程，才终于有机会为读者奉献这么一本小册子，心中不胜感慨，往事历历在目。为记录自己学术成长的经历，有必要将本书撰写的前后故事，向读者做一个交代，并借此机会向关爱我成长的亲人与师友表达万分的感谢。

自己与契约文书结缘，应该要感谢于我的母亲。少时就听母亲谈起乡民在签订山地交易契约时，因不识字被将"柿树不卖"篡改为"是树不卖"的故事，引起了自己对契约文书的强烈好奇。少时，也在家里翻箱倒柜，见过父辈用棉纸写的分家书、父亲为供我们兄妹上学卖地的协议、母亲做百货生意的营业执照与税费票据。现在回想起来，这实际上是我与契约文书的最早结缘。

我真正开始做契约文书相关的研究性工作，始于硕士研究生阶段。当时，导师吴晓亮教授主持整理云南省博物馆藏契约文书，自己有幸参与其中。在吴晓亮老师和黎志刚、田晓忠、董雁伟等师兄的带领一下，我和李义琼、杨慧芬、王利森、丁琼等同学一道，参与云南省博物馆藏契约文书的释读与整理，由此开始涉及明清社会经济史的研究，并为后来研究江西省博物馆藏契约文书打下了基础。2010年硕士研究生毕业后，我有幸进入江西省博物馆从事文物保管与研究工作，随后又到河北大学宋史研究中心攻读博士学位。2012年，中国社会科学院魏明孔先生来宋史研究中心讲学并与刘秋根教授对谈，强调契约文书是未来30年的学术增长点。想到江西省博物馆库房有大量未曾整理、布满尘埃的

后　记

契约文书，这让我怦然心动。导师王菱菱教授胸怀宽广，不仅同意我从宋代经济史转向江西地区契约文书的整理，还主动提出请刘秋根教授做我的二导。承蒙刘秋根老师不弃，欣然应允，并带领我在明清经济史研究道路上不断探索前行。江西省博物馆王宁、刘禄山、陈建平研究员是我在文博行业的"师傅"，为我整理和研究江西省博物馆收藏的契约文书提供了大力支持。这样的机缘巧合，才有了本书的前身——《清代以来江西地区社会经济若干问题研究（1723—1964）——以江西省博物馆馆藏契约文书为中心》。

2014年，我博士毕业，来到江西科技师范大学工作，次年获得了教育部人文社科规划项目的资助，得以在博士论文的基础上，围绕江西地区田宅契约文书进行更加深入的探讨，最终的成果也就是这一本书稿。本书在江西省博物馆藏契约文书的基础之上，扩大了资料收集范围，得到了吉安市博物馆刁山景、赣州市南康区博物馆谭昊、南康民间道教博物馆朱心真、铅山地方史料馆章树林等公私藏家（单位）的帮助，获得了大量资料。在内容方面，本书将博士论文的"社会经济若干问题"聚焦为"田宅"，增写了第二章《身份与权利：契约文书文书中的宗族与社会》、第四章《大家族的财产：上饶方氏家族的土地交易》等内容，并将会社文书、水事契约、商业契约等与田宅无直接关联的部分予以删除，使各章节的主题更加突出。尽管如此，由于笔者水平有限，本书中难免存在不足和错误之处，敬请方家批判指正。

作为一个长达十年的研究成果，本书早应付梓，交给读者检阅。但由于方方面面的原因，自己入职江西科技师范大学以后，将相当多的精力投入文博专业的教学与学科建设当中，反而荒废了自己的一亩三分地，留下了诸多遗憾。

本书的研究与出版，得到了江西科技师范大学历史文化学院陈立立、张澜、李星等院领导的大力支持；在日常的工作与研究过程中，也得到了学院习罡华、苏永明、张志军、邹付水、吴启琳等同事的指点与帮助；历史文化学院文物与博物馆学专业的本科生，如15级文博班的高月、韩晶、谭琪，16级文博班的陈佳丽、戴子荣、谢媛，17级文博班的周静、杨泽群、方家灿、叶茂盛等，都曾先后协助我整理了大量的契约文书资料；本书的责任编辑宋燕鹏师兄，对我的学术成长给予了长期的关注，在此一并致以最诚挚的谢意！

  从事学术研究是一个艰苦的过程。对照镜子，望着近几年日益增多的白发和海拔日高的发际线，心中有无限的感慨。在这个过程当中，身边始终有家人的关爱和亲情的温暖，激励我前行。于父母、妻子，心有愧也。都说岁月是最长情的告白，亲人之间是生命契约的履行。在往后的日子，我更需守住心灵的契约，给他们更多的守护与陪伴。

彭志才
谨志于人生不惑之年